优塾

新能源车产业进化论

洞见新能源车产业趋势

上海塔坚信息科技有限公司 / 著

上海科学技术文献出版社
Shanghai Scientific and Technological Literature Press

图书在版编目（CIP）数据

新能源车产业进化论 / 薛赛锋，余桂琴，彭琳雅编著. -- 上海 ：上海科学技术文献出版社，2023
ISBN 978-7-5439-8855-2

Ⅰ. ①新… Ⅱ. ①薛… ②余… ③彭… Ⅲ. ①新能源一汽车工业一产业发展一研究一中国 Ⅳ. ①F426.471

中国国家版本馆CIP数据核字(2023)第102795号

责任编辑 苏密娅

新能源车产业进化论
XINNENGYUANCHE CHANYE JINHUALUN
薛赛锋，余桂琴，彭琳雅 编著
出版发行：上海科学技术文献出版社
地　　址：上海市长乐路746号
邮政编码：200040
经　　销：全国新华书店
印　　刷：江苏图美云印刷科技有限公司
开　　本：889×1194mm　1/32
印　　张：14
字　　数：374 000
版　　次：2023年8月第1版　2023年8月第1次印刷
书　　号：ISBN 978-7-5439-8855-2
定　　价：198.00元
http://www.sstlp.com

优

塾

新能源车产业进化论
编委会成员

目 录

第一部分:材料

第二部分:设备

第三部分:电池

第四部分:整车

第一部分

材料

正极材料之磷酸锰铁锂产业链

德方纳米、龙蟠科技、富临精工

2022年碳酸锂价格高涨，为动力电池产业链带来了更加急迫的降本诉求，较为明显的现象就是，磷酸铁锂材料的占比持续提升，相较于三元，磷酸铁锂材料，在碳酸锂单耗上，要低约0.1kg/kWh。

到2022年8月，磷酸铁锂电池在整体动力电池中的占比已经达到60%。

磷酸铁锂高增长的背后，其中的主要参与者扩产进度如何，未来是紧缺还是过剩？

此外，谈起磷酸铁锂电池，除了成本优势之外，其缺点也十分显著，如能量密度较低，低温性能较差等。

但是，就在2022年9月19日，新技术产品开始宣告产业化。德方纳米11万吨磷酸锰铁锂正极正式投产，是磷酸锰铁锂正极材料产业化的起点，未来有望加速提升。

那么，磷酸锰铁锂，是否有望克服此前磷酸铁锂的缺点？

从产业上的参与者近期增长情况来看，

2022半年报	营业收入(亿元)	营收增速(%)	归母净利润(亿元)	利润增速(%)	PE-TTM
德方纳米	75.57	493	12.80	847	29.7
龙蟠科技	60.10	371	4.33	196	28
富临精工	26.98	152	3.54	121	33.6

表1：近期财务数据
来源：并购优塾

从机构一致预期增长和景气度来看，

Wind预期		2022E		2023E		2024E	
		亿元	同比增速(%)	亿元	同比增速(%)	亿元	同比增速(%)
营业收入(亿元)	德方纳米	200.3	314	303.5	52	378.9	25
	龙蟠科技	141.13	248	202.40	43	258.4	28
	富临精工	105.45	297	168.50	60	205.49	22
归母利润(亿元)	德方纳米	20.46	156	25.89	27	33.52	29
	龙蟠科技	8.36	138	10.17	22	10.58	4
	富临精工	9.61	141	14.68	53	19.52	33
机构测算PE(倍)	德方纳米	27.74		21.92		16.94	
	龙蟠科技	21.76		17.88		17.18	
	富临精工	21.31		13.95		10.5	

表2：Wind机构一致预期增长和景气度情况
来源：Wind

（一）

首先，我们从德方纳米历史入手，来了解磷酸铁锂行业的发展，其发展路径，基本就是磷酸铁锂的技术深耕史。

德方纳米董事长吉学文是自动化专业出身，曾从事十年科研工作，后来在深圳创业。数次创业经历中，曾有过将金属纳米材料用于环保行业的技术积累。

为了将技术转换为现金流，预期到未来新能源材料将有较大的市场空间，因此如何将纳米技术与新能源结合，是其2007年创建德方纳米的核心目的。

2008年，纳米技术被用于磷酸铁锂的合成上，并创新性地结合磷酸铁锂合成特性开发出自热蒸发液相合成法。

2008年到2013年为产品量产阶段，2010年产能突破500吨，但在此期间需求尚未出现，企业持续亏损。

2014年，因其产品性能优异、成本低廉，成功绑定宁德时代，成为企业的重大转折点。之后两家企业的收入几乎同向波动。

2014年到2020年，因国内新能源汽车补贴政策实施，对能量密度更高的三元电池更有利，因此，在此期间宁德时代收入整体高于德方纳米。

转折点发生在2021年，随着新能源汽车补贴的退坡，以及刀片电池、CTP等新型封装结构出现，磷酸铁锂材料同样能够达到一定的能量密度，同时，其低成本优势明显。

2021年7月，过去偏向三元的特斯拉也开始转向，其规划部分车型将搭载磷酸铁锂电池。从2021年开始，磷酸铁锂电池的装机占比一路提升。

与此同时，德方纳米的收入增速开始反超宁德时代。

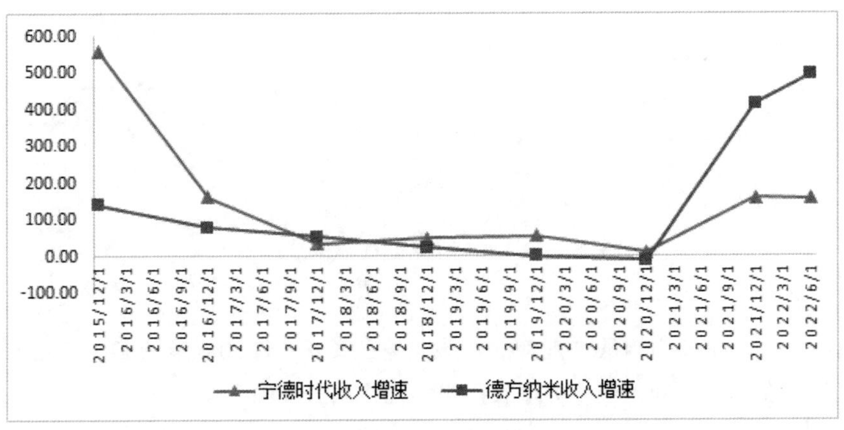

图1：宁德时代收入增速VS德方纳米收入增速（单位：%）
来源：年报

高增长的同时，磷酸铁锂材料技术迭代的速度并没有放缓，以德方纳米为例，其在非连续石墨烯结构、离子掺杂、纳米化技术、磷酸锰铁锂技术上持续布局，并先后推出。那么，展望后市，磷酸铁锂的渗透率还会持续提升吗？

（二）

从收入结构上看，

一、德方纳米（广东省深圳市）

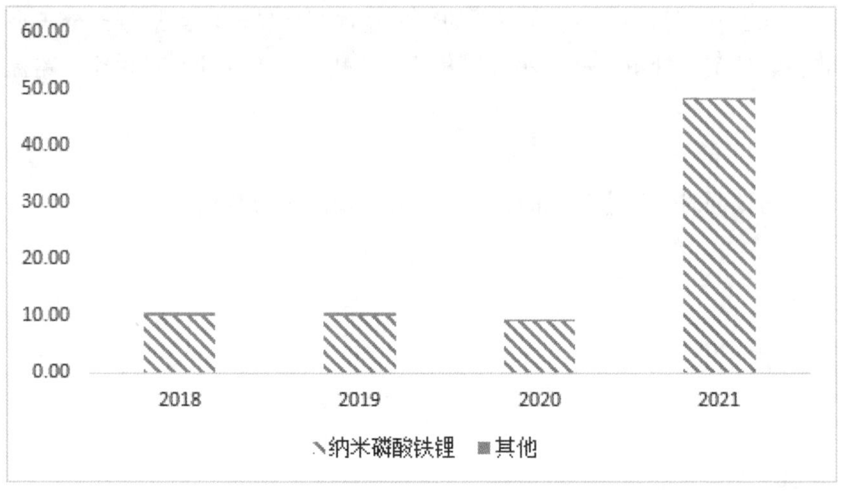

图2：德方纳米收入结构（单位：亿元）
来源：并购优塾

收入主要由磷酸铁锂构成，该业务在2018—2020年维持在10亿元水平，在2021年迎来爆发性增长，当年同比增长430%。

二、龙蟠科技（江苏省南京市）

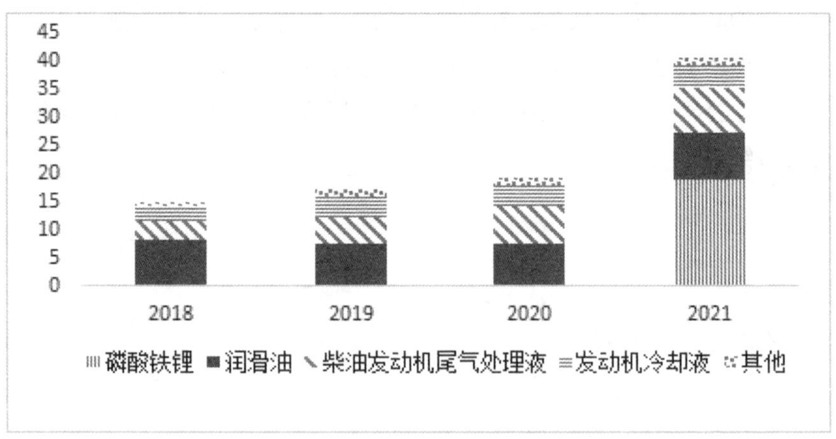

图3：龙蟠科技收入结构（单位：亿元）
来源：并购优塾

业务包含车用化学品（润滑油、尾气处理液、冷却液等），以及磷酸铁锂(2021年收购贝特瑞磷酸铁业务获得）。

2018年到2021年，车用化学品中润滑油业务稳定在8亿元上下，尾气处理液和冷却液稳定增长，分别实现33.3%和15.7%的增速。

三、富临精工（江苏省常州市）

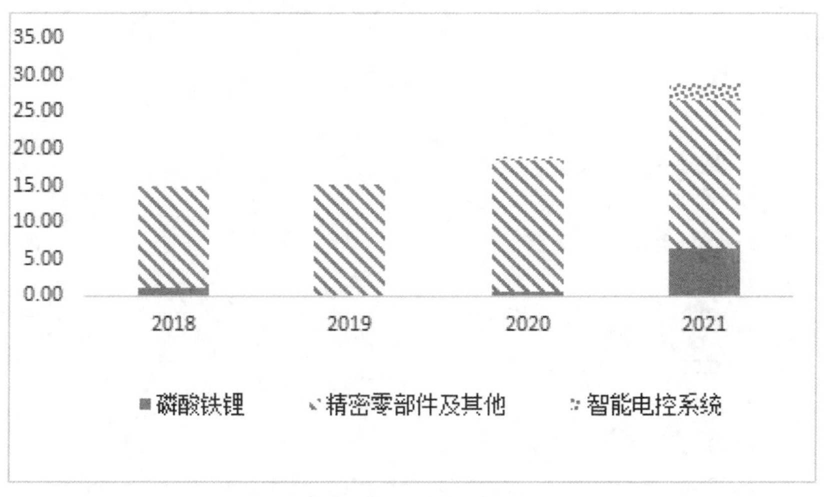

图4：富临精工收入结构（单位：亿元）
来源：并购优塾

业务包含精密零部件、磷酸铁锂和智能电控业务。其中精密零部件是公司传统业务，包含挺柱、摇臂、喷嘴、张紧器及缸内直喷高压油泵泵壳、VVT、VVL、油泵电磁阀等，该业务稳定增长，2018年到2021年复合增速为13.3%。

智能电控系统为2020年的新业务，为电子驱动产品，主要用于新能源汽车，2021年增速达328.6%。

此外，磷酸铁锂业务在2021年随同行业发展有明显的提升。

综上，从2021年磷酸铁锂收入规模上看，德方纳米（48.1亿元）>龙蟠科技（18.77亿元）>富临精工（6.54亿元）。

其中，德方纳米长期专注于磷酸铁锂正极业务，而龙蟠科技与富临精工为转型进入赛道。

（三）

再拆成季度看看，

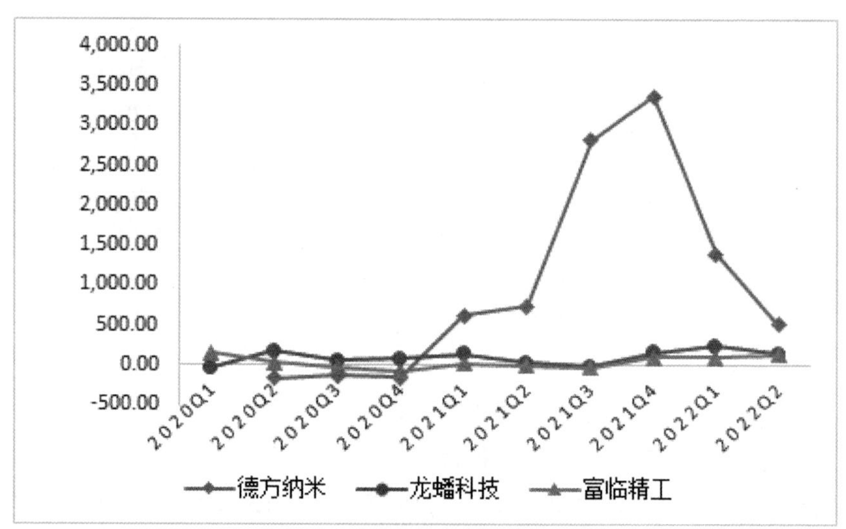

图5：归母净利润增速（单位：%）
来源：并购优塾

一、德方纳米——2022年中报披露，实现收入75.57亿元，同比增长493%，利润12.8亿元，同比增长847%。

据华金证券测算，2022年H1磷酸铁锂销量约为7万吨，同比增长100%以上，单价约为10.75万元/吨（不含税），单吨净利润约为1.8万元。

其中Q2销量约为3.5万吨，环比持平。

单价约为11.85万元/吨（不含税），环比增长22.93%，这是由于原材料涨价驱动价格上涨所致。

Q2吨净利润约为1.4万元，环比降低35.58%，主要是原材料成本涨幅超过价格涨幅，毛利率环比下降12%，推测与大客户宁德时代压价有关。

德方纳米	2020Q2	2020Q3	2020Q4	2021Q1	2021Q2	2021Q3	2021Q4	2022Q1	2022Q2
净利润（亿元）	-0.13	-0.04	-0.17	0.51	0.84	1.09	5.56	7.62	5.18
同比增速（%）	-159	-124	-147	629	746	2825	3371	1394	517
环比增速（%）		69	-325	400	65	30	410	37	-32

表3：德方纳米季度业绩
来源：并购优塾

二、龙蟠科技——2022半年报实现收入60.1亿元，同比增长371%，利润4.33亿元，同比增长196%。

上半年磷酸铁锂销量约为4万吨，其中Q2销量2.2万吨，环比增长24%。无单吨价格和单吨利润的公开信息，需调研。

龙蟠科技	2020Q2	2020Q3	2020Q4	2021Q1	2021Q2	2021Q3	2021Q4	2022Q1	2022Q2
净利润（亿元）	0.66	0.53	0.59	0.61	0.86	0.48	1.57	2.13	2.2
同比增速（%）	175	56	79	144	30	-9	166	249	156
环比增速（%）		-20	11	3	41	-44	227	36	3

表4：龙蟠科技季度业绩
来源：并购优塾

三、富临精工——2022上半年实现收入26.98亿元，同比增长152%，利润3.54亿元，同比增长121%。

公司2022年H1锂电池正极材料、电磁驱动零部件、精密液压零部件营收为16.63亿元、4.41亿元、3.60亿元，同比增长1195.8%、减少11.1%、增长9.6%，锂电材料贡献了主要收入增长。

2022年Q2磷酸铁锂预计出货5000吨，较Q1出货1.35万吨有明显的下滑，环比减少63%，单吨净利8000元以上。

富临精工	2020Q2	2020Q3	2020Q4	2021Q1	2021Q2	2021Q3	2021Q4	2022Q1	2022Q2
净利润（亿元）	0.62	1.08	0.77	1.01	0.59	0.78	1.6	2.11	1.43
同比增速（%）	35	-19	-74	22	-5	-28	108	109	142
环比增速（%）		74	-29	31	-42	32	105	32	-32

表5：富临精工季度业绩
来源：并购优塾

总结一下：

1）Q2季度出货环比增速，龙蟠科技（增长24%）>德方纳米（持平）>富临精工（下降63%）。

2）单吨净利方面，德方纳米明显较高，主要是其生产工艺较优（液相法，将在下文讨论）。

（四）

再从现金流角度来看：

一、净现比

净现比（倍）	2018	2019	2020	2021
德方纳米	1.70	2.88	-3.37	-0.80
龙蟠科技	2.08	1.94	1.51	-1.16
富临精工	0.04	0.56	1.35	-0.21

表6：净现比
来源：并购优塾

2018年到2020年，德方纳米和龙蟠科技现金流明显高于利润，主要来自于应付项目的增长，但在2021年及2022中报现金流转负，主要是因产能快速提升导致原材料备货占用现金，应收账款明显提升。

因为下游电池厂在变得集中，所以大客户占比也在提升，但是应收账款没有提升，主要是应收账款金额大，其增长对现金流占用比较明显，富临精工长期现金流水平主要是应收提升和原材料备货所致。

二、经营现金流VS资本支出

经营活动现金流（亿元）	2017	2018	2019	2020	2021
德方纳米	-2.03	1.67	2.89	0.96	-6.44
龙蟠科技	0.43	1.70	2.47	3.05	-4.09
富临精工	-2.11	-1.01	2.90	4.46	-0.85
资本支出（亿元）	2017	2018	2019	2020	2021
德方纳米	0.51	0.51	3.54	7.60	7.99
龙蟠科技	0.90	0.53	0.79	2.49	5.13
富临精工	2.32	1.74	2.38	1.64	8.00

表7：经营活动现金流VS资本支出
来源：并购优塾

德方纳米和富临精工现金流无法覆盖资本支出，因此股权和债券融资较为频繁；

龙蟠科技在2017年到2020年现金流可以覆盖资本支出，2021年扩张至磷酸铁锂后出现反转。

（五）

对比完增长情况，我们再来看利润率、净资产收益率的变化。

一、毛利率

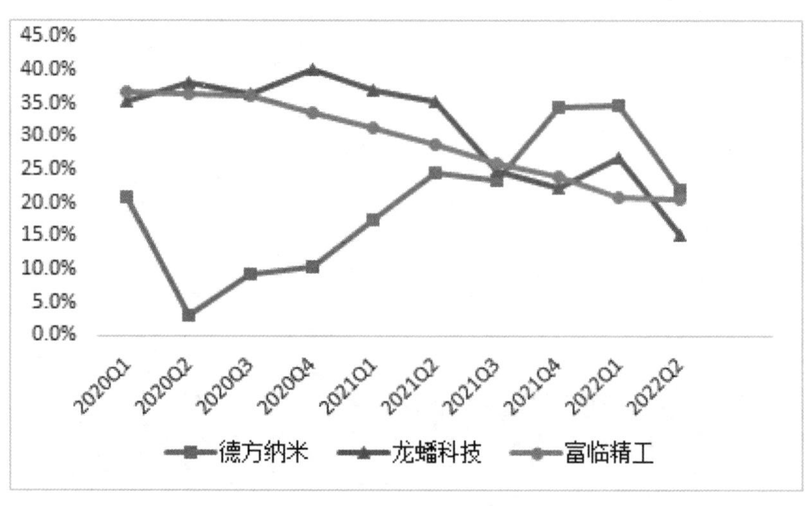

图6：毛利率
来源：并购优塾

龙蟠科技与富临精工毛利率较为相当，主要是因汽车配件相关业务占比较高。

从磷酸铁锂毛利率上看，德方纳米>龙蟠科技>富临精工，主要是因磷酸铁锂工艺差异较大，导致成本差异较大。

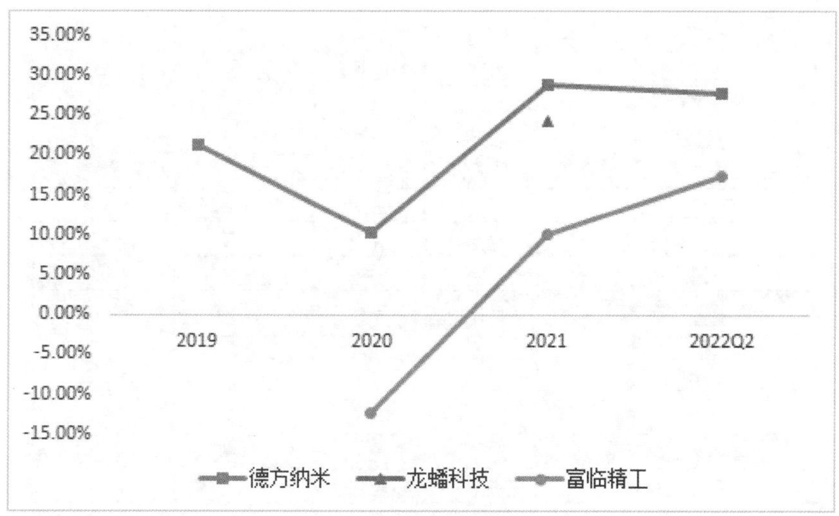

图7：磷酸铁锂毛利率差异
来源：并购优塾

2021年毛利率上涨，是磷酸铁锂供给紧张所致。

碳酸锂只是影响成本的因素，因为成本可以转嫁给下游，磷酸铁锂的毛利率更多是受磷酸铁锂供需的影响，虽然成本上涨，但2021年磷酸铁锂需求增速较高导致毛利率有所提升。

2022年Q2开始，三家企业毛利率环比出现小幅下降，磷酸铁锂供需缓和。

二、净资产收益率

ROE(%)	2019	2020	2021	PB-MRQ
德方纳米	12.8	-2.2	28.3	7.4
龙蟠科技	11.0	13.1	23.1	3.7
富临精工	26.7	17.1	19.5	4.6
ROIC(%)	2019	2020	2021	平均
德方纳米	12.8	-1.8	21.6	10.9
龙蟠科技	9.9	11.3	12.8	11.3
富临精工	13.0	16.6	15.3	14.9
净利率(%)	2019	2020	2021	平均
德方纳米	9.6	-3.7	16.6	7.5
龙蟠科技	9.5	12.5	10.7	10.9
富临精工	33.8	17.8	15.0	22.2
总资产周转率（次）	2019	2020	2021	平均
德方纳米	0.8	0.3	0.8	0.6
龙蟠科技	0.8	0.8	0.9	0.8
富临精工	0.5	0.6	0.6	0.6
权益乘数（倍）	2019	2020	2021	平均
德方纳米	1.7	1.7	2.2	1.9
龙蟠科技	1.4	1.4	2.4	1.8
富临精工	1.6	1.5	2.1	1.7

表8：净资产收益率

来源：公司年报

整体来看，净利率是各家的主要差异，单吨盈利的差异较为明显。那么，为什么会出现这样的差异，未来，这样的差距还会持续存在吗？

（六）

单吨净利的差异，与各家的生产工艺直接相关。

从技术上看，磷酸铁锂合成技术分为固相法和液相法，德方纳米采用液相法，富临精工和龙蟠科技采用固相法。

固相法是通过对固相物料进行加工得到超细粉体的方法，而液相法是将可溶性金属盐配置成溶液，再进行沉淀得到所需粉体的方法。

两种方法的本质区别，在于合成反应的环境是固体还是液体，液体间的反应可以达到纳米级别，而固体间多为微米级别。

液相法相较于固相法更加精细，因此液相法制备磷酸铁锂相较于固相法，通常具有以下几点优势。

1. 对原材料（磷源、铁源和锂源）纯度要求低，理论上原材料成本更低。

2. 液相法反应所需的温度低于固相法，理论上能源成本更低。

3. 反应产物精细程度高，产品一致性高、成品率高、循环次数多。

固相法，在烧结过程中，会产生3价铁，被电解液溶解而在负极被还原从而减少循环寿命，单质铁会导致电池微短路，影响循环寿命，这也是液相法循环寿命远高于固相法的原因。

但是，液相法也存在缺点：1. 其生产控制难度大，导致其初始投资金额大、产业化生产难度大（国内目前只有德方纳米和北大先行成功产业化，其他企业均是固相法，包括新进入者）。2. 压实密度不如固相法，导致克容量相对较低（液相法中7%的铁原子占据锂的位置）。制备路径的差异，正是德方纳米单吨盈利高，但扩产速度较慢，而富临精工、龙蟠科技单吨净利低，但扩产速度快的原因。

明确了工艺差别后，我们来看，行业整体的增长前景如何？

（七）

首先来看公式：磷酸铁锂需求量=汽车销量×新能源汽车渗透率×平均带电量×磷酸铁锂渗透率。在这个公式中，未来拉动磷酸铁锂需求的主要增量来自于新能源汽车渗透率、平均带电量和磷酸铁锂渗透率，三大关键变量分别来看。

一、国内新能源汽车渗透率，新能源汽车渗透率不断攀升，至2022年8月份已经达到27.9%。2022年1月到8月，渗透率平均水平达到了22.84%，预计全年渗透率水平略高于此数字，假设达到24%。这个水平远远超出《节能与新能源汽车技术路线图》中到2025年达到20%的水平。

因此，我们调高2030年国内新能源汽车渗透率，从40%提升至50%，假设未来均匀提升，则每年提升3.25%。

二、国内平均单车带电量，2018年比亚迪和特斯拉纯电汽车先后发布后，国内电动汽车带电量中枢提升至50kW，但随后在2020年到2022年逐渐下降至目前45kWh的水平。

单车带电水平一方面受纯电车型占比影响，另外一方面受锂电池能量密度提升影响。

a. 纯电车型带电量是插混车型的五倍，因此纯电车型在电车销量中的占比对单车带电量有明显的影响。

2020年以来，插混车型销量增速高于纯电，尤其在2021年10月份，增速差距有明显的扩大，因此插混车型占比有明显的提升。考虑到未来两年国内主流汽车厂商均有混动车型推出，未来插混增速需持续跟踪。

b. 在锂电池能量密度发展历史上，不论是三元电池还是磷酸铁锂电池，其能量密度均随着新技术的迭代不断提升。

先看三元电池，2016年到2021年，从NCM111+VDA模组迭代至Ni55+CTP2.0,能量密度从175Wh/kg提升至220Wh/kg，未来随着CTP3.0推广，硅负极和半固态的技术研发，有望在2025年进一步提升至300Wh/kg。

再看磷酸铁锂，2016年到2021年，从LFP+堆叠模组迭代至刀片LFP+GCTP，能量密度从130Wh/kg提升至170Wh/kg,未来随着磷酸锰铁锂的发展，有望在2025年达到200Wh/kg。

考虑到未来潜在插混占比提升以及电池能量密度提升，假设保持在45kWh不变。

(八)

三、磷酸铁锂电池渗透率

虽然磷酸铁锂电池能量密度整体低于三元电池，但其凭借着制造成本低、安全水平高、循环寿命高等优点，在动力电池中的地位不断提升，影响渗透率水平核心是成本差异。

1.三元的镍+钴VS磷酸铁锂的磷+铁，成本差异约0.1元/Wh铁锂和三元比较有着常态化0.1元/Wh的材料成本优势，这主要是因铁锂所需的磷和铁资源分布广泛，可获得性好，而三元所需的镍和钴，稀缺性较强，因此成本较高。

2. 碳酸锂单耗差异约0.1kg/kWh。需要注意的是，自2021年以来，铁锂相较于三元的成本优势一度达到0.2元/Wh，这主要受到锂资源价格上涨影响（2021年之后碳酸锂价格从每吨8万元上涨至每吨48万元），而磷酸铁锂对锂资源的单耗为0.5kg/kWh，要低于三元的0.6—0.7kg/kWh，因此当锂价上涨时，磷酸铁锂的成本优势扩大。2019年及之后，随着补贴不断退坡，磷酸铁锂的成本优势不断凸显，我国磷酸铁锂电池的渗透率不断提升，至2021年达到51.7%的高位水平。

从月度水平上看，2022年以来，磷酸铁锂渗透率维持在50%以上，8月份达到62%的高位水平。

国内需求		2022E	2023E	2024E	2025E	2026E
中国	汽车销量（万辆）	2624.82	2624.82	2624.82	2624.82	2624.82
	yoy	0.0%	0.0%	0.0%	0.0%	0.0%
	新能源渗透率（%）	24.00%	27.25%	30.50%	33.75%	37.00%
	新能源车销量（万辆）	629.96	715.26	800.57	885.9	971.2
	平均单车带电量(kWh)	45.00	45.00	45.00	45.00	45.00
	国内动力锂电池需求量(GWh)	283.5	321.9	360.3	398.6	437.0
	磷酸铁锂电池渗透率（%）	54.4%	57.1%	59.8%	62.5%	65%
国内磷酸铁锂需求量（GWh）		154.07	183.63	215.26	248.96	284.07
yoy		93.1%	19.2%	17.2%	15.7%	14.1%

表9：国内磷酸铁锂电池需求量
来源：并购优塾

基于以上测算，至2026年，我国磷酸铁锂需求量可以达到284.07GWh。

四、海外磷酸铁锂需求量

海外动力磷酸铁锂需求量整体按照预期发展，因此我们维持原来的假设不变。

海外需求		2022E	2023E	2024E	2025E	2026E
欧洲	汽车销量（万辆）	1177.49	1177.49	1177.49	1177.49	1177.49
	yoy	0.0%	0.0%	0.0%	0.0%	0.0%
	新能源渗透率（%）	21.58%	25.93%	30.29%	34.65%	39.00%
	新能源车销量（万辆）	254.1	305.4	356.7	408.0	459.3
美国	汽车销量（万辆）	1493.00	1493.00	1493.00	1493.00	1493.00
	yoy	0.0%	0.0%	0.0%	0.0%	0.0%
	新能源渗透率（%）	11.8%	16.5%	21.3%	26.1%	30.9%
	新能源车销量（万辆）	175.74	247.09	318.43	389.78	461.12
其他国家	汽车销量（万辆）	3032.6	3093.3	3155.2	3218.3	3282.6
	yoy	0.0%	0.0%	0.0%	0.0%	0.0%
	新能源车渗透率（%）	2.28%	3.19%	4.09%	5.00%	3.19%
	新能源车销量（万辆）	69.12	98.55	129.14	160.91	104.59
海外新能源车合计销量(万辆)		498.93	651.01	804.24	958.66	1024.98
平均单车带电量(kWh)		43.0	43.0	43.0	43.0	43.0
海外动力锂电池需求（GWh）		214.54	279.93	345.82	412.22	440.74
渗透率（%）		12.83%	18.55%	24.28%	30.00%	35.0%
海外磷酸铁锂需求量（GWh）		27.53	51.94	83.95	123.67	154.26
yoy		175%	89%	62%	47%	25%

表10：海外动力磷酸铁锂需求量
来源：并购优塾

但需要注意的是，海外不论在新能源汽车渗透率，还是磷酸铁锂渗透率，都要远远低于我国水平。2021年，中国新能源渗透率（12.3%）>海外（5.8%）；中国磷酸铁锂渗透率（51.7%）>海外（7.1%）。因此，未来海外市场对磷酸铁锂的需求增速（2021年到2026年，预期复合37%）整体要高于国内（约29%）。

并且，考虑到国内新能源汽车产业发展领先于国外，随着海外电池厂商逐步布局磷酸铁锂生产，未来在国外超预期渗透是可以期待的。例如：LG，计划在2023年在中国生产磷酸铁锂电池；SKI正在研发磷酸铁锂电池；特斯拉CEO也在2021年7月表示，未来特斯拉汽车的三分之二将使用磷酸铁锂电池；大众汽车宣布计划于2023年量产比目前成本低50%的“标准电芯”，入门级车型将使用磷酸铁锂电池。

（九）

五、非动力磷酸铁锂需求

2021年全球储能锂电池需求达到45GWh，同比增长55%，超出之前预期。并且在2022年上半年，全球储能锂电池需求达到44.5GWh，已经接近去年全年水平，增长进一步提速。

根据GGII，2022年上半年锂电池储能下游分布在电力储能（占比67%）、户用储能（14%）、通信储能（13%）、便携式储能（6%）。其中电力储能稳定增长，户用和便携式储能爆发增长，通信储能相对平缓。

电力储能的增长来源是国内共享储能建设+风光配储需求，以及美国和日本等国的补贴政策等。

户用储能，在俄乌危机以及天气变化导致欧洲能源危机的背景下，欧洲户用储能大爆发，意大利、西班牙、东欧等装机需求处于供不应求的状态，国内上半年出货量达到6GWh,基本出口海外。

便携式储能跟随户外活动兴起，产业基数小，华为、小米和传音等先后布局。考虑到全球气候和政治周期，调高2022年预期增速为100%，2023年到2026年锂电储能增速维持35%。

其他方面，如消费磷酸铁锂、磷酸铁锂渗透率等因素维持不变。

非动力锂电池需求		2022E	2023E	2024E	2025E	2026E
消费需求	消费锂电池需求量（GWh）	93.71	98.40	103.32	108.48	113.91
	yoy	5%	5%	5%	5%	5%
	磷酸铁锂渗透率（%）	10%	10%	10%	10%	10%
	磷酸铁锂需求量（GWh）	9.37	9.84	10.33	10.85	11.39
储能需求	储能锂电池需求量（GWh）	90.00	121.50	164.03	221.43	298.94
	yoy	100%	35%	35%	35%	35%
	磷酸铁锂渗透率（%）	79%	89%	90%	90%	90%
	磷酸铁锂需求量（GWh）	71.1	108.1	147.6	199.3	269.0
全球非动力磷酸铁锂需求量（GWh）		80.5	118.0	158.0	210.1	280.4
yoy		101.6%	46.6%	33.9%	33.0%	33.5%

表11：非动力磷酸铁锂需求测算
来源：并购优塾

六、全球磷酸铁锂需求量

全球磷酸铁需求量	2022E	2023E	2024E	2025E	2026E
全球磷酸铁锂需求总量（GWh）	262.07	353.54	457.16	582.76	718.76
单位电池磷酸铁锂使用量（万吨）	2200	2200	2200	2200	2200
全球磷酸铁锂需求总量（万吨）	57.66	77.78	100.58	128.21	158.13
假设按照1:1.25备货	1.25	1.25	1.25	1.25	1.25
全球磷酸铁锂实际需求总量（万吨）	72.1	97.2	125.7	160.3	197.7
yoy	102%	35%	29%	27%	23%

表12：全球磷酸铁锂需求量
来源：并购优塾

综上，我们测算出全球磷酸铁锂需求量至2026年达到197.7万吨，2021年到2026年复合增速达到41%。

（十）

磷酸铁锂产能在历史上长期处于过剩的状态，而过剩的产能通过挤压行业产能利用率来消纳，例如2017年到2020年行业产能利用率在30%到40%的低位水平，2021年随着下游需求的增长，产能利用率提升至60%。

基于行业产能扩张的水平，以及对未来的需求测算，可以大致评估未来磷酸铁锂行业整体的产能利用率水平。

目前参与磷酸铁锂竞争的企业根据布局时长可分为两类，首类为布局时长较久的企业，如德方纳米、湖南裕能、湖北万润，它们通常是以技术优势为导向。

其次，第二类企业为磷酸铁锂上游资源厂商向下游的延伸，例如铁源（中核钛白、龙蟒佰利）、磷源（川恒股份、云天化等），它们是以资源成本优势为导向。

优势	企业	2022	2023	2024	2025	2026
技术	德方纳米	34.5	45.5	60	70	78
	湖南裕能	19	37	48	59	70
	龙蟠科技	8.5	19.75	25	27	29.75
	富临精工	6.2	12.2	20	25	32.2
	国轩高科	2.7	2.7	2.7	22.7	22.7
	湖北万润	5.5	8	8	8	8
资源	龙柏集团	5	10	15	20	20
	中核钛白		10	20	30	40
	川恒股份				5	10
	兴发集团	10	15	20	25	30
	川发龙蟒		10	10	10	10
	格林美		5	5	5	5
	司尔特		1	2	3	4
其他	万华化学		5	5	5	5
上市公司产能（万吨）		91.4	181.15	240.7	314.7	364.65
未上市产能（万吨）		48.6	97.85	180.3	185.3	235.35
产能总计（万吨）		140	279	421	500	600
需求总计（万吨）		72.1	97.2	125.7	160.3	197.7
共需平衡下产能利用率（%）		51.5	34.8	29.9	32.1	32.9

表13：磷酸铁锂供需情况
来源：并购优塾

经过测算，如果各上市公司的磷酸铁锂按规划落地，则在2023年到2026年期间，行业整体产能利用率在30%—40%之间，这一结论与2017年到2020年的过剩情况较为类似。

考虑到各家企业的产能规划可能存在较大的差异，在未来竞争加剧的过程中预计有较多产能无法落地，因此行业竞争情况可能好于以上预测。

但需要注意的是，磷酸铁锂本身成品率低、一致性程度较差，因此下游客户对不同企业的产品接受程度不同，产能利用率也有较大差异。

从中长期来看，磷酸铁锂行业并没有短缺逻辑，那么，其中企业的竞争格局看什么？

（十一）

答案：技术升级。

磷酸铁锂可进一步升级为磷酸锰铁锂，磷酸锰铁锂是在磷酸铁锂的基础上掺杂一定比例的锰而形成的正级材料，虽然目前还未大规模产业化，但其所展现出来的性质代表了未来磷酸铁锂的发展方向。

磷酸锰铁锂可在一定程度上解决磷酸铁锂的痛点（能量密度低、低温性能差）：虽然两者的理论克容量都为170mAh/g，但磷酸锰铁锂的放电平台为3.8—4.1V，高于磷酸铁锂的3.2—3.3V，因此能量密度高出15%。

这意味着，如果磷酸锰铁锂的单吨成本增幅可以控制在15%以内，其相较于普通磷酸铁锂，就是划算的。

目前，还没有产业化成本数据，后续可以重点调研该数据。

综合对比来看，

1）能量密度：三元＞LMFP＞LFP。LMFP工作电压4.1V，理论能量密度高于LFP近15%，但仍与三元存在一定差距。

2）度电成本：三元＞LFP＞LMFP。

3）压实密度：三元＞LFP＞LMFP。

4）循环寿命：LFP＞LMFP＞三元。

5）高温性能：LFP＞LMFP＞三元。

磷酸铁锂和磷酸锰铁锂的的技术和产能具有同源性，意味着生产磷酸铁锂的企业可直接转为生产锰铁锂。

过去，磷酸锰铁锂受限于较低的导电性能，商业化水平较低，随着碳包覆、纳米化、补锂技术等的发展，改善了导电性。

2022年9月19日，德方纳米11万吨磷酸锰铁锂正式投产，该项大规模产能投产是磷酸锰铁锂产业化的起点，未来渗透率有望加速提升。

我们假设，2022年磷酸锰铁锂装机量达到1万吨，2023年德方纳米11万吨满产满销占其总产能约24%，2024年到2026年每年占比提升5%。

至2026年，磷酸锰铁锂占比有望达到25%，需求量为49.4万吨，2022年到2026年复合增速高达165%。

全球磷酸铁锂实际需求总量（万吨）	72.1	97.2	125.7	160.3	197.7
yoy	*102%*	*35%*	*29%*	*27%*	*23%*
磷酸锰铁锂	2022E	2023E	2024E	2025E	2026E
磷酸锰铁锂占比（%）	1.4	11.3	15	20	25
磷酸锰铁锂需求量（万吨）	1	11	18.9	32.1	49.4
yoy		1000.0%	71.4%	70.7%	54.2%

表14：全球磷酸锰铁锂需求量
来源：并购优塾

（十二）

磷酸铁锂行业，是得“技术、锰铁锂”得增长，得“低成本”得回报，得“能量密度、循环次数”得产品力。

一、技术

1. 液相法

德方纳米使用的是液相法，其核心技术包含自热蒸发液相法、非连续石墨烯包覆技术、离子掺杂技术、纳米化技术。我们前文提及，液相法的核心问题在于工艺复杂、克容量低。

为了解决传统液相法工序复杂的核心矛盾，研发出了自主产权的自热蒸发液相法，与传统方法的核心区别是前驱体制备过程中无需外部条件加热，蒸发结束自动结束反应，具有工序简单、能源成本更低的特点。

同时，为了解决液相法克容量低的核心问题，提出粒度可控技术，目前还处于小试阶段，未来有望进一步产业化。

为了解决磷酸铁锂低温表现较差的缺陷，引入非连续石墨烯包覆，降低了电阻率，提升了低温性能水平。

为了进一步改善高倍率性能、提高循环寿命，研发了离子掺杂技术和纳米化技术等。

值得一提的是，德方纳米所具有的碳包覆、纳米化、补锂技术可以用来解决磷酸锰铁锂的高倍率性能和导电性较差的主要缺陷，因此在生产磷酸锰铁锂上具有天然的技术优势。

2. 固相法

根据铁源不同，产业化的固相法可以分为磷酸铁法、氧化铁法和草酸亚铁法。

使用固相法的企业90%以上采用了磷酸铁法，少数企业使用草酸亚铁（如富临精工）和氧化铁法（重庆特瑞）。

	磷酸铁法	草酸亚铁法	氧化铁法
磷	磷酸铁（磷酸）	磷酸一铵	磷酸二氢锂
铁	磷酸铁（硫酸亚铁、纯铁、氧化铁）	草酸亚铁	氧化铁
锂	碳酸锂	碳酸锂	磷酸二氢锂
企业	龙蟠科技、中核钛白、湖南裕能	富临精工等	重庆特瑞

表15：固相法分类
来源：并购优塾

首先磷酸铁法（磷酸铁+碳酸锂）和氧化铁法（磷酸二氢锂+氧化铁）是两种材料直接合成，而草酸亚铁法是三种材料（磷酸一铵+草酸亚铁+碳酸锂）直接合成，而在固相法合成中，参与的材料数量越少，其均匀性控制水平越好、产品一致性越好，原材料成本就低，在这一方面，磷酸铁法和氧化铁法好于草酸亚铁法。

其次磷酸铁的可获得性要好于磷酸二氢锂（成本贵且不稳定），因此磷酸铁法好于氧化铁法，正因如此，磷酸铁法成为固相法的主流方式。

此外，龙蟠科技为解决磷酸铁锂低温性能较差的问题，研发出锂离子传输通道，推出铁锂一号产品。

技术上的差异，会体现在各家的产品力和成本上。

二、成本

从磷酸铁锂的成本上看，2021年德方纳米（3.8万元/吨）<龙蟠科技（4.7万元/吨）<富临精工（5.8万元/吨）。

成本（万元/吨）	2018	2019	2020	2021
德方纳米	4.8	3.4	2.7	3.8
龙蟠科技/贝特瑞				4.7
富临精工			2.9	5.8

表16：生产成本
来源：年报

从成本结构上看，三家公司的单吨人工和制造费用没有较大差异，但因生产工艺的不同导致原材料成本有较大差异、制造费用也有较小的差异。

原材料成本相差巨大，德方纳米<湖南裕能<龙蟠科技。

德方纳米（液相法）和富临精工（草酸铁固相法）的燃料成本要略低于湖南裕能和龙蟠科技（磷酸铁固相法）。

并且因原材料占比较高，因此原材料价格波动会对单吨成本有较大的影响。

三、产品力

采用固相法的企业在压实密度和比容量上具有优势。

从压实密度水平上看，湖南裕能、湖北万润、龙蟠科技、富临精工均有压实密度超过$2.5g/cm^3$的产品，而$2.5g/cm^3$是德方纳米的上限。

从比容量下限水平上看，湖北万润(下限达到158mAh/g)>龙蟠科技（157mAh/g)>湖南裕能（156mAh/g）>德方纳米（154mAh/g）>富临精工（145mAh/g),其中富临精工比容量明显偏低，主要受其草酸亚铁工艺影响。虽然液相法在压实密度和比容量上具有劣势，但德方纳米通过额外的技术进行了有效的弥补，致使差距不显著。

采用液相法的企业，在循环寿命上具有明显优势。

从各家产品循环寿命的下限水平上看，德方纳米（5000周）>湖北万润（3000周）>富临精工（2000周），采用液相法的循环寿命下限通常是固相法的上限，并且不同产品的循环寿命差距巨大，因此在5000周以下循环寿命的产品将被市场淘汰。

此外，湖北万润的AB-4产品，不论在压实密度、比容量、首次充放电效率、循环寿命上均处于较高的水平，代表了较强的竞争力水平。

综上，在未来磷酸铁锂过剩的背景下，具有技术、成本、客户绑定、磷酸锰铁锂布局等优势的企业，有望在未来产能过剩的背景下进一步提高市场份额，并且保持较为稳定的盈利能力（约为20%毛利率）。

除此之外，我们再梳理一下各家产能、客户情况，以供印证。

（十三）

一、磷酸铁锂销量

销量（万吨）	2018	2019	2020	2021	CAGR
德方纳米	1.68	2.34	3.07	9.12	75.7%
龙蟠科技/贝特瑞	0.99	1.2	2.14	3.05	45.5%
富临精工	0.119	0.136	0.22	1.01	104.0%

表17：磷酸铁锂销售量
来源：并购优塾

2021年磷酸铁锂销售量，德方纳米（9.12万吨）>龙蟠科技（3.05万吨）>富临精工（1.01万吨）。

从近几年销量的增速上看，富临精工（104%）>德方纳米（75.7%）>龙蟠科技（45.5%），而销量的提升一方面看产量提升（取决于产能和产能利用率水平），另一方面看下游客户绑定。

因此，以产能、产能利用率、客户认证水平分别来看：

二、产能

产能（万吨）	2018	2019	2020	2021
德方纳米		2.55	3.96	10.55
龙蟠科技/贝特瑞	2	2.7	4.2	3.25
富临精工			1.2	6.2

表18：磷酸铁锂产能
来源：并购优塾

在历史产能上，德方纳米和富临精工产能均有较快的增长，龙蟠科技产能受限于收购整合而略有下滑。

预期产能		2022	2023	远期
德方纳米	佛山	3	3	3
	曲靖	12.5	12.5	12.5
	曲靖-磷酸锰铁锂		11	44
	宁德时代合资（持股60%）	8	8	8
	亿纬锂能合资（持股60%）	11	11	11
	合计产能（万吨）	34.5	45.5	78.5
		2022	2023	远期
龙蟠科技	贝特瑞	5.8	5.8	5.8
	遂宁一期	2.7	2.7	2.7
	遂宁二期		6.25	6.25
	山东		5	5
	印尼（持股60%）			10
	合计产能（万吨）	8.5	19.75	29.75
		2022	2023	远期
富临精工	江西升华	6.2	6.2	6.2
	射洪		6	6
	赣锋锂业合资（持股60%）			20
	合计产能（万吨）	6.2	12.2	32.2

表19：未来预期产能水平（单位：万吨）
来源：并购优塾

从各家公司的调研情况来看，我们可以对未来两年的产能水平进行评估。

德方纳米2022年末产能将达到34.5万吨，远期达到78.5万吨，值得强调的是，2022年之后，公司的扩产将集中在磷酸锰铁锂，包含11万吨在建项目（2023年投产）和33万吨远期规划。

龙蟠科技和富临精工未专门建设磷酸锰铁锂产能，虽然部分磷酸铁锂可转为锰铁锂，但未针对磷酸锰铁锂的扩产意味着有较高的转换成本。

龙蟠科技在2022年达到8.5万吨产能，远期计划达到29.75万吨，其中在印度尼西亚计划投建10万吨。

富临精工2022年达到6.2万吨产能，远期达到32.2万吨，其中主要是与赣锋锂业合作建设20万吨项目。

产能增速（%）	2021	2022	2023	远期
德方纳米	166	227	31.9	72.5
龙蟠科技	-23	162	132.4	50.6
富临精工	417	0	96.8	163.9

表20：产能增速
来源：公开资料整理

从产能增速上看，2022年德方纳米扩张幅度较大，随后有明显的放缓；龙蟠科技产能在2022年和2023年增速较快；富临精工产能在2022年有明显的间歇，主要是2021年扩张幅度较大，并且远期扩张幅度较大。

三、产能利用率

产能利用率（%）	2018	2019	2020	2021
德方纳米		94	84	93
龙蟠科技/贝特瑞	50	44	50	96
富临精工			16	21

表21：产能利用率
来源：年报

从历史产能利用率上看，德方纳米明显较高，中枢水平超过90%；

其次，龙蟠科技历史均值为50%（虽然2021年提升至96%，但这可能与剥离落后产能有关）；富临精工明显较低，仅为20%左右。

虽然前文提到行业未来整体产能利用率不容乐观，但不同的企业产能利用率差异巨大，未来能够有效提升产能利用率的企业才是胜者。

而产能利用率的差异主要来自于技术差异，技术差异又进一步导致产品力、生产成本出现较大差异。

四、下游客户

下游磷酸铁锂电池市场呈现出不断集中的发展趋势。2018年到2021年，下游行业集中度C3从80.3%提升至91.2%，2021年分别为宁德时代（47.6%）>比亚迪（32.1%）>国轩高科（11.5%），因此多数磷酸铁锂生产厂商客户也是集中在这三家。

德方纳米2018年到2021年的客户结构CR5从91.75%提升至97.33%，这与下游集中度提升较为同步，代表了企业产品受下游大厂商的认可度较高，并且宁德时代销售占比从2018年的67.9%提升至2021年的69.66%。

龙蟠科技与富临精工没有单独披露磷酸铁锂业务的客户结构，但也有部分信息值得关注。

宁德时代先后两轮对江西升华进行增资（目前持股20%），这意味着富临精工的磷酸铁锂在宁德时代的销售将会具有一定的客户优势。

从磷酸铁锂销售价格上看，在2020年磷酸铁锂过剩期间，德方纳米（3.07万元/吨）>富临精工（2.5万元/吨），但在2021年磷酸铁锂紧缺期间，富临精工（6.5万元/吨）>龙蟠科技（6.2万元/吨）>德方纳米（5.31万元/吨）。

可看出德方纳米产品在过剩期间具有优势，而在景气期间具有劣势，推测是因德方纳米对下游客户绑定较深，而新进入企业通常承担了磷酸铁锂供需变化的边际影响，因此龙蟠科技和富临精工价格弹性较大。

而在前文预测的未来产能过剩的前提下，龙蟠科技和富临精工未来的销售价格可能会承压。

单吨价格（万元）	2018	2019	2020	2021
德方纳米	6.27	4.50	3.07	5.31
龙蟠科技/贝特瑞				6.2
富临精工			2.5	6.5
单吨毛利（万元）	**2018**	**2019**	**2020**	**2021**
德方纳米	1.23	0.90	0.30	1.52
龙蟠科技/贝特瑞				1.50
富临精工			-0.32	0.64

表22：单吨价格与毛利
来源：年报

综合考虑成本和价格的毛利，2021年，德方纳米（1.52万元/吨）>龙蟠科技（1.5万元/吨）>富临精工（0.64万元/吨）。

综合来看，德方纳米的产能、成本方面更具有优势，扩产绝对值也较大，但增长幅度不如其余两家。

客户方面，三家目前均较为依赖宁德时代。

（十四）

研究至此，几个重要问题，我们小结一下。

1. 增长驱动力——磷酸铁锂增长公式是汽车销量×新能源渗透率×平均带电量×磷酸铁锂渗透率，其中新能源汽车渗透率、平均带电量、磷酸铁锂渗透率是主要增长驱动力。

2. 关键变化——未来两三年，这个行业的关键变化是全球新能源汽车和磷酸铁锂的持续渗透；关键变化的量级大致能达到3年三倍增长。

3. 渗透替换——未来5到10年，新能源汽车、磷酸铁锂渗透率提升；磷酸铁锂渗透率提升的本质是锂电池兼顾安全、成本后的结果。

4. 景气预期——目前行业景气度上行，景气度背后是全球能源结构转变等核心因素。

5. 生意难点——这门生意难做的点，在于对磷酸铁锂的长期技术基础沉淀。

6. 产品力——体现在克容量、循环次数上。

7. 风险点——财务风险上，无明显瑕疵。

本文发布于2022年9月21日

正极之单晶三元正极产业链

振华新材、厦钨新能、长远锂科

锂电正极材料的技术迭代，在2022年并没有停止。在发生多起811电池起火事件后，安全性能更优的单晶中镍三元电池再次大规模使用——多款热销车型装车如极氪001、蔚来ES6/ES8等采用的号称“只冒烟不起火”电池，走的正是单晶化路线。

单晶三元和高镍三元的区别到底是什么？为什么可以既能提高能量密度又保证安全性？这个材料又有什么缺陷？带着这些问题，我们来看三元电池这条产业链。

上游——三元前驱体及碳酸锂供应商，代表企业有邦普循环、中伟股份、雅化集团等。宁德时代产业链对三元正极把控较为严格，其三元的正极供应商如振华新材、容百科技等，大部分原材料是从宁德控股子公司邦普循环采购三元前驱体，制备成三元正极再出售给宁德时代。

中游——三元生产商，采用成本加成模式，代表企业有振华新材、厦钨新能等。

下游——电池厂。国内两大三元材料电池厂分别是宁德时代和中创新航。

从机构一致预期增长和景气度来看。

	2022年		2023年		2024年	
	收入（亿元）	同比增速（%）	收入（亿元）	同比增速（%）	收入（亿元）	同比增速（%）
振华新材	135.60	146	187.74	38	236.55	26
厦钨新能	324.43	108	352.77	9	387.51	10
长远锂科	176.42	158	258.76	47	307.50	19
	净利润（亿元）	同比增速（%）	净利润（亿元）	同比增速（%）	净利润（亿元）	同比增速（%）
振华新材	11.69	183	14.48	24	19.23	33
厦钨新能	12.37	123	18.49	50	24.20	31
长远锂科	14.94	113	19.22	29	24.15	26
	2022年预测PE（倍）		2023年预测PE（倍）		2024年预测PE（倍）	
振华新材	20.4		16.48		12.4	
厦钨新能	22.15		14.81		11.32	
长远锂科	19.94		15.5		12.34	

表1：Wind机构一致预期增长和景气度情况
来源：并购优塾

（一）

从材料端来看，提升三元电池的能量密度，无外乎两种路线。

一种是提高材料的克容量，对应的是高镍化路线，三元材料体系中，镍用来提升克容量，钴主要用来稳定结构，锰/率用来改善导电性，随着镍含量的不断提升，克容量也不断提升；另一种则是提升材料的电压，对应的主要是单晶化路线，单晶一次颗粒的尺寸较大，具有更好的结构稳定性和耐高温性能，因此具备更好的安全性能。

回顾历史，单晶三元渗透率的驱动力，是无法突破高镍材料的安全瓶颈下，对能量密度的追求。2017年下半年，动力电池龙头宁德时代开始使用单晶材料，促使单晶三元迎来首次大规模放量。2017年中国市场单晶三元正极材料产量不足万吨，2018年年产量跃升至4.9万吨左右，渗透率提升至42%。

到了2018年末，宁德时代为了与日韩电池厂竞争，开始量产高镍NCM811电池。国内进入“高镍”时期，广汽、蔚来等车型搭载宁德NCM811，而以NCM5系为主的中镍单晶三元占比下滑。

然而，高镍电池发生多次起火事件，四个月内连续发生了三起某高镍车型自燃，使高镍电池的安全性受到整车厂质疑。

在动力电池中，高活性的镍元素比重越大，能量密度越高，但其副作用就是正极材料的热稳定性很差。具体表现为，当电池遇到高温或外力冲击等，更容易引发热失控。更关注品牌形象的国内新势力，宁愿牺牲部分续航，也要加强电池的安全性。2020年下半年，安全性较高的单晶三元再次受到重用，AionS、几何C等车型放弃811电池，改用单晶NCM5系，由此单晶三元渗透率从Q4开始再次提升。

（二）

我们先看各家的收入结构。

一、振华新材（贵州省贵阳市）——以单晶三元正极为主，一次颗粒大单晶NCM（镍锰钴三元正极材料），收入占比超九成，2022年H1中镍6系和高镍8系占比明显提升。其早期主要从事钴酸锂正极材料的研发，产品主要用于3C电池领域。2014年首批NCM523大单晶电池在新能源车上量产。2021年以来，中高镍6系低钴三元材料因较高的性价比也开始批量供货。

此外，其也开始布局钠离子电池正极。2022年上半年钠离子电池销售4.13吨，带来收入21万元，占比不到1%。预计在2022年第四季度完成主要客户初步评估，进入小批量试用阶段。

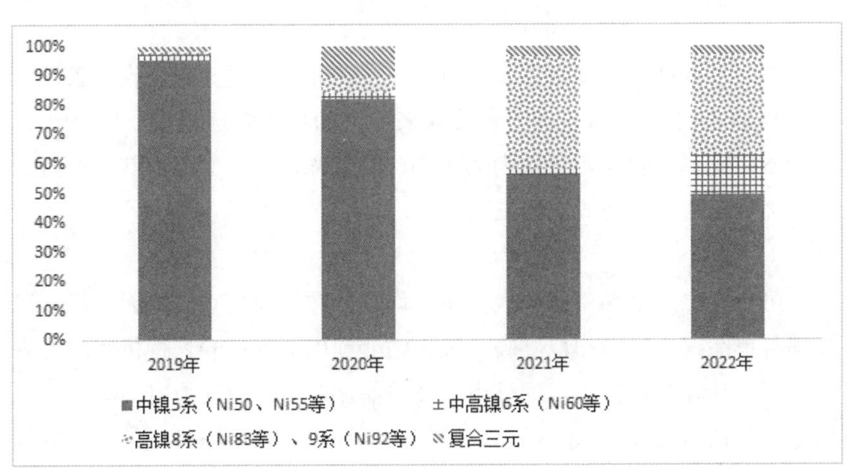

图1：收入结构（单位：亿元）
来源：并购优塾

二、厦钨新能（福建省厦门市）——钴酸锂电池是其收入主要来源，占比73%，供给全球3C电池龙头ATL。NCM三元材料的主力出货产品主要为高电压Ni5系，及Ni6系高镍产品，下游客户有中航锂电等。

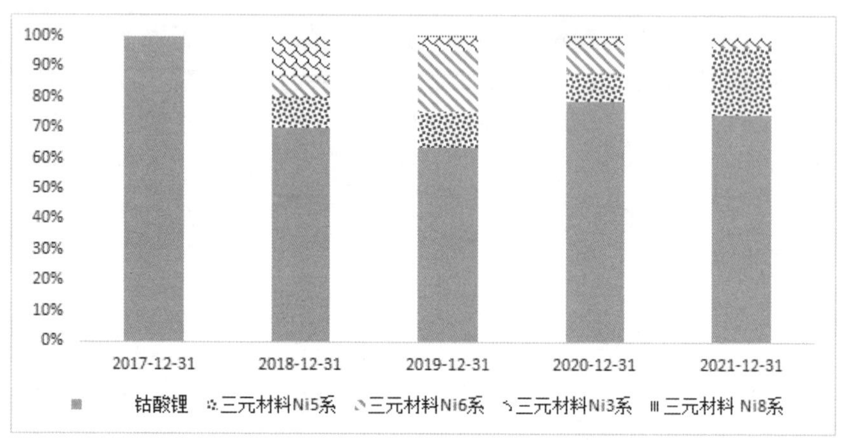

图2：收入结构（单位：亿元）
来源：并购优塾

三、长远锂科（湖南省长沙市）——三元正极是其主要收入来源，2022年Q1占比95.21%。从历史数据来看，2019年增速较快，2018年、2019年三元占营收比例分别为66.02%、86.16%，主要原因为其新产能投产和部分钴酸锂产线改造为三元。

可见，三家单晶三元正极材料厂均是以钴酸锂起家，原因是高压钴酸锂与单晶三元技术相似度高。过去钴酸锂电池为提升长待机性能并满足终端产品轻薄化需求，朝高电压及单晶化发展。而动力电池单晶三元与单晶化钴酸锂技术重合性高，振华、厦钨以及长远锂科三家以钴酸锂起家的正极材料厂，具备一定单晶技术先发优势。

（三）

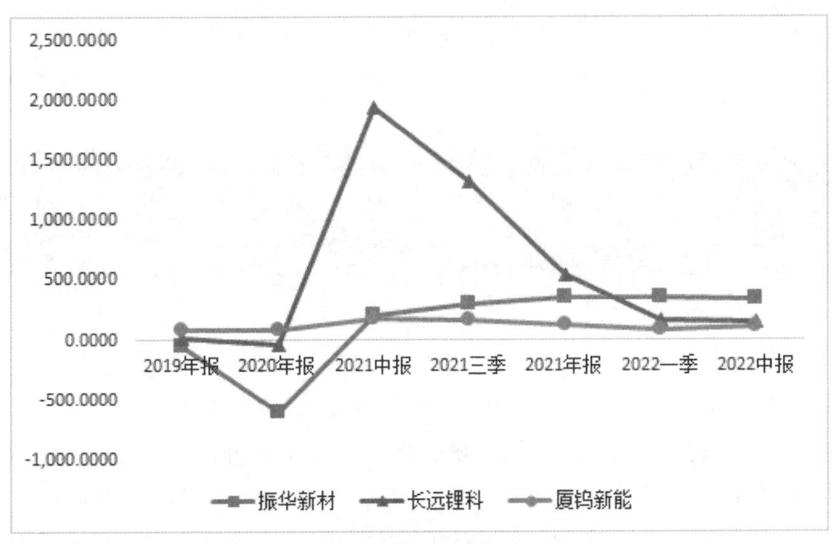

图3：归母净利润增速（单位：%）
来源：并购优塾

再拆成季度业绩看。

一、振华新材——2022年中报披露，实现收入54.4亿元，同比+161.09%，净利润6.66亿元，同比+340.92%。2022年Q3预计实现归母净利润3.14—3.54亿元，同比增长187%～223%；预计Q3单吨扣非净利2.1—2.3万元，环比降低30%左右，主要系低价库存消耗所致。

2022年H1，三元正极出货1.8万吨左右，同比增长27.28%，净利润增速远高于销量增速，主要受益于前期低价碳酸锂囤货，以及高镍三元占比提升。

根据目前的行业调研预期，2022年全年三元大约能出货5万吨，单吨平均净利润2万元，净利润约10亿元。2023年计划出货7万吨。盈利方面，随着碳酸锂囤货的消耗，单吨净利润1.5—2万元/吨；此外，钠离子电池预计出货1万吨，单吨净利5000元，合计测算2023年净利润约11亿元左右。（后续重点关注三元单吨净利变化。）

振华新材	2020年Q4	2021年Q1	2021年Q2	2021年Q3	2021年Q4	2022年Q1	2022年Q2
归母净利润（亿元）	-0.37	0.77	0.74	1.09	1.52	3.42	3.24
同比增速（%）				511.62	509.25	345.35	336.33
环比增速（%）	-305.56	-308.11	-3.9	47.3	39.45	125.00	-5.26

表2：季度业绩
来源：并购优塾

二、厦钨新能——2022半年报实现收入143.02亿元，同比增长117.75%，利润5.32亿元，同比增长112.19%。2022年H1，三元材料销量2.15万吨，同比增长91%，钴酸锂销量为1.87万吨，同比减少15%。2022Q2正极扣非吨净利在1.4万元左右，由于下游钴酸锂需求表现较差，Q1部分钴酸锂产线切换至三元，随着产能利用率提升，单吨净利逐步增长。

厦钨新能	2020年Q4	2021年Q1	2021年Q2	2021年Q3	2021年Q4	2022年Q1	2022年Q2
归母净利润（亿元）	0.94	1.12	1.39	1.48	1.56	2.07	3.26
同比增速（%）				143.82	65.52	78.99	140.55
环比增速（%）	54.10	19.15	24.11	6.47	5.41	32.69	57.49

表3：季度业绩
来源：并购优塾

三、长远锂科——2022上半年实现收入2.31亿元，同比增长3.66%，利润0.32亿元，同比减少28.46%。其2022年前三季度实现营业收入126.96亿元，同比上涨179.87%；归母净利润11.14亿元，同比上涨128.66%。Q2单吨净利润约为3.0万元/吨，Q3单吨净利润预计环比下滑。

长远锂科	2020年Q4	2021年Q1	2021年Q2	2021年Q3	2021年Q4	2022年Q1	2022年Q2	2022年Q3
归母净利润（亿元）	0.75	1.15	1.98	1.73	2.14	3.04	4.54	3.56
同比增速（%）				807.42	183.73	163.75	128.83	105.17
环比增速（%）	294.74	53.33	72.17	-12.63	23.70	42.06	49.34	-21.59

表4：季度业绩
来源：并购优塾

（四）

接下来，我们来看现金流情况。

一、净现比

振华新材2021年经营活动现金流量净额小于净利润，主要原因有以下几点。

1）2021年上游原材料价格大幅上涨，购置原材料以及产品、库存商品占用的经营性现金流出增加；

2）宁德时代占比高，导致其应收账款周转率偏低。

相比磷酸铁锂正极材料，国内三元正极的下游集中度更高，60%集中在宁德时代，导致正极材料厂话语权普遍较弱。再加上原材料碳酸锂涨价企业囤货，导致正极材料厂整体净现比较低。长远锂科由于下游客户集中，且上游原材料供应商话语权较强，导致其现金流较低。

净现比（倍）	2019年	2020年	2021年	2022年中报
振华新材	-0.56	1.13	0.23	0.23
长远锂科	0.27	0.41	-0.90	-0.98
厦钨新能	1.15	1.58	0.78	0.29

表5：净现比
来源：Wind

二、经营现金流VS资本支出

从CAPEX来看，产能扩张幅度较大的是长远锂科。其2021年扩充了4万吨三元材料和6万吨磷酸铁锂产线。

CAPEX（亿元）	2019年	2020年	2021年	2022年H1
振华新材	3.51	1.57	2.98	3.99
厦钨新能	5.86	3.33	5.56	3.10
长远锂科	1.60	2.24	9.58	1.40
经营活动现金流（亿元）	2019年	2020年	2021年	2022年H1
振华新材	-0.19	-1.91	0.96	1.52
厦钨新能	1.72	3.97	4.32	1.55
长远锂科	0.56	0.45	-6.32	-7.40

表6：经营现金流VS资本支出
来源：并购优塾

（五）

对比完增长情况，我们再来看利润率、费用率的变化。

一、毛利率

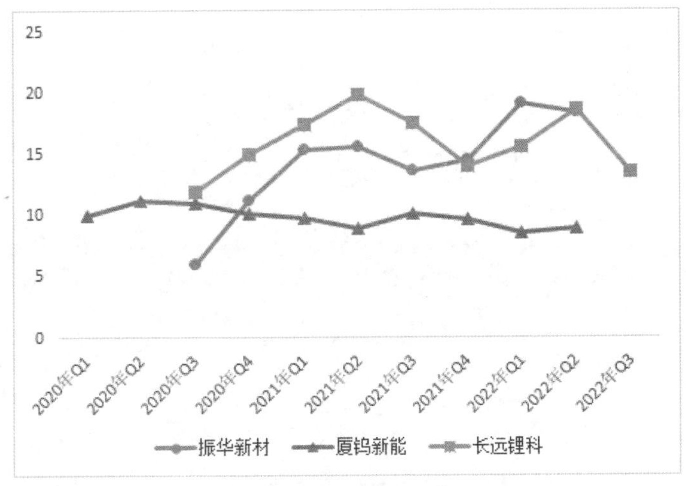

图4：毛利率（单位：%）
来源：并购优塾

厦钨新能毛利率较低，主要是因为其钴酸锂业务利润较低拖累整体毛利水平。

三元材料采用“原材料价格+加工费”模式定价，三元材料厂单季度毛利率波动趋势有差异，主要是因为：1）各家原材料囤货情况不同；2）产能利用率波动。

2020年振华新材三元正极产能利用率低至20%，导致毛利率大幅下滑。2022年上半年以来，镍、钴价格下降，碳酸锂价格上升，前期碳酸锂囤货较多的毛利率上升（振华科技）；而长远锂科实控人五矿集团具备锂矿资源，在原材料涨价背景下具备一定成本优势。

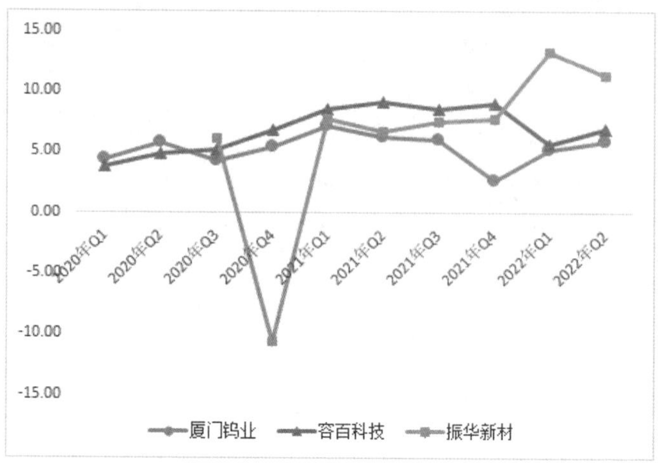

图5：净利率（单位：%）
来源：并购优塾

二、期间费用率

2020年振华新材由于大客户宁德时代受新冠疫情影响，订单延后导致其产能利用率较低，大额停工损失计入管理费用。财务费用高是由于上市前依赖银行借款，利息支出较高，财务费用率显著高于同行业。

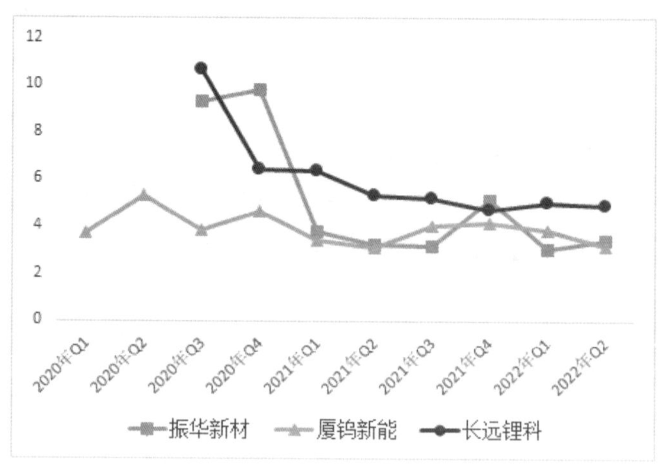

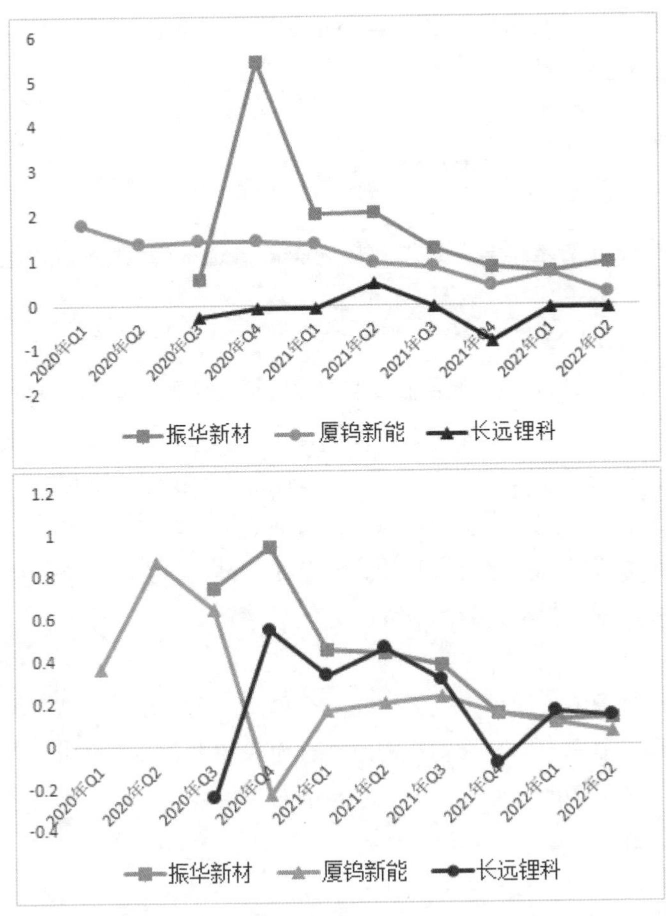

图6：管理费用率（上）、财务费用率（中）及销售费用率（下）（单位：%）
来源：并购优塾

（六）

单晶三元的市场规模，用公式表示为：

单晶三元材料需求量=动力锂电池出货量×单晶三元材料渗透率×单位电池正极材料使用量×单价。

对锂电池出货量的预测，其公式为：动力电池出货量=新能源汽车销量×单车带电量。

接下来，我们重点来看核心变量。

单晶三元渗透率——2021年国内单晶渗透率为42%，日韩电池厂仍以多晶三元为主。

三元正极材料，根据结晶形貌不同可分为两种：单晶三元和多晶三元。单晶三元，是一个完整的三元晶体，一般由直径2—5微米的一次颗粒构成，在压实和高温循环过程中，不易发生破碎，物化性能更为稳定；多晶三元，则是多个单晶颗粒结合而成的二次球形结构，直径约10微米，牢固性差，在循环过程中，尤其是在高电压充放电下，颗粒不断膨胀收缩而导致材料开裂、破碎。

为便于理解，简单举例类比。一个单晶三元可以看作是一个完整的石头，而多晶三元则是许多小碎石结合而成的大石头。很明显，在对石头不断施加压力的情况下，单个完整的石头更稳定，而小碎石结合的石头更容易碎裂。

根据能量密度公式：能量密度(Wh/kg)=电压×比容量。单晶三元材料能承受更大电压，因此，即使在比容量相同的情况下，电芯能量密度也更大。

综上，过去单晶三元材料渗透率提升的驱动力，主要是对5系、6系中镍高压，高镍普通电压材料的替代。

（七）

近两年，单晶三元渗透率提升的原因主要来自以下四个方面。

1）性能接近。从当前实际应用的主要产品来看，单晶6系能量密度可基本追平高镍8系。Ni6系NCM三元材料的充电电压从4.2V提升至4.35V，其能量密度能提升约15%，接近NCM811水平。单晶NCM5系高压产品，能量密度略低于8系，而6系产品（Ni65）实际应用的能量密度735.15Wh/kg已与多晶NCM811系典型产品的739.32Wh/kg（仅指正极材料）基本持平。

2）成本低。单晶中镍代表产品Ni65（65/7/28）镍用量较少，在镍价格大幅上涨背景下具备一定成本优势。单晶中高镍6系的镍、钴、锰含量分别占65%、7%、28%，高镍811系的镍、钴、锰占比为83%、11%、6%。可以看出，两种贵金属镍、钴的含量要比高镍三元低，而锰的含量要更高。因此，在镍、钴贵金属上涨的趋势下，单晶高镍具备性价比优势。

3）安全性更高。单晶结构热稳定性更强。

4）长续航车型推出。从车型来看，2021年、2022年推出的高端长续航车型大部分采用的是单晶Ni55电芯。以极氪001搭载的单晶Ni55+的电芯为例，电压达到4.35V，单个电芯能量密度达到了250Wh/kg，与811电芯相差不大。叠加宁德时代的CTP技术，极氪001的100kWh电池包续航里程达到700km，基本满足大部分中高端车型的需求。

中镍高压电池，基本满足了当前市面上高端车型的续航需求。短期来看，镍价每吨在15000美元以上时，单晶三元有较好的成本优势，那么，展望明年，单晶三元的渗透率是否还能提升？这条技术路线是否还有提升空间？

（八）

目前，市面上的车型基本达到700km续航的水平。极氪001续航712km，零跑C01的极限续航700km左右，采用宁德先进电池包的阿维塔11续航也是700km，比亚迪推出的海豹，长续航版本极限续航700km。

2023年，市场普遍预期中高端新能源汽车的续航，将逼近1000km，对电芯能量密度至少要到300Wh/kg以上——那么，正极材料，如何去实现这个目标？

传统三元正极提高能量密度的主要路径，就是增加镍使用量，高镍三元（8系、9系），但8系以上的安全隐患一直都存在，当前电池厂的解决方案有以下两类。

1） 固态电池。中国四家头部固态电池公司——北京卫蓝、江苏清陶、宁波锋锂、辉能科技，其量产产品都采用高镍三元NCM811、氧化物半固态电解质、硅基负极的半固态电池。由于半固态电池的电解液相对稳定，使用高镍三元相对安全。

2）中高镍单晶三元6系。头部电池厂宁德、中航创新采用高压6系。以典型代表宁德时代的麒麟电池为例，其长续航版本预计采用高压6系，或采用8系掺混方式提高正极安全性，其方案是容百科技高镍8系与振华新材高压6系，以7:3或8:2方式掺混。

首款搭载麒麟电池1000km续航版本的是极氪001，预计将于2023年二季度上市。单晶+多晶掺混，主要是为了中和单晶和多晶的优缺点——1）提高安全性，多晶高镍三元高温下稳定性差，易产生气体（起火）掺混单晶三元可提高安全性；2）改善循环性能，单晶三元的缺陷在于循环性能差，掺混循环性能较强的多晶，能均衡性能；3）提高电压，掺混多晶更有利于提高快充性能，且能够通过电压提高能量密度。

注意，目前头部电池厂商，仍在推动三元单晶材料的迭代，从单晶523到单晶622，再逐步转向单晶811。当前，单晶622的性能已经可以媲美常规811。

那么，技术达到单晶中镍623之后，还能否做到单晶高镍811材料呢？

当前，单晶811没有大规模推广的主要原因，还是在于单晶8系材料合成难度高，其对高温煅烧工艺要求更高，且需要产业链配套的电解液体系优化。但未来高镍单晶三元仍是潜力较强的正极材料，其不仅能够提升材料安全性，还能提升正极能量密度。

目前，海外电池及整车厂正在进行突破。其中，特斯拉电池材料团队早在2020年4月就申请了单晶NCA正极合成专利，该项专利通过新的预锂化过程，提高电池的质量、延长电池循环寿命。2022年7月，LG新能源预计将在其圆柱及高端软包电池中使用单晶NCMA（镍、钴、锰和铝）正极和硅负极保持产品竞争力。而在国内，振华新材、厦钨新能单晶8系已经实现量产，单晶超高镍9系正在向客户送样。

综上，考虑到2023年续航800km—1000km车型推出，而固态电池仍未完全产业化，我们预计单晶三元接下来仍然将替代部分传统多晶三元的市场，未来五年在国内的渗透率提升至60%。

	2020年	2021年	2022年	2023年	2024年	2025年
汽车销量（万辆）	2,531	2,628	2,706	2,788	2,871	2,957
yoy		3.8%	3%	3%	3%	3%
新能源车销量（万辆）	137	352	677	743	813	887
新能源车渗透率（%）	5.40	13.40	25	26.70	28.30	30.00
单车带电量（kWh）	47.1	44.5	45.8	47.2	48.6	50
三元渗透率(%)		50	35	30	30	30
单晶三元渗透率(%)		42	47	51	56	60
单晶三元材料需求量（万吨）		32.90	50.97	53.68	66.42	79.85
5系占比(%)		65	56	48	39	30
6系占比(%)		20	25	30	35	40
8系占比(%)		15	19	23	26	30
5系需求量（万吨）		4.0	5.4	4.8	4.8	4.5
6系需求量（万吨）		1.2	2.4	3.0	4.4	6.0
8系需求量（万吨）		0.9	1.8	2.3	3.3	4.5
合计（万吨）		6.2	9.6	10.1	12.5	15.0

表7：国内单晶三元需求量
来源：并购优塾

（九）

三元材料的价格存在一定周期属性，当前，正处在涨价周期中，主要是锂盐的价格持续上涨。单晶三元成本比同级别多晶三元贵5000—6000元/吨，因增加了一次烧结工艺，制造成本及工艺附加值更高，从加工费来看，单晶三元加工费比普通三元贵5000—10000/吨。

目前，市场定价机制来看，NCM811、NCM523、NCM333/111单吨平均加工费分别约为3万元/吨、1.4万元/吨、1万元/吨，单晶三元加工费比普通三元贵5000—10000/吨。

与多晶中镍相比，单晶中镍需要在高温环境下多次烧结，控制难度也更大，技术附加值也更高。其核心工艺在于以下方面：

1）多次烧结——普通三元材料仅需二次烧结，而加工单晶的核心原理是通过高温烧结形成大单晶颗粒，其生产工艺分为二次和三次烧结，有助于提升大单晶材料的分子结构稳定性，并且可改善镍含量不断提升对正极材料结构稳定性、安全性和循环性能带来的负面影响。

2）表面改性（掺杂+包覆）——由于单晶三元具有电子电导率低、循环次数少的缺陷，整机厂通过表面包覆一层金属氧化物的方式，减少电极材料与电解液的接触面积，从而减小材料表面杂质与电解液的副反应，提高三元正极材料表面的电子导电率，改善材料的循环稳定性。

考虑到单晶三元制备工序较多，我们预计，单晶三元价格将持续高于普通三元。

（十）

相比三元材料，单晶三元的市场格局更优，市场份额主要集中在前四家头部厂商。

CR5集中度较高，前四名分别是振华新材、长远锂科、南通瑞翔、厦钨新能。CR4市场份额变动的主要原因是下游客户的单晶三元产能规划变动。

单晶三元市场相对集中，其原因在于以下几点——

1）单晶三元下游客户更加集中。国内大部分市场份额集中在宁德时代、中创新航两家，亿纬锂能和欣旺达正在快速崛起。

2）单晶三元技术壁垒更高。单晶三元正极材料的复杂工艺和专利限制，优化了单晶正极厂商的竞争格局。

制备单晶材料需要在高温下多次烧结，高端产品还需要包覆、掺杂、水洗等工序，工艺相对复杂精细，考验企业的技术实力。当前CR4均是前期具备单晶高压钴酸锂技术积累的材料厂，而以动力电池出身的容百科技仍需要1—2年时间实现技术突破。在单晶产品逐步上量的过程中，振华新材、长远锂科、厦钨新能等企业凭借多年技术积累和产能供给，深度绑定头部客户，快速抢占市场份额，巩固竞争优势。

那么，未来市场格局会怎么变？我们预判龙头企业仍具备一定优势。其原因在于以下两点。

1）高镍高压技术难度比高镍（普通电压）更高。

2）单晶技术与钠离子电池技术互通，与下游客户形成较强黏性。

钠离子电池正极材料的三种技术路线：层状氧化物、普鲁士蓝（白）和聚阴离子。2021年，正极材料方案主要还是选用普鲁士白，能量密度比较高更适合用A00车，但由于结晶水的存在寿命比较差而且很难改善，现在已经开始逐渐转向层状氧化物，而层状氧化物路线能量密度低，单晶正好可解决该技术痛点。

当前，钠离子电池正极目前趋向单晶层状氧化物，负极趋向低成本前驱体合成的硬碳，添加剂配方是提升循环寿命的关键。主流钠电企业宁德时代、中科海钠、维科技术、传艺科技等主攻层状氧化物钠离子电池路线，多数拟在 2023年投产。

几家分别来看：1）中科海钠：正极采用单晶铜铁锰层状氧化物，负极选用以无烟煤为前驱体制备的软碳；2）华阳股份：单晶层状氧化物+软碳负极；3）宁德时代：普鲁士白与容百合作，单晶层状氧化物与振华合作，其首代钠离子电池采用的是普鲁士白，预计后续将采用层状氧化物技术。

单晶层状氧化物技术，与单晶三元技术相似性较高，技术方面主要分为固相法和液相法两种，需要较高烧结温度。

（十一）

单晶三元电池厂，关键竞争要素是——1.得产能及客户绑定得增长；2.得技术附加值得回报；3.得高镍单晶产能得产品力。

一、客户绑定

国内单晶三元下游电池厂主要集中在宁德时代和中创新航，占据了大部分份额，其次是孚能、亿纬和欣旺达。

振华新材绑定宁德时代，厦钨新能绑定中创新航，长远锂科的宁德份额在下滑，二线电池厂占比提升。振华新材——60%以上是宁德时代，2022年上半年占比76%，其次是ATL、孚能科技。厦钨新能——钴酸锂绑定ATL，单晶三元深度绑定中创新航（未披露占比）。长远锂科——2021年宁德时代占比45.52%，2022年上半年宁德时代占比下降至28.99%。以欣旺达和亿纬锂能占比为主。

二、产能

单晶三元（万吨）	2021	2022	2023	2024	2025
厦钨新能	3.5	6.5	11	16.5	22.1
振华新材	4	7	9.2	11	16
长远锂科	4.3	8	12	13	-

表8：单晶产能
来源：并购优塾

仅看单晶三元，厦钨新能和长远锂科的扩产速度更快，振华相对保守。我们仅看三元材料各家企业的扩产进度，可以发现普通三元电池厂产能扩张速度要快于单晶企业。主要原因在于单晶三元爆发时间晚，仍需要技术积累。

振华新材——2022、2023年产能释放重点是沙文一期、沙文二期5系、6系产能释放。2024年以后重点看义龙三期（2022年募投项目）产能落地，该项目主要扩产单晶高镍（8系、9系）三元，合计规划产能10万吨。钠离子电池2022年上半年出货4吨，当前大规模量产主要限制在于软碳负极，乐观预计2023年出货1万吨。整体来看，2023年产能释放幅度不高，2024年后预计增幅较大。

厦钨新能——产能扩张速度较快，2023年下半年，海璟基地有约4万吨三元产能落地，除了三元外，2023年将有2万吨磷酸铁锂产能开始投产，2024年底预计5万吨全部投产。

产能（万吨）	2021	2022	2023	2024	2025
三元	3.5	6.5	11	16.5	22.1
磷酸铁锂			2	2	5
钴酸锂	4	4	4	4	4
合计	7.5	10.5	17	22.5	31.1

表9：厦钨新能产能
来源：并购优塾

长远锂科——2022年、2023年三元产能重点在高新基地4万吨产能投产，预计2023年合计有效产能有12万吨。除了三元外，2022年、2023年预计有6万吨磷酸铁锂产能相继投产。

产能（万吨）	2021	2022	2023	2024	2025
三元	4.3	8	12	13	13
磷酸铁锂		2	6	6	6
三元前驱体	3	3	3	3	3
合计	7.3	13	21	22	22

表10：长远锂科产能
来源：并购优塾

三、产品力

三家均有8系单晶高镍三元，振华新材的8系占比较高。单晶三元技术主要指标是比容量、电压、首次循环效率，体现出各家单晶三元能量密度的高低，以及制备工艺水平。

对比下来，三家技术差异不大，要优于当升及容百。从比容量来看，厦钨新能＞振华新材＞长远锂科；首次循环效率，长远锂科＞振华新材＞厦钨新能。8系产品技术方面，三家差异不大。

综上可见，三家企业未来发展有一定差异：振华新材发展重点在单晶高镍三元+钠离子电池，厦钨新能和长远锂科则在三元+磷酸铁锂双布局。

（十二）

研究至此，几个重要问题，我们小结一下。

1. 增长驱动力——行业增长驱动力是长续航车型的推出。

2. 关键变化——未来两三年，这个行业的关键变化是麒麟电池量产，以及1000公里续航车型推出。

3. 渗透替换——渗透率提升的原因是镍价格高，单晶三元性价比提升，以及单晶三元的安全性。

4. 景气预期——新能源车行业景气度存在下行风险。

5. 生意难点——这门生意难做的点在于高镍单晶三元技术突破。

6. 产品力——能量密度及电压。

7. 风险点——对上下游话语权较弱，经营活动现金流较差。

证券简称	应收款项融资（亿元）	应收账款（亿元）	应收款项及融资占收入比重（%）	经营活动产生的现金流量净额（亿元）	营业收入（亿元）	归属母公司股东的净利（亿元）	净利润现金含量（%）	经营活动产生的现金流量净额/营业利润（%）	经营活动产生的现金流量净额/带息	净负债率（%）
振华新材	6.39	9.65	29.07	0.96	55.15	4.13	23.22	20.73	0.05	16.11
厦钨新能	1.11	29.54	19.69	4.32	155.66	5.55	77.79	69.96	0.26	32.15
长远锂科	1.68	22.03	34.65	-6.32	68.41	7.01	-90.23	-81.53	-14.45	-18.94

表11：财务风险

来源：Wind

本文发布于2022年10月19日

负极材料产业链

璞泰来、贝特瑞、杉杉股份

负极材料，是锂电子电池充放电过程中电子和锂离子的载体，起着能量的储存和释放的作用。

负极材料包含碳类材料和非碳类材料，其中碳类材料因原材料可获得性较强、成本较低的优势，是目前主流的负极材料类别。非碳材料中硅碳复合材料理论能量密度显著较高（是碳基的十倍），是未来负极材料潜在发展趋势。

碳类材料以人造石墨为主。人造石墨在各方面较为均衡，无明显缺陷，主要用在动力电池和高端消费电子产品，并且随着新能源汽车的高速渗透其在负极占比不断提升，在2016年—2021年期间从60%提升至80%。

从产业上的参与者近期增长情况来看。

2022半年报	营业收入(亿元)	营收增速(%)	归母净利润(亿元)	利润增速(%)	PE-TTM(倍)
璞泰来	68.95	76%	13.96	80%	35.3
贝特瑞	102.01	142%	9.18	26%	23.3
杉杉股份	107.72	8%	16.61	189%	12.4

表1：财务数据
来源：并购优塾

从机构一致预期增长和景气度来看，

Wind预期		2022E		2023E		2024E	
		亿元	同比增速（%）	亿元	同比增速（%）	亿元	同比增速（%）
营业收入（亿元）	璞泰来	157.0	75	225.0	43	296.9	32
	贝特瑞	220.64	110	295.80	34	375.5	27
	杉杉股份	229.73	11	285.05	24	346.82	22
归母利润（亿元）	璞泰来	29.72	70	42.94	44	57.41	34
	贝特瑞	22.96	59	31.94	39	42.27	32
	杉杉股份	33.98	2	43.74	29	54.09	24
机构测算PE（倍）	璞泰来	28.01		19.39		14.5	
	贝特瑞	16.55		11.89		8.99	
	杉杉股份	15.58		12.1		9.79	

表2：Wind机构一致预期增长和景气度情况
来源：Wind

负极材料产业链，各个环节包括以下几方面。

上游——包含人造负极所用的石油焦、针状焦，以及石墨化工序所需能源（占比超过50%）；天然负极主要是天然石墨矿；硅基负极主要是硅。

中游——负极厂商，按照2021年全球产能占比来看，贝特瑞（20%）>璞泰来(15.8%）>杉杉股份（12.6%）>中科电气（6.5%）。

下游——电池厂商。

本文重点解决的问题：1.负极的供需状态如何？负极的技术迭代路径？2.各家企业在负极的竞争力如何？

(一)

人造石墨，主要原料是焦原料，可进一步分为针状焦和石油焦，因针状焦的稳定性和一致性好于石油焦，所以其产品在容量、循环次数和压实性能上均好于石油焦，但针状焦的价格也较贵，因此多用于对产品性能要求较高的高端产品（如高端数码）。

人造石墨是骨料（针状焦或石油焦）以及粘接剂通过预处理（破碎）、造粒、石墨化、筛分等基本工序制成的，其中破碎和筛分相对简单，能够体现负极技术难度和企业工艺水平的，主要是造粒和石墨化两个环节。各家企业的人造石墨生产工艺大同小异，核心环节在造粒、石墨化，璞泰来（江苏紫宸）为了提升高端产品性能，在碳化包覆工艺方面布局较早。

虽然性能还有提升空间，但人造石墨的理论比容量上限为370mAh/g，硅基负极的理论能量密度达到4200mAh/g，从长期来看，硅基负极有望进一步对人造石墨进行替代。硅基负极目前尚难以被大量应用，主要是其体积增加了约320%，远高于石墨的12%，而体积剧烈变化会导致一系列电池中的应用问题——1.颗粒粉化，导致循环性能变差；2.SEI膜会在循环中多次脱落、生成、沉积，消耗硅与锂，导致首次效率较差，现有硅负极的首次容量损失高达15%～35%，远高于石墨的5%～10%；3.膨胀降低了电池的安全性能，在过于紧密的空间中潜在存在鼓包爆炸的可能性，这与目前锂电池追求极致空间利用率从而提升能量密度相悖。

虽然目前主流的补锂技术、纳米化、导电剂可以在一定程度上提高循环性能和首次效率，但没有直接解决体积膨胀的根本问题。目前，针对体积膨胀，业内主要通过以下方式解决。

1. 氧化亚硅，首次嵌锂的过程中会生成金属锂氧化物及锂硅化合物，其体积增加了118%左右，与纯硅比有明显改善。

2. 硅碳复合，将硅和碳复合，控制体积变化。目前主流的方案是采用核壳结构（在硅外层包覆碳），并基于核壳结构，在硅和碳之间引入额外孔隙形成蛋黄结构，能够为硅材料膨胀提供更多缓冲空间。还有其他结构如多孔型、分散型，大多处于实验室阶段。从企业端上看，特斯拉的4680电池采用了氧化亚硅+碳包覆的方式对体积膨胀进行双重控制，代表了硅碳负极产业化行业领先水平。

（二）

璞泰来（上海市浦东新区）——业务围绕锂电展开，包含负极材料、涂覆隔膜、锂电设备、PVDF等。2021年，负极材料是主要业务，占比约57%。从2018—2021年复合增速上看，涂覆隔膜（90.2%）>石墨化加工（38.4%）>负极材料（37.3%）>锂电设备（35.2%）。

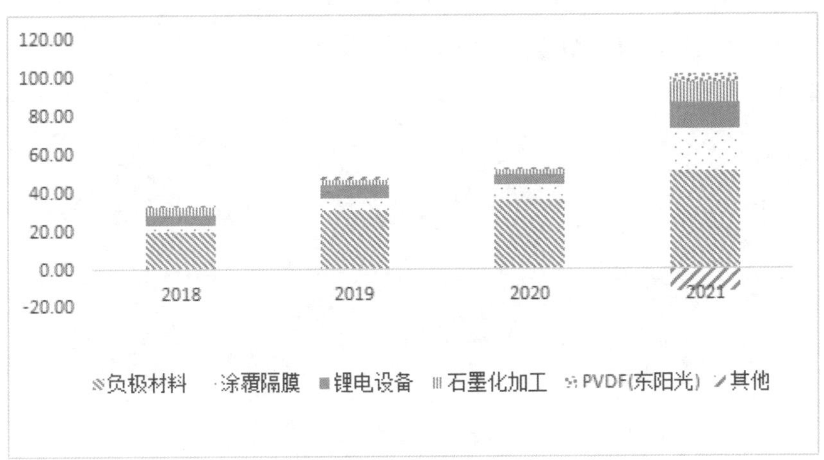

图1：璞泰来收入结构（单位：亿元）
来源：并购优塾

贝特瑞（广东省深圳市）——业务围绕锂电池正负极展开，2021年分别占总收入的62%和35%。从2018—2021年复合增速上看，正极材料（57.4%）>负极材料（40%）。

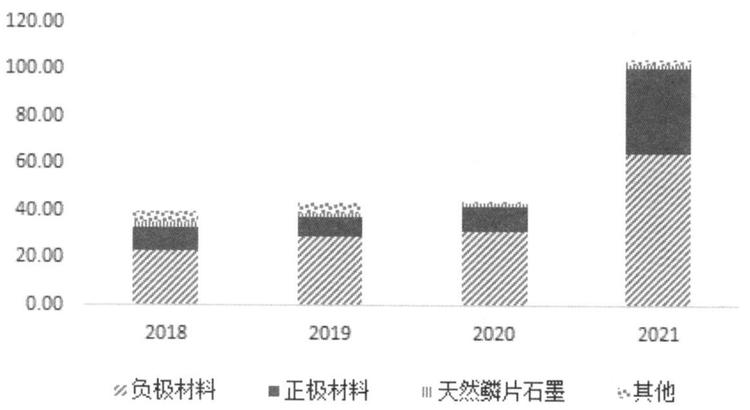

图2：贝特瑞收入结构（单位：亿元）
来源：并购优塾

杉杉股份（浙江省宁波市）——业务围绕锂电池展开，包含负极材料、电解液和正极材料，2021年占比分别为20%、6.6%、17.5%。2021年通过发行股票收购关联方偏光片业务，收入规模大，占比达到48%。2018—2021年，复合增速上，电解液（50.4%）>负极材料（28.8%）>正极材料（-8.1%）。

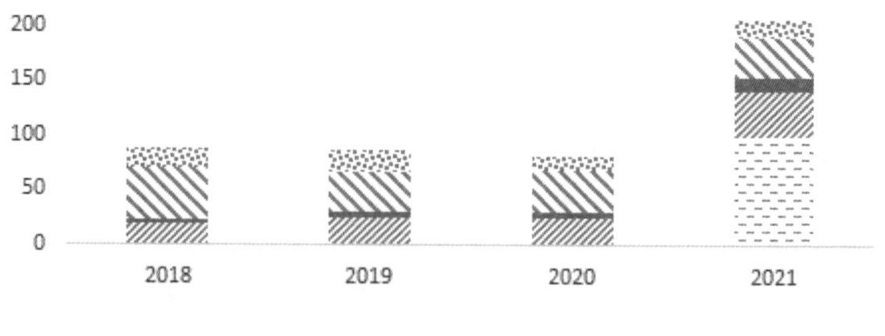

图3：杉杉股份收入结构（单位：亿元）
来源：并购优塾

综上，从2021年负极材料收入规模上看，贝特瑞（64.59亿元）>璞泰来（51.29亿元）>杉杉股份（41.4亿元）。

(三)

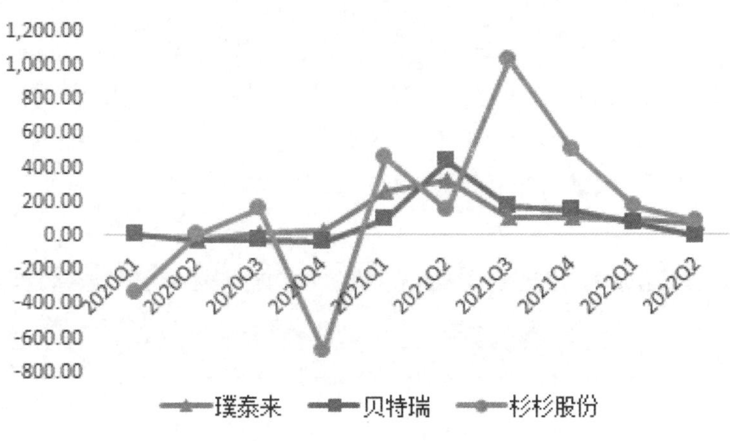

图4：归母净利润增速（单位：%）
来源：并购优塾

从增长情况来看，

一、璞泰来——2022年中报披露，实现收入68.95亿元，同比增长76%，利润13.96亿元，同比增长80%。上半年负极收入32.04亿元，同比增长30.59%；出货量5.5万吨，同比增长21.56%，其中Q2出货2.8万吨，环比微增，Q2单吨净利润约1.3万，环比略增。

石墨化加工贡献收入6.51亿元，同比增长35.48%；涂覆隔膜收入达到15.79亿元，同比增长76.47%；加工量达到17.29亿㎡；PVDF实现收入11.04亿元；锂电自动化装备实现收入10.46亿元，同比增长93.11%。

璞泰来	2020Q2	2020Q3	2020Q4	2021Q1	2021Q2	2021Q3	2021Q4	2022Q1	2022Q2
净利润（亿元）	1.04	2.19	2.52	3.35	4.4	4.56	5.18	6.37	7.59
同比增速（%）	-23	12	31	260	323	108	106	90	73
环比增速（%）		111	15	33	31	4	14	23	19

表3：璞泰来季度业绩
来源：并购优塾

二、贝特瑞——2022半年报实现收入102.01亿元，同比增长142%，利润9.18亿元，同比增长26%。上半年负极实现收入63.6亿元，同比增长166%，销量达到14万吨，同比翻倍；正极实现收入35.3亿元，同比增长123%，销量达到1.2万吨。利润增速低于收入，主要是因毛利率同比下滑8.61%，主要是因外协石墨化成本上升，以及人造石墨占比提升。

贝特瑞	2020Q2	2020Q3	2020Q4	2021Q1	2021Q2	2021Q3	2021Q4	2022Q1	2022Q2
净利润（亿元）	0.87	1.34	1.4	2.62	4.68	3.6	3.51	4.51	4.67
同比增速（%）	-29	-29	-40	97	438	169	151	72	0
环比增速（%）		54	4	87	79	-23	-3	28	4

表4：贝特瑞季度业绩
来源：并购优塾

三、杉杉股份——2022上半年实现收入107.72亿元，同比增长8%，利润16.61亿元，同比增长189%。负极收入35亿元，同比增长112.66%，出货量8万吨，同比翻倍；电解液收入5.09亿元，同比增长80.15%，出货量0.67万吨，同比增长26.44%；偏光片业务收入57.27亿元，同比增长25.2%，销量达到6807万m²。上半年收入微增主要是因为清退了部分新能源不相关业务。

杉杉股份	2020Q2	2020Q3	2020Q4	2021Q1	2021Q2	2021Q3	2021Q4	2022Q1	2022Q2
净利润（亿元）	1.84	1.78	-1.4	3.02	4.57	20.14	5.66	8.07	8.54
同比增速（%）	0	158	-678	460	148	1031	504	167	87
环比增速（%）		-3	-179	316	51	341	-72	43	6

表5：杉杉股份季度业绩
来源：并购优塾

上半年贝特瑞和杉杉负极出货量增速要明显快于璞泰来，原因是其中低端产能扩张较大。

（四）

净现比——璞泰来和贝特瑞净现比较低，主要是因为应收账款随着出货量的增长而提升，从2018年—2022年H1应收账款和预付款增长绝对值来看，贝特瑞（37.37亿元）>璞泰来（31.07亿元）>杉杉股份（22.31亿元）。2021年三家企业现金流变差，主要是因产能加速提升，备货占用现金流。

净现比（倍）	2018年	2019年	2020年	2021年
璞泰来	0.55	0.75	1.04	0.99
贝特瑞	0.37	0.94	1.37	-0.61
杉杉股份	0.48	3.29	2.39	-0.11

表6：净现比
来源：并购优塾

经营现金流VS资本支出——三家企业的经营现金流均无法应对资本支出额，处于产能扩张的阶段。

经营活动现金流（亿元）	2017	2018	2019	2020	2021
璞泰来	0.3	3.26	4.9	6.94	17.25
贝特瑞	-1.27	1.78	6.25	6.77	-8.81
杉杉股份	-3.81	5.4	8.86	3.29	-3.64
资本支出（亿元）	2017	2018	2019	2020	2021
璞泰来	2.87	7.92	10.2	7.5	26.72
贝特瑞	5.67	8.09	4.48	6.87	17.79
杉杉股份	13.66	17.93	19.15	6.43	13.79

表7：经营现金流VS资本支出
来源：并购优塾

（五）

对比完增长情况，我们再来看利润率、费用率的变化。

一、毛利率——璞泰来明显较高，主要是因隔膜涂覆业务毛利率达到40%以上。从毛利率变化趋势上看，璞泰来毛利率有所上升，主要是因限电等因素导致石墨化环节毛利率提升（贝特瑞和杉杉股份石墨化率相对较低）。

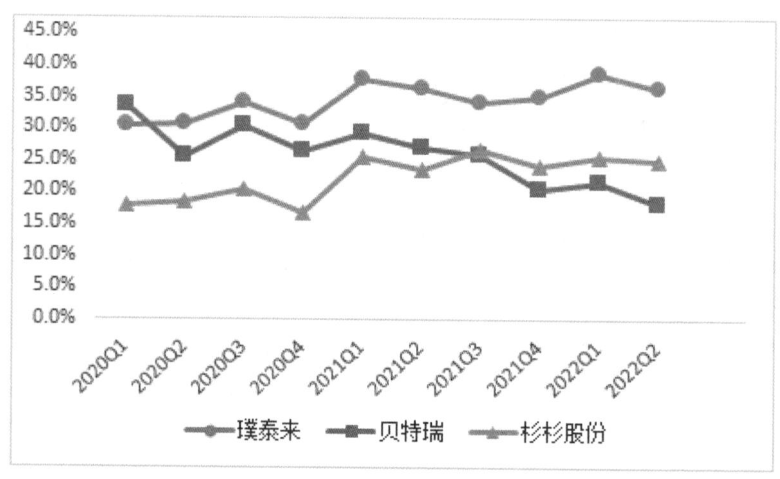

图5：毛利率（单位：%）
来源：并购优塾

如果只从负极材料毛利率上看，贝特瑞>璞泰来>杉杉股份，贝特瑞毛利率高于璞泰来，主要是因天然石墨毛利率高于人工石墨（天然石墨无需石墨化，对能源依赖程度较低），璞泰来毛利率高于杉杉股份，主要是因其人造负极高端产品性能较好，具有一定的溢价水平。不过，由于贝特瑞近几年持续提升人造石墨占比，毛利率水平呈下降趋势。

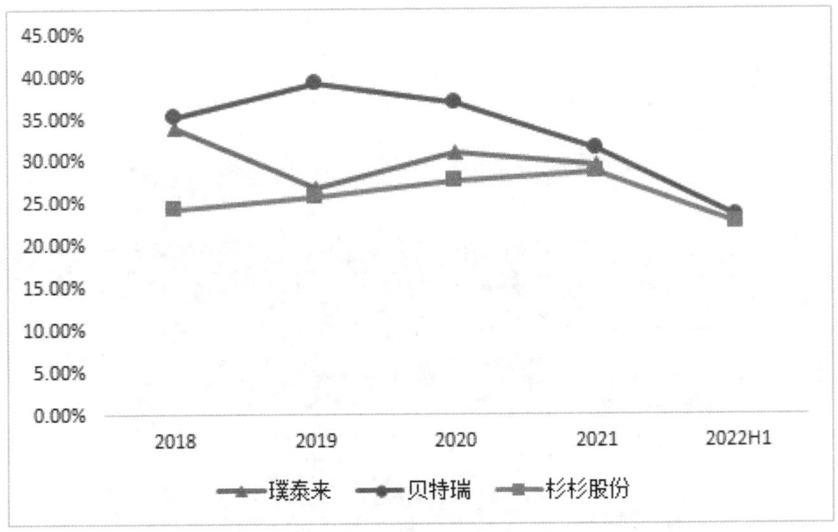

图6：负极毛利率（单位：%）
来源：并购优塾

二、净利率——净利率差异主要取决于毛利率的大小。

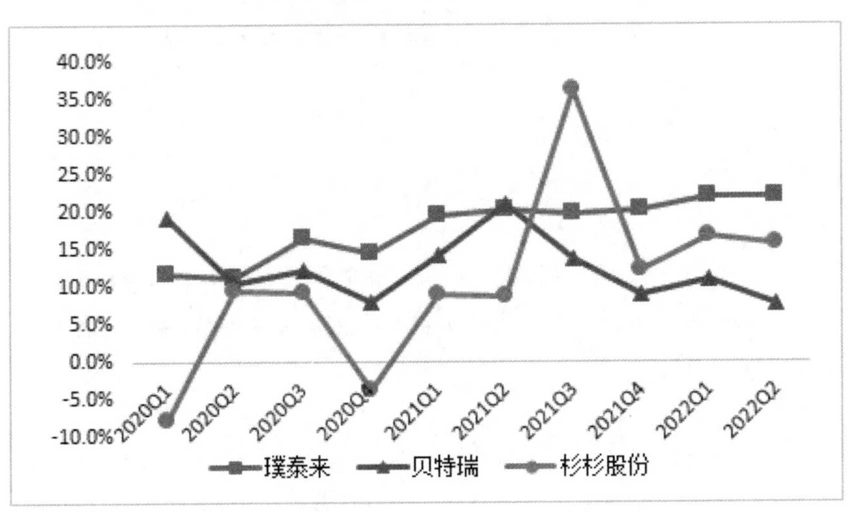

图7：净利率（单位：%）
来源：并购优塾

三、净资产收益率——三家公司ROE回报相差不大，差异主要来自于净利率。

ROE(%)	2019	2020	2021	PB-MRQ
璞泰来	20.8	15.9	18.1	7.2
贝特瑞	17.8	9.9	21.0	4.5
杉杉股份	2.4	1.2	23.8	2.3
ROIC(%)	2019	2020	2021	平均
璞泰来	15.9	10.5	15.1	13.8
贝特瑞	12.3	7.8	15.7	11.9
杉杉股份	3.2	2.0	16.0	7.1
净利率(%)	2019	2020	2021	平均
璞泰来	14.2	13.8	19.8	15.9
贝特瑞	15.6	11.2	13.7	13.5
杉杉股份	4.3	2.5	17.3	8.0
总资产周转率（次）	2019	2020	2021	平均
璞泰来	0.7	0.5	0.5	0.5
贝特瑞	0.6	0.5	0.8	0.6
杉杉股份	0.4	0.3	0.6	0.4
权益乘数（倍）	2019	2020	2021	平均
璞泰来	2.23	1.62	2.01	2.0
贝特瑞	1.93	1.66	2.08	1.9
杉杉股份	1.84	1.76	2.08	1.9

表8：净资产收益率
来源：公司年报

（六）

三家公司的近期情况梳理完毕后，我们来看其接下来的增长驱动如何。负极市场，可以用公式表达为：负极市场需求=全球锂电池需求×负极单耗×单价。

因为负极单耗总体较为稳定，约为0.194万吨/GWh，因此负极的市场需求总体由全球锂电池需求带动。通过计算，可以得到2021—2025年全球负极需求从90.5万吨增长至233.34万吨，年复合增速为27%。

这个公式中，锂电池需求、单吨消耗量两个因子相对确定。但目前，负极行业中，存在结构升级的趋势，硅基负极（20—30万）的单价大幅高于传统人造石墨负极（3—4万）。

		2021	2022E	2023E	2024E	2025E
全球锂电池需求总计（GWh）		467.4	725.2	871.4	1030.1	1205.1
全球负极需求量	负极单耗（万吨/GWh）	0.194	0.194	0.194	0.194	0.194
	全球负极需求量（万吨）	90.50	140.42	168.74	199.46	233.34
	yoy		55.2%	20.2%	18.2%	17.0%

表9：全球锂电池需求量
来源：并购优塾

（七）

接下来，需要拆解硅基负极渗透率——硅基负极需求量=4680电池装机×硅基掺混比例×硅基单耗。公式中核心增长来源为4680电池装机和硅基掺混比例提升，下面分别来看。

一、4680电池

首先，4680电池是拉动硅基负极用量的主要驱动力。电池根据结构类型可分为软包电池、方形电池和圆柱电池。

其中，方形电池是国内电池厂商为主导，为了提升能量密度极致利用空间效率所产生的品种，因此方形电池在我国占比超过86.4%（2021年）。而圆柱电池，是由以汽车厂商为主导的品种（以特斯拉为代表），其目的是降低对电池厂的依赖程度（因圆柱是电池生产的传统形态，其早期可获得性强，生产效率、标准化程度和一致性较高，成本较低），其主要应用在海外新能源市场上。

软包电池虽然安全性好、能量密度高，但其生产技术难度较大、成本高，暂未成为主流电池结构，未来软包电池可能会随着固态电池的发展而提升渗透。因硅基负极具有膨胀系数大的特性，其难以应用在体积利用率较高的方形电池上，（膨胀鼓包导致安全性较差，爆炸风险较大，例如宁德时代领先的麒麟电池未采用硅基负极。）

目前使用硅基负极的车型或电池，主要采用了软包或圆柱技术，与软包相关的是广汽Aion LX、智己SL7、蔚来半固态电池等；而与圆柱相关的则是4680电池。

因软包中使用硅基负极的车型销量基数较小，对硅基负极用量拉动较少；特斯拉将已有电池全部替换为4680电池，因此在可预见的未来中，4680电池会是硅基负极的主要拉动因素。

动力圆柱电池经历了从18650→21700→4680的迭代，尺寸在逐渐变大，其核心目的是追求成本和效率。历史上，特斯拉将18650电池升级为21700电池，电池系统成本从171$/Wh，下降至155$/Wh，成本下降13%，未来从21700电池升级为4680电池，成本进一步下降的同时能量密度得以提升。

成本下降体现在以下几个方面——1. 尺寸变化导致4680每千瓦时成本较2170降低14%（包括更少的外壳用量、更高的成组效率等）；2. 制造环节简化，减少了制造工序、降低了库存率、提高了周转率，成本下降18%；3. 工艺升级，干电极技术、无极耳、化成等工艺提升减少电池厂投资成本；4. 整车一体化：4680采用CTC技术、无模组装配，可节省370个零部件并减低7%成本。

同时，因使用了更高比容量的硅碳负极，能量密度预计从21700的270Wh/kg，提升至未来332Wh/kg。根据特斯拉的规划，其量产的首批4680电池将率先装配于美国工厂的ModelY上，并且高性能版本和长续航版本，以及Cybertruck、Semi计划采用4680圆柱电池，因此特斯拉的4680在海外的渗透率水平整体要领先于国内。

参照中信证券的测算，预计到2025年，4680的汽车销量预计为358万辆，对应4680的电池需求为127.6GWh。测算下来，4680电池占总电池的比例为12.38%。

（八）

二、掺混比例

掺混硅基负极比例越高，负极比容量就越高，进而电池能量密度越大。

电池的能量密度主要取决于正负极比容量（以及两级电势差），因此在正极比容量接近极限的前提下，提升负极比容量就成为提升电池能量密度的较优选择。历史上，三元正极的能量密度提升主要是靠提升镍的比例，镍比例从5系提升至8系，实际克容量从170mAh/g提升至202mAh/g，2021年8系占比达到38.3%，电池能量密度有显著的提升。

未来有望提升至9系，但镍在三元中的占比无法达到100%，意味着正极比容量已经接近极限。因此，提升电池能量密度的方法之一是将注意力转向负极，需要注意的是，负极对电池能量密度的影响并非线性的，在负极300mAh/g—1200mAh/g期间，电池能量密度会有显著的提升，而人工石墨理论上限为372mAh/g，继续提升必须掺混硅基负极。

因此硅基负极掺杂的比例越高，负极的比容量就越高，负极比容量在1200mAh/g以内，电池能量密度就有明显的提升。

目前主流掺硅比例为6%，主要应用在高端数码产品中，未来预计掺混比例仍然会低于20%，主要原因有这几点——1.硅基负极成本较高，纯硅价格达到50万元/吨，掺混石墨成本在20—30万元/吨，远高于人造石墨的3—4万元/吨；2.硅基负极的循环性能差、膨胀系数较大、首次效率低；3.未来随着规模化建设的推进生产成本将进一步下降、预锂化改善循环性能和提高首次效率、采用膨胀系数较低的氧化亚硅等方法，可以在一定程度上提升掺硅比例，但仍然局限在20%以下。

考虑到4680在硅基负极中应用的领先地位，假设未来掺混比例每年提升2%，则至2025年掺混比例将达到12%的水平。

	2022	2023	2024	2025
4680电池需求量（GWh)	5.8	57.8	98.7	127.6
掺硅比重（%）	6	8	10	12
单耗（吨/GWh）	891	882.1	873.3	864.5
硅基负极需求量（万吨）	0.03	0.41	0.86	1.32
其他需求	1.5	1.7	1.9	2.1
全球硅基负极总需求量（万吨）	1.53	2.11	2.76	3.42

表10：硅基负极需求测算
来源：华安证券

综上，预计2025年全球硅基负极的纯硅需求量达到3.42万吨，2022年—2025年复合增速达到30.7%，如果以每吨30万元价格计算，2025年市场规模达到102.6亿元。

同时，已知硅基负极能量密度是石墨的三倍，假设天然石墨需求每年保持8%的增长，可以对未来的负极需求进行拆分，得到2025年天然石墨和人造石墨需求分别为12.1万吨和211万吨。从负极的增速上看，硅基负极>人造负极>天然负极，因此硅基负极占比从1.1%提升至1.5%、天然石墨占比从9.8%下滑至5.2%、人造石墨在90%上下波动。

	负极结构	2021	2022E	2023E	2024E	2025E
负极需求结构	天然石墨需求（万吨）	8.9	9.6	10.4	11.2	12.1
	天然石墨占比（%）	9.8	6.8	5.2	5.6	5.2
	硅基需求（万吨）	1.1	1.53	2.11	2.76	3.42
	硅基占比（%）	1.2	1.1	1.2	1.4	1.5
	yoy		39.1%	37.9%	30.8%	23.9%
	人造石墨需求（万吨）	39.8	126.2	152.0	180.0	211.0
	人造石墨占比（%）	44	89.9	90.1	90.2	90.4
	yoy		217.1%	20.4%	18.4%	17.2%

表11：负极需求结构
来源：华安证券

综上，我们能够发现，虽然硅基负极性能更好，但总体来说，现有热膨胀缺陷明显，导致方形电池无法采用硅基负极，因此，纯硅材料在负极中的渗透率难以达到较高水平。后续，对于圆柱电池、热膨胀方面的电池技术，仍然需要重点跟踪。并且，硅基负极仍然是以人造石墨为主，掺杂硅材料。

长期来看，人造石墨仍然将是负极的主要材料。人造石墨在2021年10月，曾出现过紧缺预期，当下，人造石墨的供需情况如何？

（九）

一、负极总体供需水平——国内负极名义产能长期处于过剩的状态，2016年—2020年维持在30%～50%间，2021年受新能源汽车销量拉动，达到了95.4%的高位水平，未来产能利用率水平需进一步考虑企业的产能规划水平。

国内负极产能（万吨）	2020	2021	2022	2023	2024	2025
贝特瑞	13.3	19.3	28.8	56	71.6	82.2
璞泰来	10	15	25	30	35	35
杉杉股份	12	12	18	33	43	53
东莞凯金	6.8	9	9	19	39	59
中科电气	5	6.2	20.7	39.2	54.2	54.2
石家庄尚太	3	6.5	11.5	30.5	40.5	50.5
翔丰华	2	3.5	9	9	12	12
其他	8.4	8.4	11.4	17.4	20	30
国内供给合计（万吨）	60.5	79.9	133.4	234.1	315.3	375.9
海外负极产能（万吨）						
日立化成	5	6	8	8	8	8
日本碳素	1	1	1	1	1	1
JFE化学	1	1	2	2	2	2
三菱化学	1	1	1	1	1	1
浦项化学	6	6	6	6	6	6
全球供给合计（万吨）	74.5	94.9	151.4	252.1	333.3	393.9
全球需求合计（万吨）		90.5	140.4	168.7	199.5	233.3
供需平衡下产能利用率（%）		95.4	92.7	66.9	59.8	59.2

表12：负极供需平衡
来源：并购优塾

首先，未来全球范围的负极产能扩张主要集中在国内（主要是国内兼具原材料自供优势和下游电池产业链优势）；其次，国内产能扩张主要集中在2021年市场份额前六的企业，包含产能在10万吨以上的一线企业（贝特瑞、璞泰来、杉杉股份），以及10万吨以下的二线企业（东莞凯金、中科电气、石家庄尚太）。

从规划的扩张幅度上看，二线企业明显较一线更加激进：2025年产能规划相较于2021年，一线企业扩张了3—4倍，而二线企业普遍在10倍水平。

考虑到每吨负极的平均投资额达到2万元，而扩产50万吨意味着至少100亿元的投入，因此具有较强融资能力的企业扩产可行性较强，这一方面，贝特瑞、璞泰来、杉杉股份和中科电气作为规模化上市企业较有优势。假设未来的规划产能都将落地，则未来产能增速高于需求增速，行业产能利用率将从2021年的95.4%下降至2025年的59.2%。

二、硅基负极——从硅基负极上看，国内有较多新进入市场的企业参与竞争，如果全部投产，市场竞争将格外激烈（需要注意的是，未来企业扩张产能部分是纯硅基产品，部分是混合产品，这部分缺乏数据，假设50%为纯品进行测算）。

但需要注意的是，因为未来特斯拉的4680是硅基负极需求的主要来源，而4680又直接向松下采购，因此国内企业要能够进入松下产业链才能确保较高的销量水平。在这一方面，贝特瑞自2018年开始已经向松下提供硅基负极，在未来有望进一步深化合作。

硅基负极产能（万吨）	2021	2022	2023	2024	2025
贝特瑞	0.3	0.8	2	2.6	3.2
璞泰来		0.3	0.5	0.5	0.5
杉杉股份	0.3	0.5	1	2	3
凯金能源	0.03	0.03	1	1	1
石大胜华		0.1	0.1	5.1	5.1
硅宝科技	0.005	0.005	0.005	1	1
国轩高科	0.5	0.5	0.5	0.5	0.5
杰瑞股份			1.2	1.2	1.2
产能总计（万吨）	1.135	2.235	6.305	13.9	15.5
假设扩产中50%纯品	1.135	1.685	3.72	7.518	8.318
需求总计（万吨）	1.1	1.53	2.11	2.76	3.42
供需平衡下产能利用率（%）	96.9	90.9	56.7	36.7	41.2

表13：硅基负极供需平衡
来源：并购优塾

三、石墨化——石墨化作为人工石墨中能源消耗较大的环节，历史上因限电、能源价格上涨等原因出现了供需缺口，因此需要关注其未来供给水平。国内头部负极企业在新建负极产能时会配套石墨化装置，预计在2023年之后石墨化环节紧缺状况将得到明显的缓解。

石墨化产能（万吨）	2021	2022	2023	2024	2025
璞泰来	6.6	21.6	26.6	31.6	31.6
贝特瑞	4.4	16.4	36.4	44.4	54.4
杉杉股份	4.2	9.4	24.4	34.4	44.4
中科电气	3.5	16	34.5	49.5	49.5
尚太科技	7	11.5	23.5	33.5	43.5
翔丰华	1.5	4.5	4.5	7.5	7.5
凯金能源	5	10	25	40	60
产能合计（万吨）	32.2	89.4	174.9	240.9	290.9
石墨化需求（万吨）	39.8	126.2	151.1	178.2	202.0
供需平衡下产能利用率（%）	124	141	86	74	69

表14：硅基负极供需平衡
来源：并购优塾

（十）

负极材料行业，是得“人造石墨产能、硅基技术”得增长，得“石墨化、高端产品”得回报，得“压实密度、克容量”得产品力。

首先，来对比硅基负极。

虽然其热膨胀缺陷仍然明显，但并不影响负极掺硅的产业趋势，因此，在该技术上的布局，仍然是未来负极企业竞争的核心。

一、产能

贝特瑞、璞泰来和杉杉股份均有硅基负极产能扩张规划，其中贝特瑞和杉杉股份扩张幅度较高，预计在2022年—2025年增长6倍，至2025年达到3万吨产能的水平，而璞泰来相对保守，维持在0.5万吨的水平。

硅基负极（万吨）		2021	2022	2023	2024	2025
贝特瑞	深圳	0.3	0.6	1.8	2.4	3
	惠州		0.2	0.2	0.2	0.2
璞泰来	溧阳		0.3	0.5	0.5	0.5
杉杉股份	上海、包头	0.3	0.5	1	2	3

表15：硅基负极产能规划
来源：年报

二、产品力

贝特瑞因长期供应松下，硅基负极产品力较强。从硅氧产品上看，四家公司的硅基负极克容量均可达到600mAh/g，但均是600mAh/g的产品在首次效率上差异较大，贝特瑞（91.5%）>中科电气（88.7%）>璞泰来（84%），璞泰来明显较低。此外，杉杉股份AS2克容量可达1550mAh/g，首充效率为75%。

硅基负极		克容量（mAh/g）	压实密度（g/cm³）	首次效率（%）	循环性能	倍率性能(C)
璞泰来	Si/C-380mAh/g	380		91		
	Si/C-600mAh/g	600		84		
贝特瑞	DXA8-LA	600		91		
	DXB8	600		91.5		
杉杉股份	AS2	1550		75		
	G1S-C450	450		90		
中科电气	gcm-450	450	1.6	90.2		
	GCM-600	600	1.5	88.7		

表16：部分产品产品参数
来源：公开资料整理

三、技术与客户

贝特瑞的客户包括三星、松下，间接向特斯拉提供产品。璞泰来和杉杉股份的硅基负极客户目前主要是数码电子客户，还未实质进入汽车产业链。根据硅基负极含量在2%、7%和10%，可分为一代、二代和三代产品，目前贝特瑞已经开发至第三代产品，璞泰来和杉杉股份开发至第二代产品。

（十一）

其次，来对比各家负极产销水平。

一、负极材料销量——从负极销量上看，2021年，贝特瑞（16.62万吨）>杉杉股份（10.1万吨）>璞泰来（9.72万吨）>中科电气（5.9万吨）。

销量（万吨）	2018	2019	2020	2021	2022H1	CAGR
璞泰来	2.93	4.58	6.29	9.72	5.5	49.1%
贝特瑞	4.1	5.7	7.53	16.62	14.5	59.0%
杉杉股份	3.4	4.74	5.9	10.1	8.5	43.8%
中科电气	1.04	1.77	2.4	5.9	4.84	78.3%

表17：负极销量
来源：并购优塾

从2019年—2021年复合增速上看，中科电气（78.3%）>贝特瑞（59%）>璞泰来（49.1%）>杉杉股份（43.8%）。

值得一提的是，贝特瑞和杉杉股份在2022年上半年销量增速有所提升，几乎已经达到了2021年全年水平。对于未来的销量提升，需要重点关注产能规划水平。

二、产能规划——产能规划分人造产能、天然产能和硅基负极产能三部分。

天然石墨——四家企业中只有贝特瑞有意愿扩张天然石墨，预计从2022年9万吨扩张至2025年21.6万吨。

天然石墨	2021	2022	2023	2024	2025
深圳	4	4	5	5	5
常州	2	2	4	4	4
惠州	1	2	4	4	10
鸡西	1	1	1	2.6	2.6
总计	8	9	14	15.6	21.6

表18：贝特瑞天然石墨产能规划（单位：万吨）
来源：年报

人造石墨产能——从产能建设区域上看，四家龙头企业新建人造负极产能大多集中在四川和云南：在2022—2025年期间，四家公司共规划新增121.5万吨产能，其中四川达到38万吨、云南达到50万吨，合计在新增产能中占比72.5%。这主要是因四川和云南兼具上游能源、材料和下游电池厂配套的产业链优势。

从人造石墨的石墨化配套水平上看，2021年，璞泰来（66%）>中科电气（56%）>贝特瑞（44%）>杉杉股份（35%），并且因四家企业的新增产能均配套石墨化，所以总体石墨化率都处于较高的水平。

从2022—2025年石墨化率的提升幅度上看，杉杉股份（48.7%）>中科电气（34.9%）>贝特瑞（33.7%）>璞泰来（24.3%），其中杉杉股份未来石墨化率提升幅度较为明显。

四家企业的产能扩张主要集中在2022年和2023年，后续产能扩张明显放缓。

产能增长率（%）	2022	2023	2024	2025
贝特瑞	170	93	15	17
璞泰来	150	20	17	0
杉杉股份	50	83	30	23
中科电气	234	89	38	0

表19：各年度产能增长率（单位：%）
来源：并购优塾

人造产能规划（万吨）		2021	2022	2023	2024	2025
贝特瑞	深圳	2	2	2	2	2
	惠州	4	4	4	4	4
	天津	2	2	2	2	2
	江苏	2	2	2	2	2
	四川		2	2	5	5
	云南			5	10	20
	四川瑞福（持股51%）		5	10	10	10
	山东瑞阳（持股55%）		4	8	8	8
	山西瑞君（持有51%）		4	7	7	7
	宁夏瑞鼎（持股20%）		2	10	10	10
	人造石墨总计（万吨）	10	27	52	60	70
	石墨化产能（万吨）	4.4	16.4	36.4	44.4	54.4
	石墨化率（%）	44	61	70	74	78
人造产能规划（万吨）		2021	2022	2023	2024	2025
璞泰来	江西	5	10	10	10	10
	溧阳	3	3	3	3	3
	内蒙古	2	2	2	2	2
	四川		10	15	20	20
	人造石墨总计（万吨）	10	25	30	35	35
	石墨化产能（万吨）	6.6	21.6	26.6	31.6	31.6
	石墨化率（%）	66	86	89	90	90
人造产能规划（万吨）		2021	2022	2023	2024	2025
杉杉股份	内蒙古	4	10	10	10	10
	宁波	4	4	4	4	4
	宁德	2	2	2	2	2
	上海	1	1	1	1	1
	湖州	1	1	1	1	1
	四川			5	10	15
	云南			10	15	20
	人造石墨总计（万吨）	12	18	33	43	53
	石墨化产能（万吨）	4.2	9.4	24.4	34.4	44.4
	石墨化率（%）	35	52	74	80	84

人造产能规划（万吨）		2021	2022	2023	2024	2025
中科电气	星城石墨	1.2	6.2	6.2	6.2	6.2
	格瑞特	5	8	8	8	8
	云南曲靖（持股60%）			5	10	10
	贵安新区（持股65%）		6.5	10	10	10
	四川			5	10	10
	弗迪（持股65%）			5	10	10
	人造石墨总计（万吨）	6.2	20.7	39.2	54.2	54.2
	石墨化产能（万吨）	3.5	16	34.5	49.5	49.5
	石墨化率（%）	56	77	88	91	91

表20：人造负极产能水平
来源：并购优塾

权益产能	2021	2022	2023	2024	2025	扩张倍数
贝特瑞	10	19.19	32.07	40.07	50.07	4.0
璞泰来	10	25	30	35	35	2.5
杉杉股份	12	18	33	43	53	3.4
中科电气	6.2	18.425	31.95	43.2	43.2	6.0

表21：权益产能扩张水平（单位：万吨）
来源：并购优塾

从扩张的方式来看，璞泰来和杉杉股份都为全资控股，而贝特瑞和中科电气多为控股投资，值得一提的是，贝特瑞多与上游能源、针状焦材料供应商合资建设，而中科电气多是与下游电池厂商（宁德时代和亿纬锂能）合资建设。

从2025年权益产能上看，杉杉股份（53万吨）>贝特瑞（50万吨）>中科电气（43.2万吨）>璞泰来（35万吨），从2021—2025年权益产能扩张倍数上看，中科电气（扩张6倍）>贝特瑞（4倍）>杉杉股份（3.4倍）>璞泰来（2.5倍）。

三、石墨材料产品力——我们分别从人造石墨和天然石墨来看：

天然石墨		克容量（mAh/g）	压实密度（g/cm³）	首次效率（%）	循环性能	倍率性能(C)
贝特瑞	GSN	360	1.9	94		
	LSN	350	1.75	94		
翔丰华	WJ-01	350	1.65			
	FG360	355	1.65			
人工石墨		克容量（mAh/g）	压实密度（g/cm³）	首次效率（%）	循环性能	倍率性能(C)
璞泰来	G1	358.5	2.25	93		
	G9	360.7	2.25	93.8		
	ET	364.9	2.2	94.1		3
	F3-C	355.6	2.25	95		
	F32	359.7	2.25	94.5		
贝特瑞	BFC-p	348	1.55—1.65			1.5—2
	BFC-h21	355	1.65—1.7			5
	A5	357	1.8	94		
	A1	357	1.75	94		
	AGP-2l-p	345	1.55—1.65		6000	
	AGP-2l-D	340	1.50—1.55		8000	
杉杉股份	EV7	355		92		
	LKP-Q2	350		92		
	QCG-X	348		91.5		4
中科电气	HCG-1	361.4	1.7	94.4		
	HCG-2	355.3	1.7	95.7		
	HCG-2C	351.6	1.68	94.8		
	HRG-1	345.1	1.5	93.4		

表22：部分产品产品参数
来源：公开资料整理

天然石墨——贝特瑞在天然石墨产品上具有优势，其克容量较大、压实密度较高。

人造石墨——需要注意，四家企业所披露的人工石墨数据都来自高端产品（克容量在340—360mAh/g），因此以下分析是高端人造石墨产品力对比，中低端产品的数据较少，后续需调研。

从克容量上看，璞泰来（364.9mAh/g）>中科电气（361.4mAh/g）>贝特瑞（357mAh/g）>杉杉股份（355mAh/g），璞泰来略高。差距较大的是压实密度，其他三家公司产品压实密度多在1.5—1.7g/cm³之间，而璞泰来压实密度稳定在2.25g/cm³的水平，这意味着相同体积的负极材料，璞泰来的产品能量密度是其他三家的1.32—1.5倍，因此璞泰来在高端数码产品上具有绝对优势。

从首次效率的上限看，中科电气（95.7%）>璞泰来（95%）>贝特瑞（94%）>杉杉股份（92%），杉杉股份首次充电效率明显偏低。

四、单吨收入

单吨收入（万元）	2018	2019	2020	2021	2022H1
璞泰来	6.8	6.7	5.8	5.3	5.8
贝特瑞	5.7	5.2	4.2	3.9	4.4
杉杉股份	5.7	5.37	4.27	4.10	4.2
中科电气	4.07	3.98	3.10	3.20	3.8

表23：单吨收入
来源：公开资料整理

2021年H1，单吨产品收入：璞泰来（5.8万元）>贝特瑞（4.4万元）>杉杉股份（4.2万元）>中科电气（3.8万元），璞泰来单吨产品收入明显较高，主要是因其高端产品压实密度较高，在高端产品中份额较大。

从价格变化上看，四家企业的单吨收入均有所下降，而中低端产品的价格在此期间却没有下降，因此可以判断四家企业的中低端产品占比都在不断提升中。

合理的解释是，虽然负极龙头企业以中高端产品为主，但在高速扩张的过程中会向低端市场延伸，对于无法高端化的企业则被市场清退。

历史上，中科电气与杉杉股份的单吨收入差异从2018年的1.63万元缩减至2022年H1的0.4万元，其产品高端化水平有明显的提升。

五、单吨成本

高端产品也对应了较高的生产成本，璞泰来成本明显较高。而高端产品不论是原材料，还是制造成本均高于中低端产品，主要是因高端人造石墨的原材料要求使用成本较高的针状焦，而中低端产品是针状焦和石油焦的混用；此外，璞泰来的高端石墨多出了碳化包覆环节，因此制造成本较高。

例如，璞泰来的单吨材料成本比杉杉股份高出约0.3万元，单吨制造（包含能源）成本高出约0.6万元。

单吨成本（万元）	2018	2019	2020	2021	2022H1
璞泰来	4.47	4.88	3.97	3.72	
贝特瑞	3.69	3.15	2.64	2.67	3.35
杉杉股份	4.31	3.98	3.08	2.93	3.25
中科电气	2.66	2.43	2.03	2.33	2.99

表24：单吨成本
来源：并购优塾

单吨成本（万元）		2018	2019	2020	2021
璞泰来	单吨材料	1.86	2.07	1.57	1.57
	单吨制造	2.6	2.7	2.3	2.1
杉杉股份	单吨材料	2.1	1.7	1.2	1.2
	单吨制造	2.0	2.1	1.7	1.5

表25：单吨材料和制造成本
来源：并购优塾

六、单吨毛利

单吨毛利（万元）	2018	2019	2020	2021	2022H1
璞泰来	2.29	1.79	1.79	1.56	
贝特瑞	2.01	2.03	1.54	1.22	1.03
杉杉股份	1.39	1.38	1.18	1.17	0.95
中科电气	1.40	1.55	1.08	0.86	0.79

表26：单吨毛利润
来源：并购优塾

从综合考虑收入和成本的单吨毛利润上看，2021年璞泰来（1.56万元）>贝特瑞（1.22万元）>杉杉股份（1.17万元）>中科电气（0.86万元）。

总的来看，以低端产品为主的中科电气单吨毛利较低，以高端产品为主的璞泰来毛利较高。从单吨毛利润在2018年—2021年变化水平上看，四家公司均处于不断下滑的状态，主要是因中低端产品占比提升导致单吨毛利润的下滑。

未来，我们对单吨毛利润的展望——首先，中低端产品在四家公司的产品结构中预计进一步提升，因此，单吨毛利润有进一步下滑的状态，但考虑到璞泰来扩产较为谨慎，预计对其单吨毛利润影响较小；此外，随着贝特瑞、杉杉股份和中科电气石墨化率不断提升，三家企业单吨毛利润有望进一步向璞泰来靠拢，从目前的毛利润水平上看，提升空间：中科电气>杉杉股份>贝特瑞。

综上：1）璞泰来高端产品竞争力较大，其单吨毛利在未来仍然有望保持优势；2）从硅基产品的角度上看，具有硅基产品优势的贝特瑞后续需要继续跟踪；3）随着石墨化自供率以及中高端产品占比提升，中科电气单吨毛利提升空间较大。

（十二）

研究至此，几个重要问题，我们小结一下：

1.增长驱动力——硅基负极材料增长公式：硅基负极需求量=4680电池需求×掺混比例×单耗，其中4680电池需求和掺混比例的提升是主要增长驱动力。

2. 关键变化——未来两三年，这个行业的关键变化是全球新能源汽车的和4680的规模量产；关键变化的量级大致能达到三年三倍增长（硅基）。

3. 渗透替换——未来5到10年，这个赛道存在新能源汽车、硅基渗透提升；硅基负极材料渗透率提升的本质是锂电池能量密度提升需求。

4. 景气预期——目前行业景气度是上行，景气度背后是全球能源结构转变等核心因素。负面因素是半固态等技术迭代。

5. 生意难点——这门生意难做的点，在于石墨化率投入、高端产品布局和硅基负极的技术长期研发。

6. 产品力——体现在克容量、循环次数、压实密度上。

7. 风险点——杉杉股份人均创利和非营业利润占比明显较高，主要是剥离非新能源业务产生的处置收益，此外杉杉股份大股东质押比例较高。

最新一期(MRQ)	商誉	股权质押	经营效率		盈利质量	债务压力		收入/利润质量	
证券简称	商誉净资产(%)	质押比例(%)	人均创利2021年(万元)	人均薪酬2021年(万元)	净利润现金含量(%)	经营活动产生的现金流量净额/带息债务(倍)	净债务/股权价值(%)	应收账款周转率(次)	非营业利润/利润总额(TTM)(%)
璞泰来	0.7	12.3	21.4	13.3	24.7		-2.0	2.8	7.8
贝特瑞	0.1		28.7		-21.9	-0.1	3.9	2.8	-2.4
杉杉股份	4.3	26.9	55.8	17.9	94.0	0.3	4.2	2.5	47.6

表27：财务风险
来源：并购优塾

本文发布于2022年10月9日

隔膜产业链

星源材质、恩捷股份、沧州明珠

锂电池主要材料有正极材料、负极材料、隔膜、电解液、导电剂、粘结剂、结构件等，本文中，我们重点跟踪隔膜产业链。相比正极材料、负极材料、电解液，隔膜材料赛道的盈利能力、竞争格局更好。

2021年，集中度CR3方面，湿法隔膜（76%）>电解液（52%）>负极材料（50%）>正极材料（35%）。从毛利率看，隔膜龙头毛利率通常在40%~50%，电解液龙头（天赐材料）毛利率大致在30%~40%，负极材料在25%~30%，正极材料在20%左右。

这样的格局，主要与恩捷股份对行业的并购整合，以及主动发起价格战抢占市场有关。2018年，其湿法隔膜价格同比下滑32.38%，市占率从26%快速提升至35.9%。

值得注意的是，2021年以来，随着行业景气度持续提升，恩捷股份、星源材质、沧州明珠、中材科技等头部企业纷纷开始扩产，二三线以及部分公司跨界（欣旺达、长阳科技、乐天成、美联新材等）进入这个赛道——那么，这样的扩产背后，是否有足够的需求支撑，是否会导致行业格局恶化，进而影响头部企业的盈利能力？

带着这个问题，我们来看这条产业链。从产业链上的参与者近期的增长情况来看。

星源材质（广东省深圳市）——2022年上半年，实现营业收入13.34亿元，同比增长60.63%；实现归母净利润3.68亿元，同比增长229.74%。

恩捷股份（云南省玉溪市）——2022年上半年，实现营业收入57.56亿元，同比增长69.62%；实现归母净利润20.20亿元，同比增长92.32%。

沧州明珠（河北省沧州市）——2022年上半年，实现营业收入13.24亿元，同比减少2.29%；实现归母净利润1.61亿元，同比减少30.69%。

从机构对产业链景气度的预期情况来看，

Wind 预期		PE-TTM	2022年		2023年		2024年	
			亿元	同比增速(%)	亿元	同比增速(%)	亿元	同比增速(%)
营业收入(亿元)	星源材质		31.22	67.82	49.53	58.64	67.58	36.43
	恩捷股份		138.11	73.02	199.73	44.62	266.42	33.39
	沧州明珠		31.83	10.17	37.94	19.18	53.06	39.87
归母利润(亿元)	星源材质		8.22	190.63	13.93	69.41	19.23	38.06
	恩捷股份		49.91	83.67	72.50	45.24	96.18	32.67
	沧州明珠		3.99	9.16	5.35	33.92	9.74	82.06
机构预测PE(倍)	星源材质	52.68	34.55		20.40		14.77	
	恩捷股份	45.44	33.57		23.11		17.42	
	沧州明珠	30.21	22.27		16.63		9.14	

表1：Wind机构一致预期增长
来源：并购优塾

锂电隔膜产业链，包括以下几方面。

上游——主要原材料为：聚乙烯（湿法）、聚丙烯（干法）、石蜡油、二氯甲烷等。

以湿法隔膜为例，原材料在成本中占比30%到50%。干法隔膜设备成本较低（一条产线约4000万元），国外设备厂家有奥地利SML兰精机械，国内设备厂家有北京自动化研究所、桂林电科所等；湿法隔膜生产工艺复杂、成本高（一条1亿平方米/年的产线约1.5亿元到3.3亿元），主要依靠进口设备，代表公司：德国布鲁克纳、日本制刚所、日本东丽、韩国韩承、韩国MASTER，国内供应商主要有青岛中科华联。此外，隔膜制造需要大量的能源（水、电、燃气），占到总成本的25%左右，仅次于原材料35%以上的成本。

中游——锂电隔膜制造商，主要分为干法和湿法隔膜。其中，干法隔膜的代表公司为中兴新材、星源材质、惠强新材；湿法隔膜的代表公司为恩捷股份、中材科技、星源材质。

下游——锂电电池制造商，其中湿法隔膜针对新能源车用动力电池，干法隔膜针对储能和消费电子用锂电池。

(一)

锂电隔膜是锂电池的组成部分之一，约占电池成本的6%。之所以需要隔膜是因为当前电解液为液体，需要隔膜将电池正、负级分隔开，防止两极接触造成短路。

长期来看，硫化物、氧化物全固态电池采用固态电解质，直接将正负极进行区隔，将不再需要隔膜。不过，实现全固态电池技术依然较难，行业普遍认为大规模应用预计要到2030年。

中期来看，半固态电池依然需要隔膜（根据恩捷股份投资者问答：隔膜是高度定制化产品，根据客户电池设计不同，隔膜用量也会有所不同，总体来看半固态电池隔膜用量和现在相差不大，另外，半固态隔膜的附加价值更高）。

从主流工艺来看，隔膜制备方法分为湿法和干法，近几年两者的市占率占比约为2:1。2016年后湿法隔膜占比快速提升，驱动力为动力电池。

湿法隔膜——湿法隔膜由于厚度更薄、孔隙率高，孔径的均匀性和透气率较高，相比干法隔膜，湿法隔膜在力学性能、透气性能和理化性能方面均具有一定优势。湿法隔膜主要缺点是热稳定性差、穿刺强度低，为此需要增加涂覆工艺，升级为涂覆隔膜。涂覆本质上是一种改性手段，多用于定制化产品。不同企业竞争力的关键在于涂覆技术的掌握、浆料配方的研制和专利的获取（主要技术掌握在帝人、东丽等日韩企业）等。

因此，目前湿法隔膜在重视能量密度的三元电池中应用更广泛。随着电池结构升级，磷酸铁锂电池能量密度不断提升，部分厂商如宁德时代和国轩高科的磷酸铁锂电池也采用湿法隔膜。

干法隔膜——干法隔膜的主要优势是成本低、热稳定性好，但一致性较差。因此，主要应用于能量密度较低的磷酸铁锂电池，不过，比亚迪的刀片电池同样采用干法隔膜。

此外，干法隔膜在目前景气度较高的储能领域同样有所应用，因为目前国内储能主要采用安全性高的磷酸铁锂电池。海外储能采用的电池依然以三元为主，考虑到磷酸铁锂的成本以及安全性，未来海外磷酸铁锂渗透率会有所提升。

因此，无论是产线设备还是上游原材料（聚乙烯、聚丙烯），湿法和干法长线不能自由转换，且从制备难度来看，湿法隔膜>干法隔膜，前者适用于能量密度高的电池，后者用于能量密度较低的电池型号。

（二）

首先，从收入体量和业务结构方面，对三家公司有一个大致了解。从2021年收入体量来看，恩捷股份（79.82亿元）>沧州明珠（28.8亿元）>星源材质（18.61亿元）。

星源材质——成立于2003年，以干法隔膜起家，后续拓展湿法隔膜业务，目前收入99.02%来自于隔膜。从隔膜产品结构来看，2021年公司湿法和涂覆总收入为8.45亿元，涂覆隔膜收入占比为41.08%，湿法隔膜收入占比40.8%。

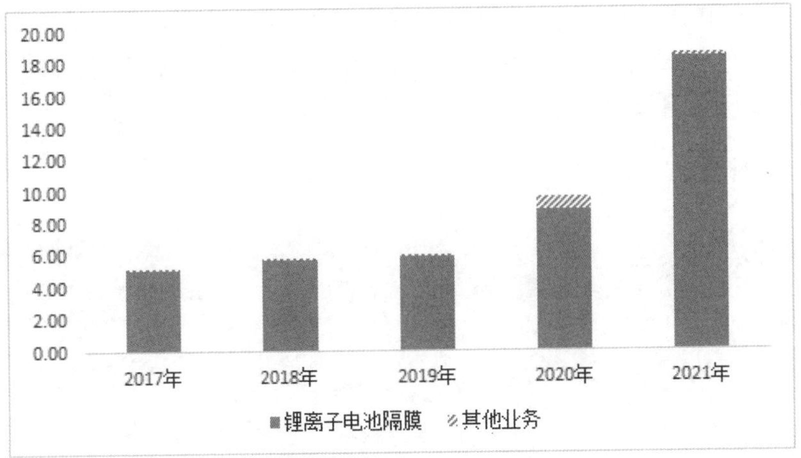

图1：收入构成（单位：亿元）
来源：并购优塾

恩捷股份——成立于2001年，以无菌包装和烟膜业务起家。2018年起，通过并购，分步切入隔膜领域，包括锂电和消费电子。目前收入占比中86.61%来自于锂电湿法隔膜，在我国湿法隔膜市场中市占率居首位，占比约31.5%。

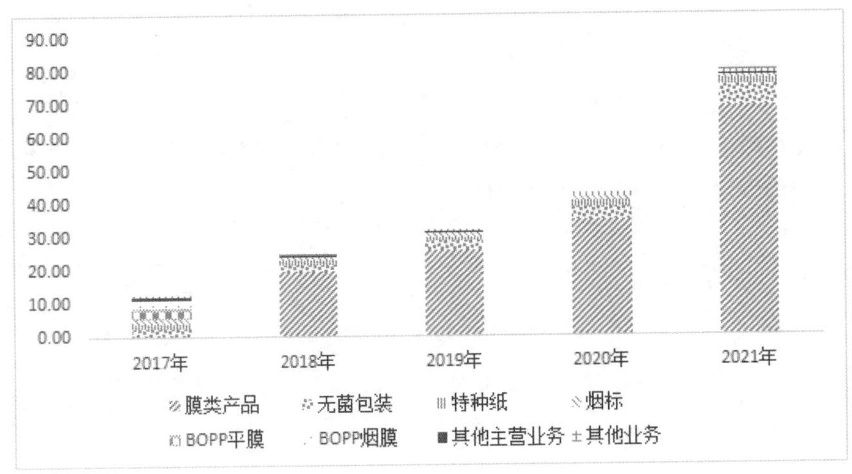

图2：收入构成（单位：亿元）
来源：并购优塾

沧州明珠——成立于1995年，起家于塑料加工产品，如PE管道和薄膜制品。2009年后自主研发隔膜技术，2016年后隔膜产业化生产，具有干法、湿法和陶瓷图层工艺。

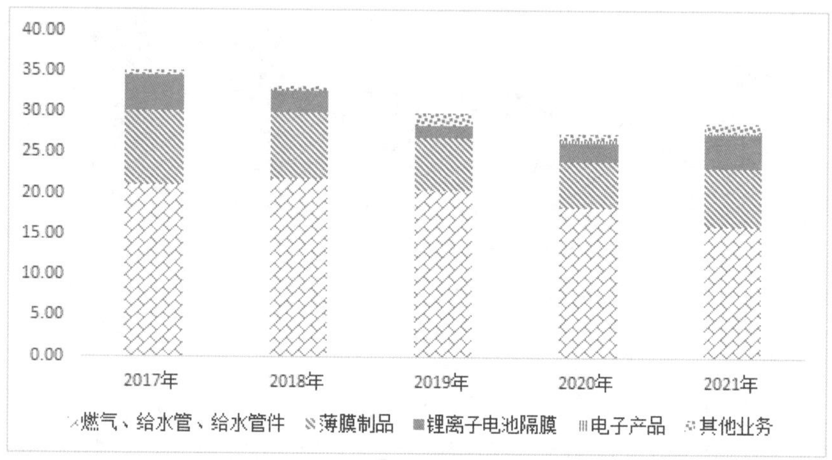

图3：收入构成（单位：亿元）
来源：并购优塾

（三）

接下来，我们对近10个季度的利润增速，以及近期的季度增长情况进行拆解。对增长态势有所感知后，我们接着再将各家公司的收入和利润情况拆开，分析新一季度数据。

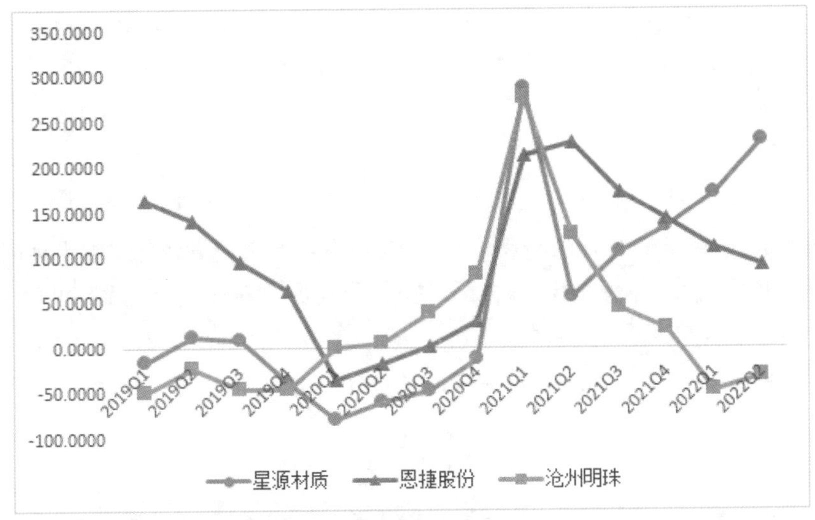

图4：归母净利润增速（单位：%）
来源：并购优塾

一、星源材质（广东省深圳市）——2022年上半年，实现营业收入13.34亿元，同比增长60.63%；实现归母净利润3.68亿元，同比增长229.74%。

Q2单季度利润同比、环比分别增长302.66%、19.6%，增长来自于以下几方面——1.量，合计出货3.5亿平方米（干法1.1亿平方米、湿法2.4亿平方米），同比增长45.8%；2.价，湿法隔膜价格上涨，利润从2022年Q1的0.5万元/吨上升至0.7万元/吨；3.从产能释放来看，预计干法隔膜2022Q3释放，对应2022年有效产能约7亿平方米；湿法隔膜2022Q4释放，对应2022年有效产能约10亿平方米，总实际产能同比增长39.3%。

星源材质	2020Q1	2020Q2	2020Q3	2020Q4	2021Q1	2021Q2	2021Q3	2021Q4	2022Q1	2022Q2
归母净利润（亿元）	0.16	0.55	0.31	0.19	0.62	0.50	1.01	0.71	1.68	2.00
同比（%）	-79.08	-41.97	30.73	131.26	287.93	-10.20	222.57	279.94	171.03	302.66
环比（%）	126.82	247.74	-43.67	-40.49	232.82	-19.50	102.33	-29.91	137.42	19.60

表2：单季度利润及同环比增速
来源：并购优塾

二、恩捷股份（云南省玉溪市）——2022年上半年，实现营业收入57.56亿元，同比增长69.62%；实现归母净利润20.20亿元，同比增长92.32%。

Q2利润同比增长78.6%，增长来自于：1.Q2湿法隔膜单平盈利维持在0.9—0.95元，环比Q1持平，同比+5%左右；2.出货量12亿平方米，同比增长82%，环比增长10%；3.工艺改良，在线涂布比例增加30%以上，相对于离线技术，成本可节约10%～20%；4.从产能释放来看，2022年底左右产能会从年初的50亿平方米增长至70—80亿平方米，同比增长40%～60%。

恩捷股份	2020Q1	2020Q2	2020Q3	2020Q4	2021Q1	2021Q2	2021Q3	2021Q4	2022Q1	2022Q2
归母净利润（亿元）	1.38	1.83	3.22	4.72	4.32	6.18	7.05	9.62	9.16	11.04
同比（%）	-34.89	3.70	32.63	116.51	212.59	237.46	118.94	103.81	111.92	78.61
环比（%）	-36.61	32.50	75.86	46.57	-8.48	43.05	14.10	36.44	-4.83	20.56

表3：单季度利润及同环比增速
来源：并购优塾

三、沧州明珠（河北省沧州市）——2022年上半年，实现营业收入13.24亿元，同比下降2.29%；实现归母净利润1.61亿元，同比下降30.69%。Q2利润同比下滑，主要因为PE管道和薄膜制品受到新冠疫情影响，收入同比下滑11.32%和8.10%。

从隔膜业务来看，收入增长仅1.94%，沧州和德州工厂受到环保政策限制影响。从隔膜产能释放来看，2022年主要采用技改方式进行小幅度产能释放，目前年产能为2.9亿平方米（1.9亿平方米湿法，1亿平方米干法），预计2023年开始，湿法隔膜逐渐释放至2.9—3.9亿平方米，总产能同比增长34%～69%。

沧州明珠	2020Q1	2020Q2	2020Q3	2020Q4	2021Q1	2021Q2	2021Q3	2021Q4	2022Q1	2022Q2
归母净利润（亿元）	0.29	0.74	1.35	0.63	1.10	1.22	1.10	0.23	0.58	1.03
同比（%）	0.96	9.35	83.76	1,694.33	276.94	64.85	-18.18	-63.15	-47.11	-15.85
环比（%）	841.93	153.13	81.39	-53.20	75.41	10.70	-9.97	-78.92	151.74	76.13

表4：单季度利润及同环比增速
来源：并购优塾

综上，

1. 2022年上半年，星源材质、恩捷股份隔膜业务实现量利齐升，受益于市场高需求，以及设备端降本增效。

2. 沧州明珠隔膜受区域内环保等政策影响，收入增速较慢。

（四）

接下来，看现金流和资本支出情况。

一、净现比

净现比（倍）	2017年	2018年	2019年	2020年	2021年
星源材质	0.37	1.08	1.08	2.37	1.41
恩捷股份	1.10	0.33	0.90	0.95	0.52
沧州明珠	0.92	0.56	1.13	0.89	1.36

表5：净现比
来源：Wind

恩捷股份在2020年之前净现比较低，主要因为应收账款和存货增长的速度快于收入增速。

从应收账款占比来看，下游电池厂对于中游隔膜行业的账期较长，与电池其他环节表现类似。从存货周转率来看，恩捷表示因下游客户较多，需要生产较多型号的不同隔膜，因此存货占比较高。

存货/收入（%）	2018年	2019年	2020年	2021年
星源材质	18.62	29.59	19.62	14.45
恩捷股份	19.21	24.03	27.01	21.06
沧州明珠	14.12	9.31	15.64	16.63
应收账款/收入（%）	2018年	2019年	2020年	2021年
星源材质	68.66	69.87	64.95	59.09
恩捷股份	63.91	50.94	63.23	59.81
沧州明珠	38.53	35.71	39.37	32.57

表6：存货、应收账款占收入比重
来源：并购优塾

星源材质净利润现金含量一直较高，一方面是其折旧比重较高，另一方面是其隔膜从2020年开始快速起量，同期存货并未大幅度增长，得益于其大客户战略，大客户LG占到总收入超4成，产品型号、备货需求相对较小。

二、经营活动现金流VS资本支出

经营活动现金流净额（亿元）	2018年	2019年	2020年	2021年
星源材质	2.40	1.47	2.88	3.99
恩捷股份	1.71	7.63	10.55	14.19
沧州明珠	1.67	1.88	2.68	4.98
资本支出（亿元）	2018年	2019年	2020年	2021年
星源材质	12.59	10.63	4.49	11.51
恩捷股份	13.91	21.19	26.68	39.96
沧州明珠	1.55	0.34	0.54	3.52

表7：现金流、固定资产投资
来源：并购优塾

从资本支出来看，星源材质和恩捷股份较为激进，符合近几年锂电中游大规模扩产的情况。尤其是龙头恩捷股份资本支出大幅高于同行，且2018年后持续增长，2021年同比增长50%。

从固定资产占比来看，隔膜企业的固定资产占比在40%左右，重资产属性较强，而正极、负极和电解液企业固定资产占比分别约为15%、20%和15%。以沧州明珠为例，沧州明珠年产1.05亿平方米的湿法离子隔膜项目总投资5.92亿元，共设3条湿法锂电隔膜生产线，每条产线的平均投入为1.98亿元。

因此，规模化生产对成本控制影响较大。

（五）

对比完增长情况，我们再来看利润率、净资产收益率的变动情况。

一、毛利率——从毛利率来看，恩捷股份>星源材质>沧州明珠。

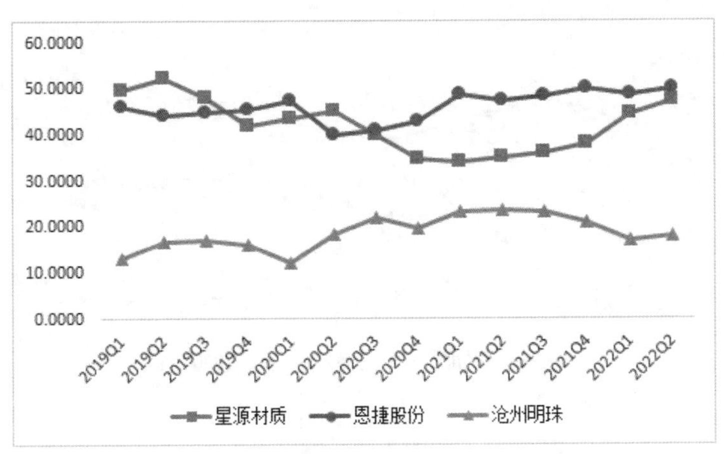

图5：综合毛利率（单位：%）
来源：并购优塾

恩捷股份毛利率明显高于同行，主要因为产品良率较高，从全行业来看，湿法平均良率60%～70%，干法平均良率在75%以上，恩捷股份综合良率可达78%。其毛利率提升明显，来自于——1.在线涂布产能逐渐落地；2.产能爬坡，产能利率用提升。

星源材质2021年Q4—2022年Q2毛利率提升，来自于这几个方面：1.下游需求旺盛导致产能利用率较高；2.其中2022年Q1单平扣非净利0.47元/平方米，环比提升50%。

量价齐升是LG需求拉动的结果，海外客户占比提升，海外客户价格普遍高于国内客户；海外客户对隔膜的品质要求更为严苛，非标要求更多，因而成本容忍度更高。海外隔膜售价一般是国内的两倍，部分产品甚至更高。

二、净利率——从净利率来看，恩捷股份>星源材质>沧州明珠。

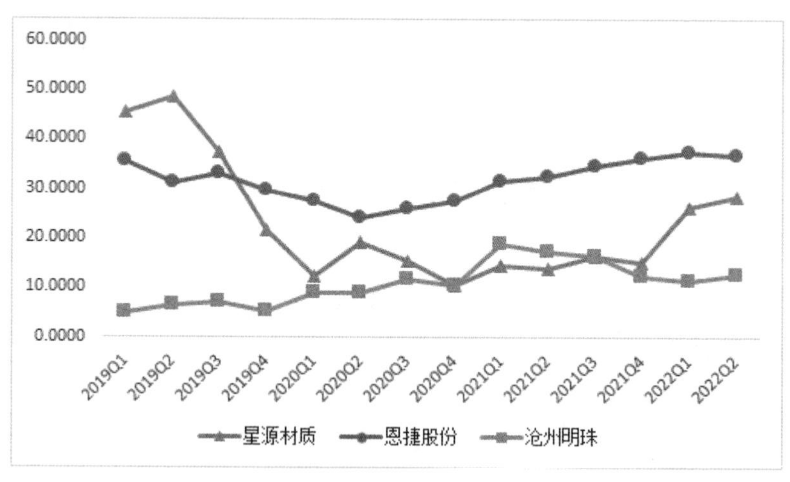

图6：净利率（单位：%）
来源：并购优塾

星源材质净利率与沧州明珠相近，主因管理费用率较高，用于股权激励以及涉诉案件产生的律师费。原告为美国Celgard，截至本文发布时，案件依然在审理过程中，从具体诉讼条款来看，如果星源材质败诉，则会承担赔偿金额（Celgard未提出具体金额）以及退出美国和英国市场。从目前判决进度来看，在美国地区的诉讼，星源材质取得胜利，在英国地区已经被限制进入。

就专利归属来看，干法单向拉伸专利主要掌握在美国Celgard、日本宇部手中；湿法隔膜专利技术主要掌握在日本旭化成、东燃化学手中。目前，Celgard与恩捷股份深度合作，合资建立子公司，以弥补恩捷股份在干法隔膜上的技术弱势。

三、净资产收益率——从净资产收益率来看，恩捷股份>沧州明珠>星源材质，其中，净利率是主导因素，得益于较高的毛利率，以及较低的管理费用率。

ROE（%）	2018年	2019年	2020年	2021年	PB
星源材质	15.90	6.81	4.47	7.84	6.19
恩捷股份	18.90	20.28	14.25	21.80	11.49
沧州明珠	9.31	5.10	8.91	10.19	2.32
ROIC（%）	2018年	2019年	2020年	2021年	
星源材质	9.06	3.67	2.70	5.15	
恩捷股份	14.09	11.08	8.42	14.16	
沧州明珠	7.89	3.98	7.28	8.34	
总资产周转率（次）	2018年	2019年	2020年	2021年	
星源材质	0.20	0.13	0.17	0.28	
恩捷股份	0.50	0.32	0.26	0.34	
沧州明珠	0.77	0.62	0.57	0.55	
权益乘数（倍）	2018年	2019年	2020年	2021年	
星源材质	2.13	2.23	2.04	1.85	
恩捷股份	1.78	2.37	2.09	1.87	
沧州明珠	1.36	1.47	1.44	1.46	
净利率（%）	2018年	2019年	2020年	2021年	
星源材质	34.73	21.67	10.50	15.33	
恩捷股份	27.68	29.61	27.45	36.17	
沧州明珠	8.80	5.29	10.71	12.49	

表8：杜邦分析

来源：并购优塾

星源材质总资产周转率较低，主要因为公司通过股权和债券融资方式募资扩产，账面上有较多现金。综上，恩捷股份受益于高良率，因此具有更高的ROE。沧州明珠的回报率在持续提高，星源材质的诉讼情况，以及其对成本费用的影响后续需要跟踪关注。

（六）

隔膜行业下游应用场景主要为：动力电池、消费电子、储能，2021年占全市场的比重为61%、17%、13%。其中，动力电池和储能行业的前景较好，我们进行重点测算。

一、动力电池

动力电池领域，我们采用这个公式来测算：动力电池领域隔膜需求量=新能源车销量×平均单车带电量×（三元电池占比×三元电池隔膜需求量+磷酸铁锂电池占比×磷酸铁锂电池隔膜需求量）。

1）新能源车销量

国内——从新能源车景气度来看，国内持续超预期。因此我们调高2030年国内新能源汽车渗透率，从40%提升至50%，假设未来均匀提升，则每年提升3.25%，2026年达到37%。

	2021	2022E	2023E	2024E	2025E	2026E
汽车销量（万辆）	2624.82	2624.82	2624.82	2624.82	2624.82	2624.82
yoy	*3.70%*	*0.00%*	*0.00%*	*0.00%*	*0.00%*	*0.00%*
新能源渗透率（%）	*12.30%*	*24.00%*	*27.25%*	*30.50%*	*33.75%*	*37.00%*
新能源车销量（万辆）	322.360	629.960	715.260	800.570	885.900	971.2

表9：市场空间测算
来源：并购优塾

海外——欧美近期销量基本符合预期，其中欧洲新能源政策推广力度较大，2034—2040年新能源车渗透率提升至100%。参考机构预测，假设欧洲、美国渗透率2026年分别提升至39%、30.9%。

海外需求		2021	2022E	2023E	2024E	2025E	2026E
欧洲	汽车销量（万辆	1177.49	1177.49	1177.49	1177.49	1177.49	1177.49
	yoy	*-1.50%*	*0.00%*	*0.00%*	*0.00%*	*0.00%*	*0.00%*
	新能源渗透率	*19.22%*	*21.58%*	*25.93%*	*30.29%*	*34.65%*	*39.00%*
	新能源车销量	226.30	254.10	305.40	356.70	408.00	459.3
美国	汽车销量（万辆	1493	1493	1493	1493	1493	1493
	yoy	*2.30%*	*0.00%*	*0.00%*	*0.00%*	*0.00%*	*0.00%*
	新能源渗透率	*4.49%*	*11.80%*	*16.50%*	*21.30%*	*26.10%*	*30.90%*
	新能源车销量	67	175.74	247.09	318.43	389.78	461.12
其他国家	汽车销量（万辆	2973.2	3032.6	3093.3	3155.2	3218.3	3282.6
	yoy	*13.90%*	*0.00%*	*0.00%*	*0.00%*	*0.00%*	*0.00%*
	新能源渗透率	*1.15%*	*2.28%*	*3.19%*	*4.09%*	*5.00%*	*3.19%*
	新能源车销量	34.34	69.12	98.55	129.14	160.91	104.59
海外新能源车合计销量(万辆)		327.64	498.93	651.01	804.24	958.66	1024.98

表10：市场空间测算
来源：并购优塾

2）平均单车带电量

单车带电量的影响因素为纯电和混动出货量的占比、锂电池能量密度的提升。未来，无论是三元，还是磷酸铁锂，电池能量均存在明确的提升路径，例如：CTP3.0、硅负极、半固态技术、磷酸锰铁锂等。此处，考虑到未来潜在插混占比提升以及电池能量密度提升，我们假设国内平均带电量46.5GWh，国外从43GWh开始每年提升3%。

3）三元电池、磷酸铁锂电池占比

国内——动力电池联盟数据显示，2021年我国磷酸铁锂电池累计装车量79.8GWh，占总装车量51.1%；三元电池装车量74.3GWh，占总装车量48.1%。

2021年磷酸铁锂电池占比大幅提升，主要因为磷酸铁锂电池技术的进步，如CTP和刀片电池，磷酸铁锂的能量密度进一步提高，电池包能量密度可达200kW/kg，在政策退坡的趋势下，部分厂商选择成本更低的磷酸铁锂电池。

因此，影响渗透率水平的核心是成本差异。磷酸铁锂和三元相比有着常态化0.1元/Wh的材料成本优势，这主要是因主要材料构成不同，铁锂所需的磷和铁资源分布广泛，可获得性好，而三元所需的镍和钴，稀缺性较强，因此成本较高。

此处，我们维持至2025年，磷酸铁锂渗透率稳定增长至70%的假设。

国外——需求量整体按照预期发展，随着磷酸铁锂能量密度提升，从成本、安全性、整车厂的选择等角度，国外磷酸铁锂占比有望提升。

假设磷酸铁锂占比从7.1%提升至30%。

4）隔膜单车搭载量

平均来看，1GWh三元电池隔膜需求量约1500万平方米，磷酸铁锂电池隔膜需求量预估为2200万平方米。

测算下来，全球动力电池隔膜总需求量从2021年的49.05亿平方米增长至2025年的157.27亿平方米，CAGR为33.81%。

需求		2021	2022E	2023E	2024E	2025E	CAGR
国内	国内新能源车销量（万辆）	316.39	415.61	520.51	631.32	748.32	
	单车带电量（KWh）	46.50	47.90	49.33	50.81	52.34	
	国内动力电池需求量（GWh）	147.12	199.06	256.78	320.79	391.64	
	磷酸铁锂占比（%）	50.00	55.00	60.00	65.00	70.00	
	三元电池占比（%）	50.00	45.00	40.00	35.00	30.00	
	磷酸铁锂隔膜需求量（万平/GWh）	2200	2200	2200	2200	2200	
	三元电池隔膜需求量（万平/GWh）	1500	1500	1500	1500	1500	
	国内隔膜总需求量（亿平）	27.22	37.52	49.30	62.71	77.94	
海外	海外新能源车合计销量(万辆)	327.64	498.93	651.01	804.24	958.66	
	单车带电量（KWh）	43	44.29	45.6187	46.987261	48.3968788	
	海外动力电池需求量（GWh）	140.89	220.98	296.98	377.89	463.96	
	磷酸铁锂占比（%）	7.11	12.83	18.55	24.28	30.00	
	三元电池占比（%）	92.89	87.17	81.45	75.72	70.00	
	磷酸铁锂隔膜需求量（万平/GWh）	2200	2200	2200	2200	2200	
	三元电池隔膜需求量（万平/GWh）	1500	1500	1500	1500	1500	
	海外隔膜总需求量（亿平）	21.83	35.13	48.40	63.11	79.34	
全球隔膜总需求（亿平）		49.05	72.65	97.91	125.82	157.27	33.81%

表11：市场空间测算
来源：并购优塾

（七）

二、储能领域

我们采用公式：储能领域隔膜需求量=储能电池需求量×磷酸铁锂电池渗透率×隔膜需求量

1）储能电池需求量

储能行业的需求来源主要包括国内政府主导的招投标以及欧洲地区能源紧缺问题。考虑到政治周期和全球气候，调高2022年预期增速为100%，2023年增速为60%，2024年和2025年储能增速达到35%。

2）磷酸铁锂电池渗透率

目前，国内储能用电池100%采用磷酸铁锂，海外特别是欧洲地区以三元电池为主。从技术来看，钠离子电池发展进度较快，虽然正极和负极材料有所不同，但是同样需要采用隔膜。考虑到钠离子电池平均能量密度更低，1GWh电量对应的电池体积更大，理论上隔膜消耗量也会更大。

由于缺乏具体隔膜数据，此处假设钠离子电池与磷酸铁锂电池隔膜用量相同。从2021年全球储能用电池出货情况来看，磷酸铁锂电池出货量31GWh，三元电池出货量14GWh。我们假设全球储能用磷酸铁锂电池占比从68%逐渐提升至90%，因为储能领域对于能量密度的要求较低，重点是高可靠性和安全性。

3）隔膜需求量

1GWh三元电池隔膜需求约1500万平方米，磷酸铁锂电池隔膜需求预估为2200万平方米，同动力电池。

测算下来，储能电池用隔膜总需求量从2021年的9.48亿平方米增长至2025年的58.76亿平方米，CAGR为57.77%。

	2021年	2022年	2023年	2024年	2025年	CAGR
储能锂电池需求量(GWh)	48.00	96.00	153.60	207.36	279.94	
磷酸铁锂渗透率（%）	68	72.4	76.8	81.2	86%	
三元电池渗透率（%）	32	27.6	23.2	18.8	14.4	
磷酸铁锂隔膜需求量（万平/GWh）	2200	2200	2200	2200	2200	
三元电池隔膜需求量（万平/GWh）	1500	1500	1500	1500	1500	
储能隔膜总需求量（亿平）	9.48	19.27	31.30	42.89	58.76	57.77%

表12：市场空间测算
来源：并购优塾

三、其他领域需求

除增速较快的动力电池以及储能电池外，锂电池还应用于消费电子、二轮车、电动工具等领域。其他领域的需求我们参考高工锂电数据，对应2021—2023年需求CAGR为43.29%。

	2021年	2022年	2023年	CAGR
动力电池隔膜需求（亿平方米）	49.05	72.65	97.71	
储能电池隔膜需求（亿平方米）	9.48	19.27	31.30	
其他领域隔膜需求（亿平方米）	26.26	36.00	50.00	
隔膜需求总计（亿平方米）	84.80	127.92	179.00	45.29%

表13：市场空间测算
来源：并购优塾

（八）

隔膜价格，从2014年以后一路下跌，但2019年之后，随着新能源汽车行业的高速发展，隔膜的需求大幅增加，隔膜价格止跌，处于低位徘徊。2021年下半年，隔膜厂相继提价，湿法隔膜和干法隔膜报价相对之前的1.2元/平方米、0.95元/平方米均有不同程度的上涨。

那么，未来，干法和湿法隔膜的价格分别会怎么演变？

2022年以来，隔膜领域供给紧平衡，湿法隔膜价格依然小幅增长约0.2元/平方米，而干法隔膜价格小幅下降0.1—0.2元/平方米。那么，为什么干法和湿法隔膜的价格走势不同？

1）湿法隔膜的需求增长相对更快——从下游应用来看，动力电池高能量密度提升是趋势，因此高端电池主要采用湿法隔膜。并且结合隔膜行业内部结构来看，近几年湿法隔膜占比提升，且高能量密度长期趋势不变，因此湿法隔膜占比未来会维持7成左右。

2）湿法隔膜的供给增长相对更慢——湿法隔膜供给端，产线扩产周期受设备交付速度影响较大。

隔膜行业中，国外设备良率和工作效率更高，因此湿法隔膜设备依赖国外进口，全球设备厂商目前仅有4家，分别是日本制钢所、日本东芝、德国布鲁克纳、法国伊索普。隔膜设备非标化属性强，一般由隔膜厂商自行设计图纸，确定参数后向设备商订制。而国外设备厂商产能有限，且扩产相对不积极，设备从下订单到设备交付需要1.5—2年时间。

因此隔膜龙头都与海外设备龙头进行绑定，例如：恩捷股份已锁定制钢所未来三年的中国区订单，合同排他性较强；德国布鲁克纳的隔膜生产链由星源材质孵化培养，与星源材质存在深入的战略合作关系，因此订单同样被锁定；日本东芝与法国ESSOP主要供货对象是中材科技。

那么，展望未来，干法、湿法隔膜的供需格局，会有变化吗？

（九）

2017年后，干法隔膜的产能利用率开始下滑，且关键设备均可采用国内设备，扩产周期仅需6个月左右。因此，干法隔膜的供给并不存在约束。并且，从行业一梯队玩家的扩产方向也可以看到，除本身不涉及干法隔膜的恩捷股份考虑到拓展储能需求外，三家公司的扩产增长主要体现在湿法+涂覆上。

隔膜技术扩产（亿平方米）	可比公司	2021年	2022年	2023年	2024年	2025年	2021—2025GAGR
干法	星源材质	6	9.5	9.5	12	14	23.59%
	恩捷股份				3	5	
	沧州明珠	1	1	1	1	1	0.00%
湿法+涂覆	星源材质	21.7	25	39.5	52.9	70.6	34.30%
	恩捷股份	45	75	100	112	126	29.36%
	沧州明珠	1.9	1.9	3.4	5.9	5.9	32.75%

表14：扩产规划情况
来源：并购优塾

2022和2023年三家公司湿法隔膜理论产能上线增加33.3亿平方米和39.5亿平方米，按照行业良率60%来算，实际产能分别增加19.98亿平方米和23.7亿平方米，小于动力电池23.6亿平方米和25亿平方米的需求。

综合考虑全行业的实际产能利用率以及产品良率问题，此处采用安信证券的预测，2021—2023年全球隔膜实际供给预计为93亿平方米、135.6亿平方米、193.7亿平方米，对应增CAGR为45%。因此，综合供需缺口来看，2022年维持紧平衡，2023年会有一定缓解。

	2021年	2022年	2023年
供给（亿平方米）	93.00	135.60	193.70
需求（亿平方米）	84.80	127.92	179.00
供需缺口（亿平方米）	8.20	7.68	14.70

表15：供需平衡测算
来源：并购优塾

（十）

锂电隔膜领域的核心竞争要素：得“关键客户+产能规划”得增长；得“高单平利润+低单平方米成本”得回报；得厚度、透气、孔隙率得产品力，该行业龙头公司产品力相差不大。

一、产能规划

星源材质——2021年底，总产能27.7亿平方米，2025年总产能规划84.6亿平方米，对应2022—2025年产能CAGR为45.09%。其中，产能增长较快的领域是湿法隔膜，产能CAGR达61.37%。从产能释放来看，干法隔膜产能于2022年Q3释放，对应2022年有效产能约7亿平方米；湿法隔膜产能于2022年Q4释放，对应2022年有效产能约10亿平方米，总实际产能同比增长39.3%。

星源材质	2021年	2022年	2023年	2024年	2025年	2022—2025CAGR
干法隔膜	6	9.5	9.5	12	14	32.64%
湿法隔膜	9.4	11	20.2	27.8	39.5	61.37%
涂覆	12.3	14	19.3	25.1	31.1	36.23%
总产能（亿平方米）	27.7	34.5	49	64.9	84.6	45.09%

表16：产能规划
来源：并购优塾

恩捷股份——2021年底，总产能45亿平方米，2025年总产能达131亿平方米，对应2022—2025年产能CAGR为42.79%。

恩捷股份	2021年	2022年	2023年	2024年	2025年	2022—2025CAGR
干法隔膜				3	5	
湿法+涂覆	45	75	100	112	126	
总产能（亿平方米）	45	75	100	115	131	42.79%

表17：产能规划
来源：并购优塾

沧州明珠——目前产能为2.9亿平方米，2023年后湿法隔膜产能逐渐释放，预计2022—2025年总产能CAGR为33.5%。

沧州明珠	2021年	2022年	2023年	2024年	2025年	2022—2025CAGR
干法隔膜	1	1	1	1	1	
湿法+涂覆	1.9	1.9	3.4	5.9	5.9	
总产能（亿平方米）	2.9	2.9	4.4	6.9	6.9	33.50%

表18：产能规划（亿平方米）
来源：并购优塾

因此2022—2024年产能的实际增速：沧州明珠（137%）>星源材质（88%）>恩捷股份（53%）。考虑到隔膜站收入比重情况，星源材质扩产带来的收入增长更显著。

二、关键客户

产品认证过程一般包括试验→测试→小试→中试。国内锂电池客户认证周期在1年左右，对于有过合作关系的供应商新线产品认证周期在3—6个月。国际客户认证周期较长，需要2年左右时间。加之设备交期、建设、产能良率爬坡，真正形成竞争力需要4年左右。

星源材质——LG、比亚迪、国轩高科、宁德时代、兴旺达、Northvolt等。其中，LG一直以来是公司大客户，收入占比超过40%。2021年8月公司与LG签订总价值43.1亿元的长期供货协议，对应约13—15亿平方米湿法隔膜销量，占产能的20%以上。

恩捷股份——国内客户有宁德时代、比亚迪、国轩高科、中航锂电；国外客户有三星、LG、特斯拉等。

沧州明珠——宁德时代、比亚迪、天津力神，国外客户主要为三星。

从关键客户来看，三家公司略有差异，恩捷股份的下游大客户较多，星源材质主要绑定LG，沧州明珠因产能问题客户较少。

三、单平方米盈利

单平方米利润的影响因素较多，涉及到产品结构（干法、湿法、涂覆膜占比）、生产效率、客户结构等。

星源材质——2022年Q2，单平方米扣非净利润约为0.58元/平方米，2021年底仅为0.24元/平方米。今年以来单平盈利能够快速提高，是因为高毛利的出口产品、涂覆膜产品占比提升，以及生产效率提高。其中，生产效率的提升来自于新一代生产线投产，新一代产线宽幅6.2m，运转速度极限可达100m/min（上一代为80m/min），相比原有产线，生产效率提升50%，单线产能达2亿平方米。

恩捷股份——2022年Q1，单平方米净利润为0.83元，Q2约为0.91元/平方米，与2021年底基本持平。效率提升来自于在线涂布比例增加30%以上，相对于离线技术，成本可节约10%～20%。

沧州明珠——2022上半年，单平方米净利润约为0.27元，2021年底单平方米盈利为0.2元，2020年时单平方米亏损0.43元。单平方米利润改善主要得益于产能利用提升。

从单平方米盈利能力来看，恩捷股份较高。星源材质今年上半年的盈利能力明显提高，且涂覆膜产品占比提升，生产效率提高且具有持续性。

四、单平方米成本

单位：元	2019年	2020年	2021年	2022年中报
星源材质	1.00	0.86	0.94	1.04
恩捷股份	1.61	1.44	1.04	1.09
沧州明珠	亏损		约1.16	

表19：单位成本
来源：并购优塾

1）良率——恩捷股份单平方米成本更高，主要原因是：两者所生产隔膜的种类不同，因为工序增加，湿法隔膜材料成本相对干法更高。此外，就相同产品结构来看，影响隔膜企业单平成本的因素为：产能利用率和产品良率，良率是主要影响因素。

从隔膜的生产流程来看，以涂覆膜为例，流程为：母卷分切→基膜分切→涂覆分切→成品。良率取决于两方面：1.分切边角料带来的损耗率，母卷要按照客户需要的产品宽度进行裁剪；2.产品本身不能达到机械强度、温度等方面要求造成的次品率。

隔膜的良率低于其他电池环节90%的良率，主要因为损耗率。提高良品率的关键是设备宽度与客户需求相匹配，因此良品率的关键是上游设备。目前从一致性评价来看，主流隔膜设备按照技术、使用情况由优至劣排序依次为：日本制钢所>日本东芝+德国布鲁克纳>法国ESOP+国产设备。

从单平方米成本变动来看，星源材质在2019—2021年持续下降，2022年H1有所上升，原因是主要从海外进口的主要原材料PP、PE价格上涨且受到汇率影响。

恩捷股份成本下降较快，主要是产能利用率、良率提升。沧州明珠未公布各环节良率情况。

	恩捷股份	星源材质
一次母卷分切	85	77
二次基膜分切	82	75
二次涂覆分切	72	55
综合良品率（%）	78	62

表20：良率分拆（单位：%）
来源：并购优塾

从综合良率来看，恩捷股份（78%）>星源材质（62%）。并且恩捷股份已锁定制钢所未来三年的中国区订单，合同排他性较强。

2）折旧计提方法——从隔膜行业的成本构成来看，折旧占比较高，会影响各家公司的单平成本。对比来看，星源材质对于机器设备的折旧方法较保守，短期内会导致单平成本较高。

	折旧方法	折旧年限	残值率	年折旧率
星源材质	年限平均法	5~10年	5%	19%~9.50%
恩捷股份	年限平均法	10~13年	5%~10%	6.92~9.50%
沧州明珠	年限平均法	10~15年	5%	6.33% ~9.5%

表21：机器设备折旧方法（单位：%）
来源：并购优塾

综合来看，隔膜领域属于成本领先企业得天下。但是，短期来看，行业处于紧平衡阶段，行业价格变动不大。此时得产能者得天下，因此短期来看，星源材质更有优势。

（十一）

至此，总结一下：

1. 增长驱动力——核心增长驱动力是新能源车渗透率提升+储能行业爆发。

2. 关键变化——未来两三年，这个行业存在放量的趋势，全行业增速大概能做到3年1. 5倍。

3. 渗透替换——未来五年，在固态电池技术成熟前，隔膜不存在被替代的风险。

4. 景气预期——目前行业景气度是上行。景气度背后的核心驱动因素：新能源车传统旺季金九银十，行业排产加速；以及欧洲能源危机导致对储能需求旺盛。

5. 生意难点——这门生意难做的点，资金投入大，关键设备采购需要预定；

6. 产品力——隔膜的产品力区别体现在厚度、透气、孔隙率等，龙头企业差别不大。龙头企业的关键竞争力指标是单平方米利润以及单平方米成本。

7. 风险点——从财务风险来看，沧州明珠质押比例较高。

	商誉	股权质押	经营效率		盈利质量	债务压力		收入/利润质量	
	商誉/净资产(%)	第一大股东(%)	人均创利(万元)	人均薪酬(万元)	净利润现金含量(%)	经营活动产生的现金流量净额/净债务(%)	净债务/股权价值(%)	应收账款/营业收入(%)	非营业利润/利润总额(%)
星源材质	0.00		15.51	17.12	141.10	33.42	4.64	47.62	-9.58
恩捷股份	3.58		45.64	11.81	52.20	24.12	3.71	55.19	0.68
沧州明珠	0.00	47.72	17.53	12.83	135.99	128.71	4.70	28.83	42.64

表22：财务风险
来源：并购优塾

本文发布于2022年9月23日

电解液产业链

天赐材料、新宙邦、江苏国泰

电解液这个产业，争议较大。一方面，电解液被质疑在固态电池发展趋势中会受到巨大冲击（半固态电池的电解液用量会减少，固态电池将不再需要电解液），另一方面电解液龙头企业不断更新其电解质，正在从六氟磷酸锂进化至双氟磺酰亚胺锂，进行技术升级。

而深度研究后发现，电解液这个产业尽管会受到固态、半固态冲击，目前也在做一些技术迭代。我们来看电解液产业链，从产业上的参与者近期增长情况来感知目前电解液产业的增长态势。

2022半年报	营业收入（亿元）	营收增速（%）	归母净利润（亿元）	利润增速（%）	PE-TTM（倍）
天赐材料	103.63	180	29.06	271	21.5
新宙邦	49.91	95	10.04	130	17.8
江苏国泰	213.83	46	9.31	151	8

表1：财务数据
来源：并购优塾

从机构一致预期增长和景气度来看，

Wind预期		2022E		2023E		2024E	
		亿元	同比增速（%）	亿元	同比增速（%）	亿元	同比增速（%）
营业收入（亿元）	天赐材料	252.0	127	335.7	33	419.9	25
	新宙邦	103.77	49	130.03	25	158.5	22
	江苏国泰	440.19	12	494.32	12		
归母利润（亿元）	天赐材料	56.90	158	66.85	17	80.32	20
	新宙邦	19.49	49	23.47	20	28.59	22
	江苏国泰	17.32	40	20.51	18		
机构测算PE（倍）	天赐材料	16.23		13.82		11.5	
	新宙邦	17.33		14.39		11.81	
	江苏国泰	8.2		6.93			

表2：Wind机构预期增长情况
来源：Wind

电解液产业链，包括以下几个环节：

上游——电解液主要由溶剂、电解质、添加剂混合而成，石大胜华在溶剂领域占有较大的份额；电解质领域份额主要被天赐材料和多氟多占据；添加剂领域的份额相对分散。

中游——电解液龙头企业：天赐材料、新宙邦、江苏国泰，2020年市场占比分别为29.3%、17.6%和14.7%，合计达到61.6%。

下游——各电池厂商。

本文重点解决几个问题：1.电解液未来的发展，以及固态电池对电解液需求的影响。2.这个行业里，大家的竞争优势在哪里？

（一）

首先，我们对电解液的结构做个梳理。锂电池的充放电工作过程中，锂离子在正负极之间嵌入、脱出，因此正负极之间需要有特定的介质来实现锂离子的传输，这种介质可以是液体的（电解液是目前的主流方式），也可能是固体的（固态电池是发展方向）。

液体介质通常由溶剂、电解质和添加剂构成，按质量占比分别为85%、10%和5%，在目前锂价高位的前提下，电解质成本占材料总成本可达到75%，溶剂占15%、添加剂占10%。

一、溶剂

电解液作为载体的核心目的，是溶解锂离子，并且提供离子传输通道，其中电解液较高的介电常数，有利于锂离子溶解，黏度小有利于锂离子的传输，同时，溶剂的熔点低、沸点高，高低性能较好。

EC的介电系数明显较高，达到89.8，对锂离子的溶解能力较强，因此使用较为广泛，占溶剂质量约40%，但其低温性能较差（熔点为37度，常温下为固态），并且黏度较大，达到1.93，不利于锂离子传输。

而线性碳酸酯类溶剂（包含DMC、DEC和EMC等）黏度和低温性能明显较优，混用之后，锂离子传输能力和低温性能均有明显的改善，其占溶剂质量的60%。

其中DMC（碳酸二甲酯）的黏度系数较低，应用范围较广，但因其高低温性能不理想（4.6—91度之间），难以有效满足电动车所有使用场景，因此需要混用高低温性能较好的EMC（碳酸甲乙脂，在-53到110度之间），但EMC是DMC的进一步加工产品，其成本更高，所以EMC在高端车型的电池中占比更高。

实现锂离子的传输后，还需要实现传输“速度”与电子相互匹配。

二、电解质

在充电过程中，电子在电路中从正极传输到负极的传输速度达到光速，明显快于锂离子从正极穿过电解液到达负极的速度，为了让电池正常充放电，需要有锂离子“守”在正负极，以保证电池在充放电过程中有充足的锂离子实现电循环，因此，电解液中需要添加锂盐。而锂盐的选择需要和溶剂相互匹配，目前在碳酸脂溶剂体系下，六氟磷酸锂在常用有机溶剂中具有适中的离子迁移数、较好的电化学稳定性和电导率、较好的抗氧化性能和良好的铝箔钝化能力，又能与各种正负极材料匹配，是目前主要使用的品类，占比超过90%。

三、添加剂

需要强调的是，电解液对电池的性能会带来一定的负面影响，包括电解质与正负极相互作用而导致比容量下降、电解质腐蚀集流体导致循环寿命下降。并且，充放电过程中部分锂离子在负极沉淀为锂金属，并且结晶形成锂枝晶，锂枝晶生长到一定的程度会穿过电解液并刺破隔膜，进而导致锂电池短路爆炸。

而SEI膜可以在一定程度上解决以上问题：SEI膜指的是正负极与电解液发生反应形成的钝化层，具有固体电解质的特点，可以让锂离子正常通过，并保护正负极、抑制锂枝晶的生长，对电池的首次效率和循环寿命有较大的影响。目前，电解液中的添加剂主要用来促进形成SEI膜，包含VC、FEC、1,3-PS和VEC，合计占添加剂出货量的82%。

除此之外，电解质的缺陷还包含低温电导率低、高温易爆炸，所以需要进一步添加导电添加剂、过冲添加剂、阻燃添加剂等，总体用量相对较小。综上，溶剂+电解质+添加剂，构成了目前锂电池使用的电解液。

当然，在以上提到的锂枝晶+腐蚀+高低温的问题上，添加剂只能起到改善的作用，要想解决，主要途径是将电解质从液态替换为固态。因为部分固态电解质可有效抑制锂枝晶生长，并且大部分固态电解质的高低温性能更加优异。但因为目前固态电解质的电导率较低、生产成本较高、规模化较小，还未大规模产业化，未来如何演变，还需要跟踪。

（二）

收入结构上看，

一、天赐材料（广东省广州市）

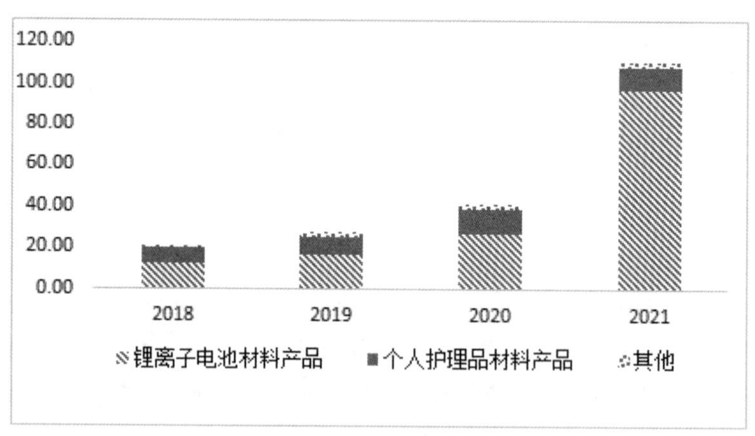

图1：天赐材料收入结构（单位：亿元）
来源：并购优塾

锂离子电池材料主要由电解液产品构成，该业务在2018—2021年复合增速达到97%；个人护理品材料包含表面活性剂、硅油、水溶性聚合物、阳离子调理剂、有机硅及橡胶助剂材料等系列产品，下游主要是个人护理品（洗发水、护发素等），该业务2018—2021年复合增速为15%。

二、新宙邦（广东省深圳市）

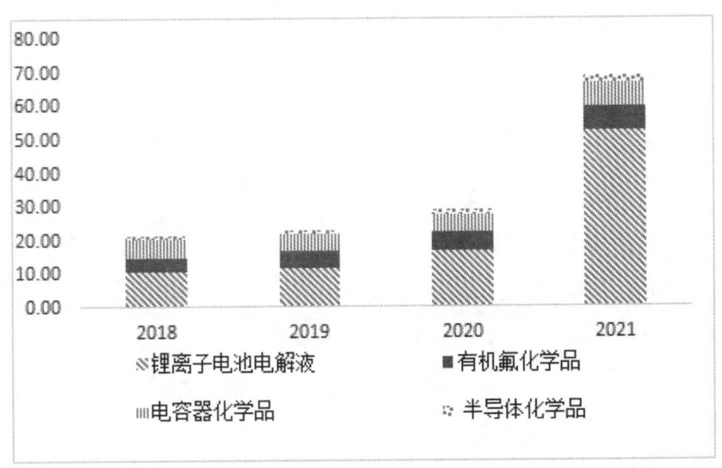

图2：新宙邦收入结构（单位：亿元）
来源：并购优塾

锂离子电池电解液业务为主要收入构成，2021年占比达到76%，该业务2018—2021年复合增速为70%；有机氟化学品主要为六氟丙烯下游的含氟产品，主要包含含氟农药、含氟医药等，该业务2018—2021年复合增速为21.3%；电容器化学品主要为铝电解电容器用电解液，该业务2018—2021年复合增速为8.1%；半导体化学品主要为蚀刻液、剥离液、清洗液等，该业务2018—2021年复合增速为27.6%。

三、江苏国泰（江苏省张家港市）

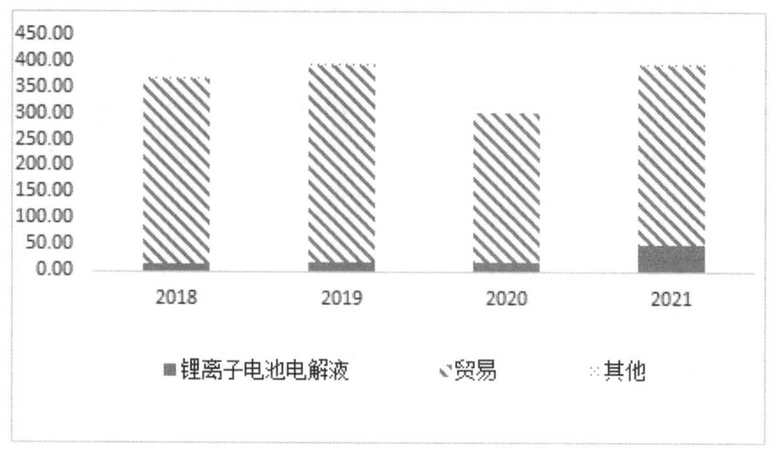

图3：江苏国泰收入结构（单位：亿元）
来源：并购优塾

收入主要由纺织品服装贸易业务构成，2021年占比为86.5%，该业务较为稳定；锂电池电池业务在2018—2021年复合增速为60%，2022年6月拆分电解液业务成立瑞泰新材，在深交所上市（因刚上市，历史数据只有年度金额，没有季度数据，因此下文年度数据采用瑞泰新材，季度数据采用江苏国泰）。

综上，从2021年电解液收入规模上看，天赐材料（97.33亿元）>新宙邦（52.7亿元）>江苏国泰（52.03亿元）；从2018—2021年电解液业务复合增速上看，天赐材料（97%）>新宙邦（70%）>江苏国泰（60%）。

(三)

再拆成季度看一下，

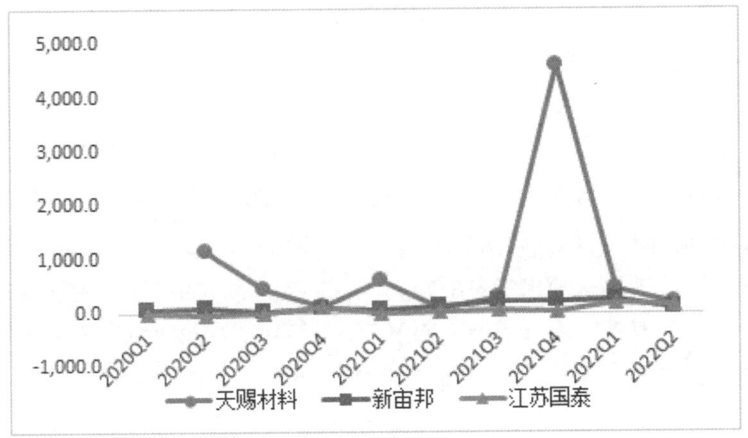

图4：归母净利润增速（单位：%）
来源：并购优塾

一、天赐材料——2022年中报披露，实现收入103.63亿元，同比增长180%，利润29.06亿元，同比增长271%。收入高速增长，主要是因电解液出货量达到12万吨，同比翻倍，市占率从35%提升至42%。利润增速高于收入，主要是因毛利率达到44.24%，同比增长8.06%，单吨净利润达到1.6万元/吨。

同时，公司披露了Q3季度业绩预告，Q3归母利润13.5—15.5万元，同比增长75.1%～101%，继续保持高增。拆分来看的话，出货量提升的同时单吨盈利有所下滑，2022年Q3电解液出货约9万吨，环比Q2增长超45%，单吨净利润1.3万元/吨，环比下降，主要是受六氟磷酸锂价格下跌影响。

天赐材料	2020Q2	2020Q3	2020Q4	2021Q1	2021Q2	2021Q3	2021Q4	2022Q1	2022Q2
净利润（亿元）	2.7	2.07	0.14	2.87	4.96	7.71	6.55	14.98	14.08
同比增速（%）	1127	431	119	583	84	272	4579	422	184
环比增速（%）		-23	-93	1950	73	55	-15	129	-6

表3：天赐材料季度业绩
来源：并购优塾

二、新宙邦——2022半年报实现收入49.91亿元，同比+95%，利润10.04亿元，同比增长130%。

上半年收入高增，电池化学品、半导体化学品、有机氟化学品、电容器化学品这几大业务，分别实现营业收入38.96亿元、1.58亿元、5.40亿元、3.67亿元，分别同比增长120.14%、77.76%、56.96%、12.52%。实现电解液出货量8.71万吨，同比增长120.14%。利润增速快于收入，主要是因电解液毛利率27.42%，同比增长2.47%，单吨毛利润达到1.34万元/吨。

新宙邦	2020Q2	2020Q3	2020Q4	2021Q1	2021Q2	2021Q3	2021Q4	2022Q1	2022Q2
净利润（亿元）	1.39	1.36	1.44	1.56	2.81	4.31	4.39	5.12	4.92
同比增速（%）	93	30	67	58	102	217	205	228	75
环比增速（%）		-2	6	8	80	53	2	17	-4

表4：新宙邦季度业绩
来源：并购优塾

三、江苏国泰——2022上半年实现收入213.83亿元，同比增长46%，利润9.31亿元，同比增长151%。上半年电解液实现收入32.25亿元，同比增长89%，毛利率为22.13%，同比下降0.69%。（缺少销量和单吨毛利润的公开数据）

江苏国泰	2020Q2	2020Q3	2020Q4	2021Q1	2021Q2	2021Q3	2021Q4	2022Q1	2022Q2
净利润（亿元）	1.65	2.65	3.84	1.66	2.05	3.84	4.82	4.35	4.96
同比增速（%）	-32	-14	117	2	24	45	26	162	142
环比增速（%）		61	45	-57	23	87	26	-10	14

表5：江苏国泰季度业绩
来源：并购优塾

综上，上半年出货量增长方面，新宙邦>天赐材料>江苏国泰；毛利润方面，天赐材料（1.6万元/吨）>新宙邦（1.34万元/吨）。

（四）

一、净现比

净现比（倍）	2018年	2019年	2020年	2021年
天赐材料	-0.70	-1.13	1.19	0.93
新宙邦	1.10	1.73	1.70	0.34
江苏国泰	1.70	2.24	4.43	-0.36
瑞泰新材		0.87	1.41	0.09

表6：净现比
来源：并购优塾

在2020年之前，电解液企业通过让渡应收账款期间来实现份额提升，三家电解液企业现金流水平较差，2020年之后电解液需求提升，现金流有明显好转。2021年新宙邦现金流较差，主要是应收账款从10亿元跳涨至25亿元，推测是因扩展电解液客户。

二、经营现金流VS资本支出

2020年之前，天赐材料现金流无法覆盖资本支出，而新宙邦和瑞泰新材则现金流较好，这主要是因天赐材料早期大力发展六氟磷酸锂等原材料的自供能力，在2020年之后，受电解液需求推动，现金流有明显的改善。

2021年天赐CAPEX大幅增加，主要是因六氟磷酸锂、LiFSI的产能建设。

经营活动现金流（亿元）	2017	2018	2019	2020	2021
天赐材料	-0.79	-3.18	-0.18	6.32	20.47
新宙邦	1.77	3.52	5.61	8.81	4.49
江苏国泰	-1.04	17.3	21.13	43.3	-4.47
瑞泰新材	1.66	2.61	1.54	3.62	0.54
资本支出（亿元）	2017	2018	2019	2020	2021
天赐材料	3.31	7.75	2.72	3.57	16.1
新宙邦	2.62	3.76	5.21	3.64	5.98
江苏国泰	4.16	5.6	6.53	15.13	6.91
瑞泰新材	0.57	0.66	1.54	1.42	2.84

表7：经营现金流VS资本支出
来源：并购优塾

（五）

对比完增长情况，我们再来看利润率、净资产收益率的变化。

一、毛利率

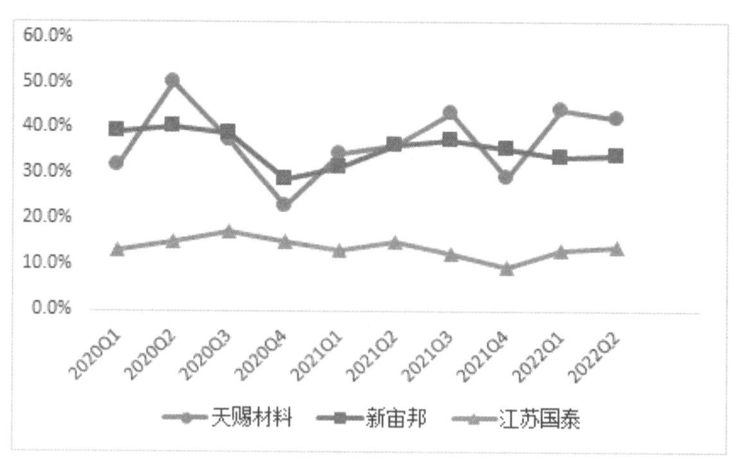

图5：毛利率（单位：%）
来源：并购优塾

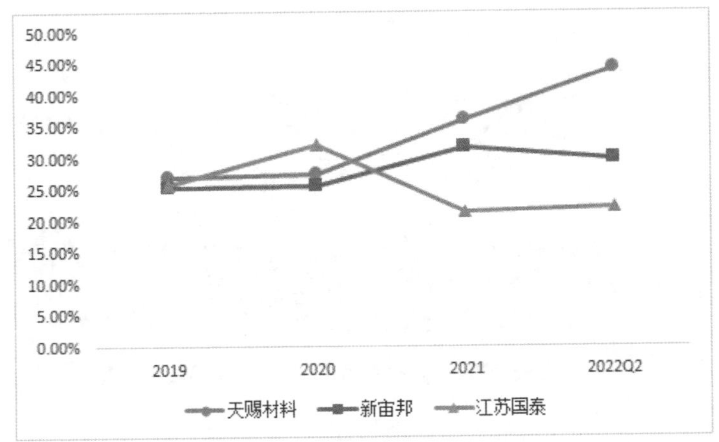

图6：电解液毛利率（单位：%）
来源：并购优塾

三家公司毛利率较为稳定。从毛利率高低看，天赐材料与新宙邦相差不大，江苏国泰受贸易业务影响，毛利率较低。

从历史变化趋势上看，电解液毛利率变化主要受溶剂、六氟磷酸锂和添加剂的自供能力影响，并且生产成本方面，六氟磷酸锂>溶剂>添加剂，因此在2021—2022年Q1电解液主要材料价格上涨期间，自供六氟磷酸锂的天赐材料毛利率提升幅度高于自供溶剂的新宙邦，并高于仅自供添加剂的江苏国泰。

也导致了2022年Q2电解液毛利率，天赐材料（44.24%）>新宙邦（30%）>江苏国泰（22%）。

二、净利率

净利率差异主要取决于毛利率的大小。从电解液业务净利率上看，天赐材料随着毛利率的提升以及规模效应导致各项费率的降低，净利率直线攀升；相较之下，江苏国泰的电解液净利率较为稳定。

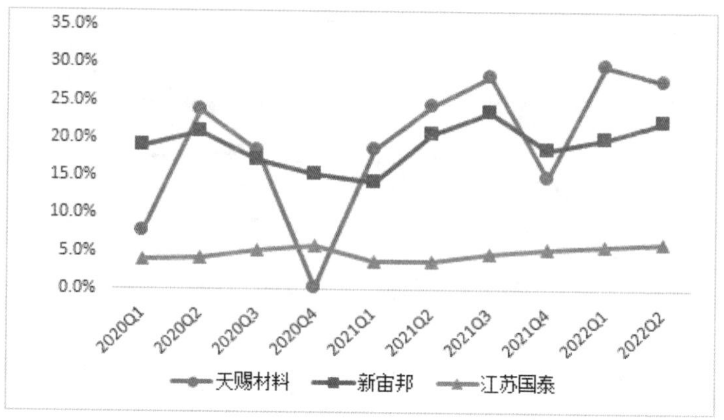

图7：净利率（单位：%）
来源：并购优塾

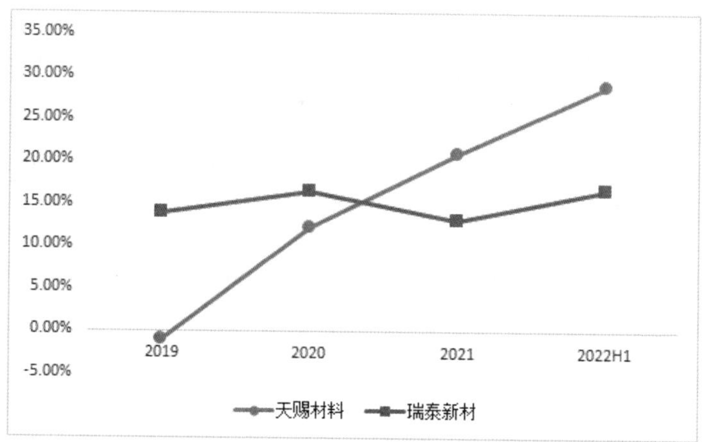

图8：净利率（新宙邦无法拆分电解液净利率，单位：%）
来源：并购优塾

三、净资产收益率

ROE(%)	2019	2020	2021	PB-MRQ
天赐材料	0.6	15.7	30.9	9.9
新宙邦	10.0	10.4	19.3	4.4
江苏国泰	11.2	10.6	11.8	1.3
瑞泰新材	18.4	16.1	26.4	3.1
ROIC(%)	2019	2020	2021	平均
天赐材料	-119.1	12.2	35.9	-23.7
新宙邦	9.6	10.9	20.2	13.5
江苏国泰	11.5	10.3	10.6	10.8
瑞泰新材	18.2	16.2	27.0	
净利率(%)	2019	2020	2021	平均
天赐材料	-1.1	12.2	20.8	10.6
新宙邦	14.2	17.7	19.6	17.2
江苏国泰	3.7	4.9	4.6	4.4
瑞泰新材	13.9	16.4	13.0	14.4
总资产周转率（次）	2019	2020	2021	平均
天赐材料	0.5	0.7	1.1	0.8
新宙邦	0.5	0.5	0.8	0.6
江苏国泰	1.7	1.2	1.3	1.4
瑞泰新材	0.8	0.7	1.2	0.9
权益乘数（倍）	2019	2020	2021	平均
天赐材料	1.79	1.70	1.89	1.8
新宙邦	1.48	1.44	1.60	1.5
江苏国泰	2.10	2.11	2.59	2.3
瑞泰新材	1.67	1.49	2.01	1.7

表8：净资产收益率（单位：%）
来源：并购优塾

2021年ROE，天赐材料（30.9%）>瑞泰新材（江苏国泰电解液业务，26.4%）>新宙邦（19.3%），差异主要来自于净利率，其中瑞泰新材受原料自供能力影响，新宙邦的管理费率和研发费率偏高。

（六）

电解液需求量=全球锂电池需求×电解液单耗，公式中核心增长来源为全球锂电池需求的提升，并且因1GWh磷酸铁锂对电解液需求为1500吨，高于1GWh三元需求1100吨，所以电解液需求量还受益于磷酸铁锂渗透率的提升。

对于全球锂电池需求以及磷酸铁锂和三元的占比，我们在之前的磷酸铁锂产业链报告中已经做过讨论，这里不再赘述。经测算，至2026年，全球电解液需求量有望达到183.58万吨，2021—2026年复合增速为24.57%。

全球电解液需求量	2022E	2023E	2024E	2025E	2026E
全球磷酸铁锂需求总量（GWh）	262.07	353.54	457.16	582.76	718.76
全球三元需求量(GWh)	419.66	468.16	516.26	558.02	571.85
全球磷酸铁锂电解液需求量（万吨）	39.3	53.0	68.6	87.4	107.8
全球三元电解液需求量（万吨）	46.2	51.5	56.8	61.4	62.9
其他（万吨）	9.5	10.2	11.0	11.9	12.9
电解液总需求量（万吨）	94.92	114.74	136.39	160.70	183.58
yoy	55%	21%	19%	18%	14%

表9：全球电解液需求量
来源：并购优塾

电解液结构拆分		2018	2019	2020	2021
电解液总需求量（万吨）		23.2	26.8	33.4	61.20
电解质	六氟磷酸锂	2.5	3	4	8
	LiFSI			0.365	0.6788
	其他	1.0	1.0	0.5	0.0
溶剂		18.60	21.40	26.70	49.00
添加剂	VC	0.28	0.36	0.68	1.21
	FEC	0.24	0.35	0.36	0.74
	PS	0.15	0.24	0.30	0.43
	VEC	0.11	0.14	0.18	0.36
	其他	0.32	0.31	0.28	0.84

表10：电解液历史出货量结构
来源：并购优塾

虽然电解液整体增长较为稳定，但部分细分结构有着更高的增速。历史上，电解液的各个细分结构较为稳定，整体增速超过电解液的是：添加剂VC（受益于磷酸铁锂渗透率提升，磷酸铁锂电池中VC的添加比例是4%，三元电池中添加比例是1.5%）以及六氟磷酸锂（质量占比从

10.8%提升至13%），主要是因六氟磷酸锂在电导率明显高于其他类型电解质，其在电解质中的份额逐年上升。

（七）

我们重点来看，电解液行业中结构性增长的趋势。

一、新型锂盐LiFSI

LiFSI的需求量=电解液需求量×添加比例，其中添加比例的提升是其高速增长的驱动力。与六氟磷酸锂相比，LiFSI的优势显著，体现在电解质中的关键指标，如高低温性能、电化学稳定性、电导率等，均优于六氟磷酸锂，可有效改善电池的循环性能、高倍率性能以及高低温性能等。

目前，LiFSI需求高速增长局限于高镍三元电池渗透率提升。原因有以下两点——1.高镍三元镍含量增加、钴含量减少，离子电导率下降，而导电性更强的LiFSI恰好能弥补此缺陷；2.在2016—2020年间，LiFSI的单吨使用成本约是六氟磷酸锂的2—5倍，只能少量用于部分高价值电池（如高镍三元）的性能改善。

历史上LiFSI的价格，远高于六氟磷酸锂的原因是制备工艺复杂、产品纯度低，因此难以大规模量产，但随着近几年国内企业对氯磺酸法的突破，工艺明显改善，原材料成本大幅下降，总生产成本达到25.17万元/吨（其中原材料10万元/吨，制造费用和其他达到15万元/吨），仍然高于六氟磷酸锂的15.29万元/吨（以天赐材料为例）。

	六氟磷酸锂	LiFSI技术突破	LiFSI规模提升
原材料—碳酸锂	11.375	9.1	9.1
其他原料	2.7	1.07	1.07
制造费用及其他	1.215	15	7
总计	15.29	25.17	17.17

表11：六氟磷酸锂和LiFSI的生产成本对比（单位：万元/吨）
来源：并购优塾

虽然目前单吨制造费用和其他成本仍然高达15万元，未来，随着产能规模的提升，制造成本仍然有降本空间，预计行业产能规模提升10倍后，制造费用可降低至7万元/吨（参照康鹏科技降本路线），届时生产总成本低至17.17万元/吨，基本与六氟磷酸锂实现平价。（六氟磷酸锂目前就是行业成本价，制造费用低，少数企业可以盈利，除非锂资源降价，未来降价空间不大。）

其次，从技术层面的角度看，LiFSI可以兼顾三元、铁锂和锂钴电池，当成本下降之后，其对六氟磷酸锂的替代并不局限于高镍三元电池。

综上，我们对LiFSI的添加比例较为乐观，但目前，如果全部使用LiFSI，会存在腐蚀铝箔集流体，以及配套添加剂系统不完善的问题，未来五年还无法对六氟磷酸锂形成完全替代。

假设至2026年，LiFSI满足50%的电解液生产，综合考虑1万吨LiFSI能产出约电解液8.3万吨，高于六氟磷酸锂的6.75万吨，可以计算出2026年LiFSI在电解液中质量添加比例为6%，每年提升约1%。

假设除了电解质，其他质量占比不变，则可测算出2022—2026年电解液的质量结构，其中LiFSI和六氟磷酸锂在2021—2026年复合增速分别为73.2%和10.39%。

LiFSI需求量有望实现五年16倍的增长，综合考虑到其价格下降的预期，市场规模有望实现五年10倍的增长。

电解液结构拆分		2021	2022E	2023E	2024E	2025E	2026E
电解液总需求量（万吨）		61.20	92.02	110.55	130.89	153.95	176.34
电解质	六氟磷酸锂	8	11.4	12.3	13.0	13.3	13.1
	LiFSI	0.6788	1.8	3.3	5.2	7.7	10.6
	其他	0.0	0.0	1.1	1.3	1.5	1.1
溶剂		49.00	73.7	88.6	104.5	123.1	141.2
添加剂	VC	1.21	1.8	1.3	1.8	3.1	3.5
	FEC	0.74	1.1	1.1	1.7	1.7	2.1
	PS	0.43	0.6	0.7	1.2	1.4	1.2
	VEC	0.36	0.5	0.5	0.7	0.8	1.0
	其他	0.84	1.3	1.5	1.5	1.3	2.4

表12：未来电解液出货结构预测（单位：万吨）
来源：并购优塾

当然，以上测算都是基于锂离子传输载体在未来五年保持液态的假设，未来固态电解质在解决锂枝晶问题、改善高低温性能以及提升能量密度上具有技术革命性意义，因此固态电解质在何时替代电解液就是一个非常关键的因素。

（八）

二、固态电解质

对于锂电池电解质的发展，未来有望从液态→半固态→固态。探讨该发展趋势下对电解液的影响，具体拆分来看，发展至半固态的过程中溶剂用量大幅减少，而电解质和添加剂的用量会提升；从半固态到固态的过程中，六氟磷酸锂和添加剂的用量会减少甚至消失。

1.半固态电池（有机溶剂的需求下滑，锂盐需求提升），是将现有电解液中的部分溶剂替换成凝胶聚合物（PVDF是常使用的凝胶聚合物）或者氧化物等，并保留隔膜（可能会对隔膜进一步改性）和电解质（六氟磷酸锂等），并且需要添加更多的六氟磷酸锂来实现电导率的维持，并且LiFSI的电导率更优，因此有利于其添加占比的提升。

因此，可以看出半固态电池的发展，其实会导致现有溶剂用量下滑（不利于做溶剂的石大胜华、新宙邦等），但会提升现有电解质的用量（利于天赐材料、多氟多等，如果半固态完全替代液态，电解质总量提升约13%）。

目前，国内对于半固态电池，下游整车厂和电池厂均在积极布局，例如蔚来在ET7上使用北京卫蓝半固态电池、东风E70搭配赣锋锂业半固态电池，此外还有孚能科技、国轩高科、宁德时代等电池厂商积极布局，产品代次和能量密度上限不断更新（目前发布产品达到360Wh/kg)，商业化和产业化均较为明朗。

从产能建设看，赣锋锂业在建10GW、辉能科技在建1GW并规划至2026年达到50GW、太蓝新能源在建1GW并规划10GW，产能建设大多集中在新型电池企业，而对于目前的电池厂商来说可随时用已有产能转为半固态电池生产。

可以看出在半固态电池中，国内企业布局较为领先。

2.全固态电池（这一阶段有机溶剂的需求消失，仍有部分锂盐的需求），指的是将传统电解液替换为固态电解质。固态电解质是固态电池技术的核心，也是固态电池产业化的难点。

经过长达40年的材料研究，全固态电解质的材料围绕着硫化物、氧化物、聚合物三种展开。从技术层面上，氧化物和聚合物的全固态电解质有明显缺陷，硫化物未来发展潜力较大。

1）全固态聚合物的缺陷主要是电导率明显偏低，并且高电压稳定性较差，无法匹配未来固态电池高电压发展的趋势（需要添加LiFSI或LiPF6）。

2）氧化物的电导率虽然高于聚合物，但其机械强度过高，界面损耗过大，导致大容量电芯难以制备，因此含有液体改善界面接触的半固态电池可能是该材料的终极应用场景。

3）硫化物的电导率较优（室温下超过电解液，不再需要LiFSI、LiPF6），其他性质较为稳定，目前主要的缺陷是成本较高、对水和空气较为敏感。全球硫化物固态电池上，日韩企业布局历史较长，具有较大的专利和技术优势。

那么，全固态电池的商业化时点是何时？

因成本和技术上的问题，全球固态专利较多的丰田计划在2025年开启产业化，直至2030年实现稳定生产，基本上代表了固态电池的关键时点；除此之外，宝马计划在2025年推出固态电池原型车，在2030年量产，奔驰计划2028年批量生产，也可以进一步验证产业化时间点。

综上，固态电池的产业化，会导致六氟磷酸锂和LiFSI的使用量减少，其影响预计持续到2025年后。除了电解液层面的技术变革外，在电池层面的变化，如钠离子电池的潜在推广也会对电解液的成分产生影响。

（九）

三、钠离子电池

钠离子电池的技术原理与锂电池类似，相当于将电池中的锂替换为钠，并且因钠金属的可获得性和成本远低于锂金属，因此可实现相较于锂电池材料成本下降30%～40%。

从宁德时代产品能量密度上看，三元（240Wh/kg）>磷酸铁锂（200Wh/kg）>钠离子（160Wh/kg）；循环次数上，磷酸铁锂（6000次）>三元（3000次）>钠离子（1500次）。

虽然钠离子电池在能量密度和循环次数上逊色于磷酸铁锂，但在碳酸锂价格居高不下的背景下，其产业化进度加速，预计2023年实现规模化量产。钠离子电池的应用会导致电解液的成分发生改变，从结构上看，溶剂和添加剂上变化较小，在电解质上，为了实现钠离子的转移，会将原先的六氟磷酸锂替换为六氟磷酸钠，但需注意的是，因两者的生产工艺类似，未来供应六氟磷酸钠的企业大概率也是目前的电解液供应商。

从产能规划上看，多氟多和中欣氟材进度较快，分别具备2000吨和1万吨产能，永太科技和天赐材料已经具备量产技术。

（十）

看完行业结构性增长趋势之后，对于当下产能的供需，再来跟踪一下。针对电解液整体、六氟磷酸锂、LiFSI三个关键环节，我们分别测算其供需水平。

一、电解液——我们采用了民生证券的数据。首先未来五年电解液的产能扩张将集中在天赐材料、新宙邦和江苏国泰三家龙头企业，未来五年全球新增的345万吨产能中，三家企业贡献了289万吨。同时，行业拥挤度也会大幅提升，2025年供需平衡下产能利用率为35.6%，不同的企业产能落地能力以及出货量会有较大的差异。

电解液	2021	2022E	2023E	2024E	2025E
天赐材料	22.6	65.6	93.6	113.6	123.6
新宙邦	9	24	50	70	90
江苏国泰	7	57	103	114	114
杉杉股份	4	5	7	9	9
法恩莱特	10	12.5	15	17.5	20
香河昆仑	3.8	4.8	5.8	6.8	6.8
珠海赛纬	6.5	10.5	14.5	18.5	22.5
金光高科	3.5	7.5	10	12.5	15
天津金牛	3	3.75	4.5	5.25	6
国内总计	69.4	190.65	303.4	367.15	406.9
三菱化学	6	6	9	9	9
旭成化学	2.3	3.3	3.3	6.6	6.6
Mitsuichemical	1	1	1	1	1.2
enchem	2.5	2.5	2.5	2.5	2.5
UBE	1.5	1.5	1.5	1.5	1.5
中央哨子	5	5	5	5	5
全球产能合计（万吨）	87.7	209.95	325.7	392.75	432.7
全球需求合计（万吨）	61.2	92.0	110.5	130.9	153.9
供需平衡产能利用率（%）	69.8	43.8	33.9	33.3	35.6

表13：未来电解液供需平衡
来源：并购优塾

二、六氟磷酸锂——产能扩张主要来自于天赐材料和多氟多，全球新增产能46.43万吨中，两者贡献33万吨，但未来如果受LiFSI替代六氟磷酸锂的影响，供需平衡下产能利用率仅为23.1%。

六氟磷酸锂	2021	2022E	2023E	2024E	2025E
天赐材料	3.2	11.53	18.2	18.2	18.2
多氟多	2	8	12.5	17	20
天际股份	0.82	1.82	2.82	3.82	4.82
延安必康	0.64	0.64	1.14	1.64	2.64
石大胜华	0.2	3.2	3.63	3.73	3.83
杉杉股份	0.2	0.4	0.4	0.4	0.4
永太科技	0.8	1.8	2.8	2.8	2.8
滨化股份	0.1	0.1	0.1	0.1	0.1
赣州石磊	0.4	0.6	0.8	1	1.2
天津石牛	0.5	0.5	0.5	0.5	0.5
中蓝宏源	0.4	0.4	0.4	0.4	0.4
国内总计	9.26	28.99	43.29	49.59	54.89
森田化学	0.7	0.9	1.1	1.3	1.5
关东电化	0.54	0.54	0.54	0.54	0.54
蔚山化学	0.18	0.18	0.18	0.18	0.18
中央哨子	0.2	0.2	0.2	0.2	0.2
瑞星化工	0.2	0.2	0.2	0.2	0.2
韩国厚成	0.2	0.2	0.2	0.2	0.2
釜山化学	0.13	0.13	0.13	0.13	0.13
全球总计（万吨）	11.41	31.34	45.84	52.34	57.84
全球需求合计（万吨）	8.0	11.4	12.3	13.0	13.3
供需平衡产能利用率（%）	70.1	36.3	26.8	24.7	23.1

表14：六氟磷酸锂供需平衡（单位：万吨）
来源：并购优塾

三、LiFSI——产能扩张主要来自于天赐材料和多氟多，全球新增产能17.19万吨中，两者贡献14.37万吨，虽然名义产能有所过剩，2021年产能利用率仅为21.1%（存在较多的名义产能无法商业化生产），未来利用率将有所改善，至2025年提升至37.7%。

LiFSI	2021	2022	2023	2024	2025
天赐材料	0.63	3.13	5.13	7	10
多氟多	0.16	1.46	2.76	4.06	5.16
新宙邦	0.02	0.14	0.26	0.26	0.26
康鹏科技	0.17	0.17	0.17	0.17	0.17
永太科技	0.09	1.09	2.09	2.09	2.09
氟特电池	0.03	0.03	0.03	0.03	0.03
时代思康	2	2	2	2	2
华盛锂电	0.02	0.3	0.3	0.3	0.3
日本触媒	0.03	0.03	0.33	0.33	0.33
韩国天宝	0.07	0.07	0.07	0.07	0.07
全球产能（万吨）	3.22	9.42	13.14	16.31	20.41
全球需求合计（万吨）	0.7	1.8	3.3	5.2	7.7
供需平衡产能利用率（%）	21.1	19.5	25.2	32.1	37.7

表15：LiFSI产能利用率（单位：%）
来源：并购优塾

综上，电解液行业目前产能充足，未来竞争会更加激烈，电解液产业链的竞争核心已经从产能规模转向成本管控。整体来看，LiFSI的技术迭代方向较为清晰，值得后续跟踪。

（十一）

电解液行业，是得“低销售价格”得增长，得“六氟磷酸锂”得回报，得“LIFSI”得产品力。

一、电解液出货量

	2018	2019	2020	2021	2022H1	CAGR
天赐材料	3.6	4.1	8.9	22.4	12	83.9%
新宙邦	2.2	2.8	3.8	9.2	8.71	61.1%
江苏国泰	2.8	3.7	4.1	7.2		37.0%

表16：电解液出货量（单位：万吨）
来源：并购优塾

2021年电解液出货量，天赐材料（22.4万吨）>新宙邦（9.2万吨）>江苏国泰（7.2万吨），2018—2021年出货量复合增速，天赐材料（83.9%）>新宙邦（61.1%）>江苏国泰（37%）。

与其他电芯不同的是，电解液的出货量提升并不取决于产能。在电芯材料中，单GWh产能投资额：隔膜（0.9亿元）>正极（0.85亿元）>负极（0.3亿元）>电解液（约200万），电解液新建产能明显较低，是因其核心是将溶剂、锂盐和添加剂混合在一起，是电芯材料中技术含量较低的环节。

测算新宙邦和江苏国泰均存在百万吨的产能规划（在2025年前建成），天赐材料则规划达到200万吨产能，如果以2021年末产能为基准，江苏国泰产能扩张15倍>新宙邦10倍=天赐材料10倍。

而出货量的提升，更多取决于其销售价格水平，销售价格越低，则产品竞争优势越大。

二、单吨收入及市场份额

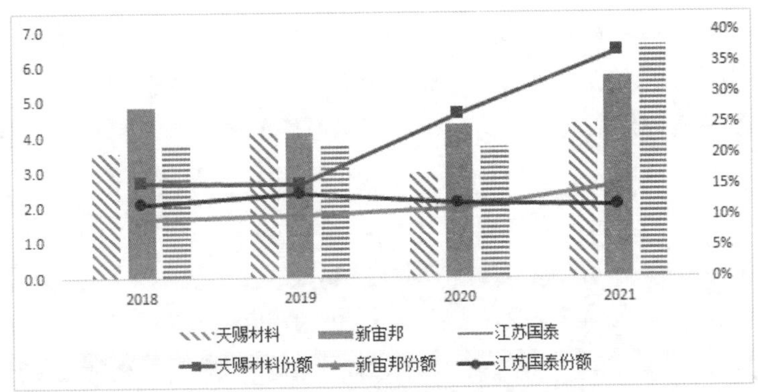

图9：单吨电解液收入及市场份额（单位：万元/吨）
来源：并购优塾

在2019年，三家公司的单吨电解液收入没有较大差异，市场整体的格局也较为稳定；此后，天赐材料为了大幅扩张市场份额，销售价格明显低于其他两家企业。2020年，单吨收入低于新宙邦1.4万元，市场份额提升12%；2021年单吨收入低于江苏国泰2.3万元，市场份额提升10%；而电解液低价销售的能力来自于较低的生产成本。

三、单吨营业成本

单吨成本（万元）	2018	2019	2020	2021
天赐材料	2.7	3.0	2.2	2.8
新宙邦	3.5	3.1	3.2	3.9
江苏国泰	3.0	2.9	2.7	5.3

表17：单吨电解液成本
来源：并购优塾

2021年电解液生产成本方面，天赐材料（2.8万元/吨）<新宙邦（3.9万元/吨）<江苏国泰（5.3万元/吨），差异主要来自于原材料是否自供。

四、原材料自供

三家公司均通过控股子公司生产添加剂，但只有天赐材料自产锂盐，只有新宙邦自产溶剂（天赐有小部分自产）。但需强调的是，在目前六氟磷酸锂价格高位的情况下，仅六氟磷酸锂一项在材料中的成本占比就达到了71%，远高于有机溶剂的13.7%和添加剂的8.7%（当然不同企业的电解液配方有所差异，以上仅为大致估算），因此从原料自供的重要性上看，六氟磷酸锂>有机溶剂>添加剂。

		单吨电极液消耗（吨）	单价（元/吨）	单吨电极液成本（元）
有机溶剂	碳酸乙烯脂	0.169	8000	1352
	碳酸丙烯酯	0.034	10000	340
	碳酸二甲酯	0.119	7000	833
	碳酸甲乙酯	0.167	15000	2505
	碳酸二乙酯	0.083	14000	1162
添加剂	碳酸亚乙烯脂	0.013	200000	2600
	1,3-丙烷磺内酯	0.004	83000	332
	甲基丙烯酸甲脂	0.002	13000	26
	丙酸丙脂	0.002	50000	100
	丁磺酸内脂	0.001	600000	600
	氟代碳酸乙烯脂	0.001	250000	250
锂盐	碳酸甲乙酯液盐	0.14	15000	2100
	碳酸二甲酯液盐	0.14	7000	980
	六氟磷酸锂	0.125	255000	31875
合计（元/吨）				45055

表18：原材料外购成本
来源：民生证券

天赐材料自2021年起可实现完全自供（甚至有多余的部分对外销售），并且2021—2024年六氟磷酸锂的产能建设可满足产能扩张水平（六氟磷酸锂自供能力超过100%）。

六氟磷酸锂自供比例(%)	2021	2022E	2023E	2024E
六氟磷酸锂产能	3.2	8.87	13.87	18.2
电解液单耗	0.125	0.125	0.125	0.125
电解液产能	22.6	65.6	93.6	113.6
自供能力	113%	108%	119%	128%

表19：天赐材料电解液自供能力（单位：%）
来源：并购优塾

五、六氟磷酸锂

六氟磷酸锂的产能扩张具有难度，体现在安全控制（易燃易爆并且剧毒）、环保审批、技术门槛上（主要是提纯），因此目前六氟磷酸锂的扩张规划集中在已有产能的龙头企业，可以预期未来新宙邦和江苏国泰仍将依赖外购六氟磷酸锂。

值得一提的是，主流企业（多氟多、天际股份、森田等）生产六氟磷酸锂采用的是氟化氢溶剂法（晶体法），而天赐材料采用的是有机溶液法（液体法）。

天赐材料的有机溶液法可以有效降低六氟磷酸锂的扩张难度，包含这几个特点——1. 成本低：路线简化，无需结晶、洗涤、干燥、纯化，设备投资和能耗明显降低；2. 生产周期短：生产周期20小时，远低于晶体法的72小时；3. 环保：有机溶液法的副产物为硫酸，可进一步利用（天赐材料用于生产磷酸铁正极材料），晶体法产生的甲苯、乙醚的利用难度较大；4. 安全性高：操作简单，除工艺之外，六氟磷酸锂成本主要由碳酸锂构成，占比超过70%，因此自供锂资源也非常重要，在这一方面，天赐材料参股碳酸锂供应商容汇锂业，投资建设2.72万吨/年高纯碳酸锂回收业务，而新宙邦和江苏国泰还未延伸到六氟磷酸锂阶段，因此更加没有涉及锂资源的布局。

综上，天赐材料六氟磷酸锂在行业中处于较低的水平。

六、单吨盈利水平

综上，凭借着原材料自供的优势，天赐材料以低价追求市场份额提升的同时，单吨毛利润却没有明显的劣势，2021年单吨毛利润方面，新宙邦（1.81万元）>天赐材料（1.57万元）>江苏国泰（1.55万元）。

同时，未来LiFSI，有望进一步提升电解液的单吨毛利润。

单吨毛利润（万元）	2018	2019	2020	2021
天赐材料	0.86	1.12	0.82	1.57
新宙邦	1.34	1.05	1.12	1.81
江苏国泰	0.83	0.89	0.96	1.35

表20：电解液单吨毛利润
来源：并购优塾

七、双氟磺酰亚胺锂盐（LIFSi）

三家企业中，天赐材料和新宙邦已有LiFSI的产能，但从产能扩张的工艺来源上看，天赐材料自有工艺，而新宙邦则是通过引入日资企业日本触媒进行扩张（日本触媒早在2013年就完成了LiFSI的量产）。

虽然国内主流企业均选择氯磺酸法，但以氯化亚砜为原材料更具有优势（天赐材料和多氟多原料成本低于氟特电池约5万元/吨），并且碳酸锂成本占原料的90%，因此与六氟磷酸锂相类似的是，布局锂源重要性较强。

综上，展望未来电解液竞争，因在六氟磷酸锂环节的工艺和锂源优势，天赐材料有望在保证单吨毛利润稳定的前提下，凭借较低的销售价格进一步提升市场份额，并且在LiFSI的渗透下，与其他两家企业的电解液产品形成差异，单吨毛利润有望超预期提升。

除此之外，天赐材料也将受益于半固态电池的发展。

（十二）

研究至此，几个重要问题，我们小结一下。

1. 增长驱动力——电解液核心增长来源于电池装机量提升，其结构中LiFSI受益于添加占比的提升。

2. 关键变化——未来两三年，这个行业的关键变化是LiFSI替代六氟磷酸锂；并且关键变化的量级较大。

3. 渗透替换——未来5到10年，这个赛道存在新能源汽车、LiFSI添加占比提升的趋势；LiFSI添加占比提升的核心是其相较于六氟磷酸锂的优势。

4. 景气预期——电解液环节是下行周期，景气度背后是电解液环节工艺难度较小，供给增速超过需求增速。负面因素主要是固态电池的技术迭代。

5. 生意难点——这门生意难做的点，在于原材料自供（六氟磷酸锂、LiFSI和锂源等），以及工艺优势。

6. 产品力——无较大差异，未来体现在LiFSI的添加上。

7. 风险点——财务风险上，无明显瑕疵。

	商誉	股权质押	经营效率		盈利质量	债务压力		收入/利润质量	
最新一期	商誉净资产（%）	质押比例（%）	人均创利 2021年 万元	人均薪酬 2021年 万元	净利润现金含量（%）	经营活动产生的现金流量净额/带息债务	净债务/股权价值（%）	应收账款周转率（次）	非营业利润/利润总额（TTM）（%）
天赐材料	0.0	0.0	54.9	11.6	83.5		-1.4	3.0	5.3
新宙邦	5.2	0.5	45.2	20.8	92.9		-2.4	2.8	4.5
江苏国泰	0.2	5.5	7.7	14.6	81.8		-31.9	3.0	5.4

表21：财务风险
来源：并购优塾

本文发布于2022年10月21日

铜箔产业链

嘉元科技、诺德股份、海亮股份

锂电产业链上，每一个新工艺、新材料的出现，都会引发市场大量关注。而今年，受到资本市场青睐的，正是复合铜箔，其新技术特色在于更安全、更轻薄化等。

2021年7月至本文发布时，东威科技成为多家机构调研的对象。其中，9月14日，114家机构单位参与调研。那么，PET箔目前的发展进度，到底如何？

铜箔本身在经历从8μm→6μm→4.5μm的轻薄化迭代，不同产品性价比差异较大。PET铜箔出现后，首当其冲的，就是传统锂电铜箔，那么，PET铜箔对哪种传统铜箔的影响可能更大？带着上述问题，我们今天再来看锂电铜箔这条产业链。

从产业链上的参与者近期的增长情况来看，

诺德股份（吉林省，长春市）——2022年上半年，实现营业收入20.53亿元，同比+2.25%；实现归母净利润2.03亿元，同比+0.81%。

嘉元科技（广东省，梅州市）——2022年上半年，实现营业收入19.34亿元，同比+60.46%；实现归母净利润2.88亿元，同比+17.92%。

海亮股份（浙江省，绍兴市）——2022年上半年，实现营业收入381.05亿元，同比+14.92%；实现归母净利润6.51亿元，同比+4.72%。

从机构对产业链景气度的预期情况来看，

Wind 预期		PE-TTM	2022年		2023年		2024年	
			亿元	同比增速(%)	亿元	同比增速(%)	亿元	同比增速(%)
营业收入(亿元)	诺德股份		66.22	48.95	93.72	41.53	120.36	28.43
	嘉元科技		56.61	101.89	94.22	66.43	135.26	43.56
	海亮股份		746.58	17.67	978.90	31.14	1,181.69	20.72
归母利润(亿元)	诺德股份		7.65	88.85	11.51	50.52	15.58	35.31
	嘉元科技		10.05	82.71	16.94	68.58	24.26	43.24
	海亮股份		14.11	27.39	20.98	48.76	27.82	32.59
机构预测PE(倍)	诺德股份	38.33	20.38		13.54		10.01	
	嘉元科技	21.66	12.80		7.59		5.30	
	海亮股份	20.50	16.52		11.11		8.38	

表1：Wind机构一致预期增长和景气度情况
来源：并购优塾

锂电铜箔产业链，包括以下几个环节。

上游——主要原材料为铜，制作成硫酸铜或者电解铜。其中硫酸铜用于制造电解铜箔，针对锂电和PCB领域；电解铜用于制造压延铜箔，针对FPC。电解工序的核心设备是阴极辊和生箔机，设备以日本厂商新日铁为主，全球市占率约70%。国内阴极辊代表公司为：航天科技集团四院，生箔机代表公司为：上海默钛铌、西安泰金。

中游——铜箔制造商，电解铜箔代表厂商以国内为主，主要为诺德股份、嘉元科技、超华科技等；压延铜箔代表厂商为：日本福田、日矿金属、日立电缆等。

下游——锂电、PCB、FPC等。

(一)

锂电池除了正极、负极、电解液与隔膜四大材料外，用于存放正负极材料、提供导电作用的集流体，是重要辅材之一。集流体主要功能是将电池活性物质产生的电流汇集起来，形成较大的电流对外输出。因此，集流体需要满足这几条——1. 物理特性：质量轻、延展性好、导电率高；2. 化学特性：耐腐蚀抗氧化；3. 表面性，活性物质在集流体表面的附着力。

此外，降本是新能源车渗透的关键，因此材料还需要具有价格低廉的特点。综合以上要求，目前锂电集流体主要使用铜箔和铝箔。

其中，锂电池正极电位较高，铜箔容易被氧化，因此多采用铝箔；而负极电位低，铝箔易发生化学反应形成锂铝合金，因此一般采用铜箔。

而在钠离子电池中，铝不会和负极材料发生化学反应，因此正负极均采用成本更低的铝箔。从商用进度来看，2023年是钠离子电池的商用元年，宁德时代、中科海纳、鹏辉能源等众多一二线电池厂商均已推出钠电池产品，但是钠离子电池主要用于二轮车、储能等低能量密度使用场景，对动力电池的替代性较低。

锂电铜箔价值量占到电池总成本的5%～18%，但是质量占到整体电池的13%。因此，锂电铜箔的关键发展方向是轻薄化。这样的好处在于：1. 轻薄化可以提升质量能量密度，增强电池性能；2. 降低铜用量，以此降低成本。

轻薄化对于产品的影响体现在：

1. 8μm→6μm→4μm，极薄铜箔的渗透率不断提升。其中，极薄6μm及以下锂电铜箔产量占比，从2018年的26%上升至2021年的64%。8μm铜箔动力电池主流能量密度为228.8Wh/Kg，如采用6μm和4.5μm铜箔，锂电池能量密度提升5%和9%。

2.PET复合铜箔，可以进一步减重，可能对传统铜箔形成替代。PET复合铜箔，是以4.5μm的PET为基膜，然后在基膜两边各镀1μm的铜，进而形成6.5μm左右厚的PET铜箔，该技术原本应用于PCB的生产。PET铜箔质量更轻，若以1μm铜箔+4.5μmPET基材+1μm铜箔复合集流体替代传统6μm电解铜箔，理论上PET铜箔重量相较于传统铜箔降低55%。

此外，PET铜箔的安全性更好，体现在这两点：1.中间的高分子材料是弹性体，能够吸收一部分的外力，可避免毛刺刺穿现象。2.PET属于电绝缘性高分子材料，在电池发生短路时，可以增加短路电阻，减小短路电流，从而规避短时间内大量放热使得电池温度急剧升高的问题。

注意，轻薄化的迭代方向意味着，铜箔的用量会逐渐减少，那么，极薄铜箔、复合铜箔渗透率提升的速度会是怎样的？对铜箔整体需求的影响有多大？

（二）

首先，从收入体量和业务结构方面，对三家公司有一个大致了解。从2021年收入体量来看，海亮股份（634.39亿元）>诺德股份（44.46亿元）>嘉元科技（28.04亿元）。

诺德股份——前身为中国科学院长春应用化学研究所下属公司，目前铜箔占到总收入的91.92%，具体应用于锂电、PCB以及大功率电路的超厚电解铜箔，以锂电铜箔为主。2021年收入大幅度增长，主要因为：1.锂电铜箔产品需求强劲，加工费同比上涨超过30%；2.结构方面，4.5μm和6μm铜箔占比提升，价值量更高。

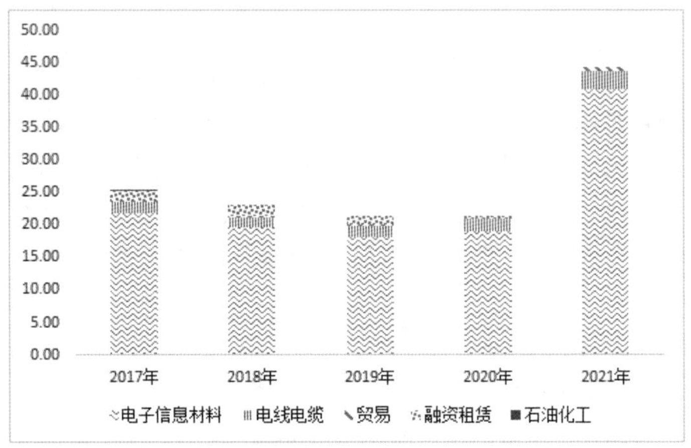

图1：收入构成（单位：亿元）
来源：并购优塾

嘉元科技——收入100%来自于铜箔，其中锂电用途占到接近90%。

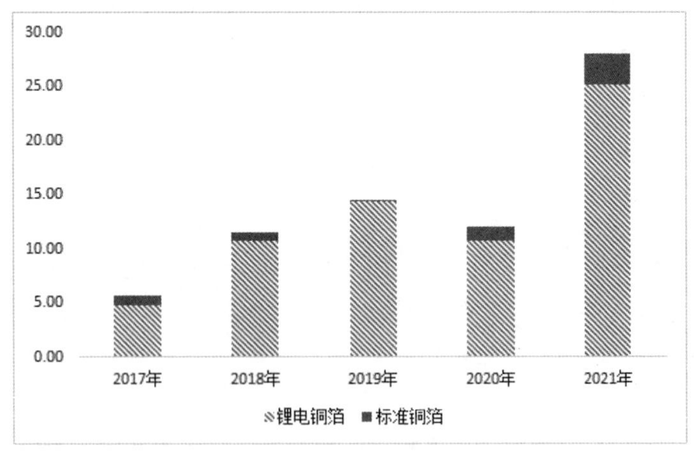

图2：收入构成（单位：亿元）
来源：并购优塾

海亮股份——铜加工平台型企业，传统业务为铜管、铜棒和铜排，分别占收入的比重为60.88%、11.14%和2.78%，应用于制冷设备、建筑水管、电力和汽车等领域。新切入锂电铜箔业务，产能于2022年9月15日开始陆续释放，已具有生产4.5μm、6μm、8μm锂电铜箔的量产能力，并且已经取得电池厂商订单。

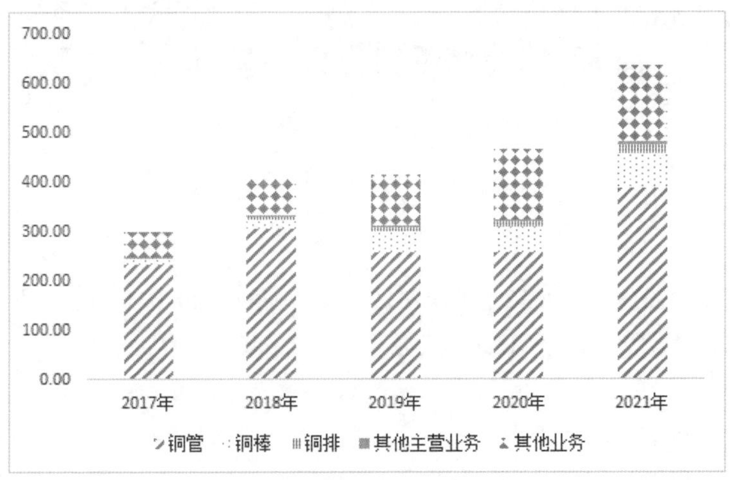

图3：收入构成（单位：亿元）
来源：并购优塾

（三）

接下来，我们来看将近10个季度的利润增速，以及近期的季度增长情况，并进行拆解。对增长态势有所感知后，我们接着再将各家公司的收入和利润情况拆开，看新一季度数据。

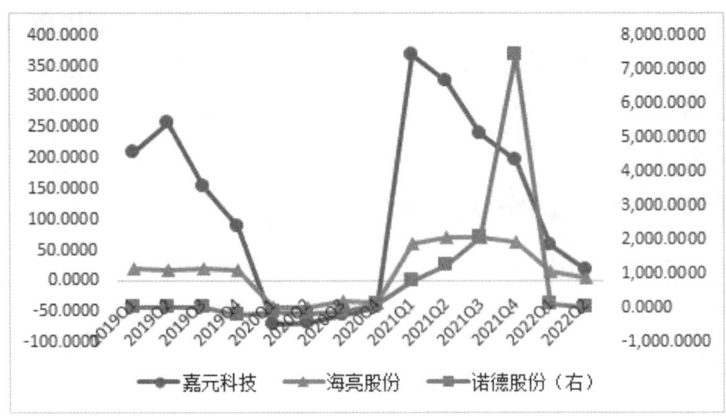

图4：归母净利润增速（单位：%）
来源：并购优塾

诺德股份——2022年上半年，实现营业收入20.53亿元，同比增长2.25%；实现归母净利润2.03亿元，同比增长0.81%。

Q2单季度利润下滑，其中：1.量，Q2出货8400吨左右，同比减少10%，环比减少7%，主要受到新冠疫情影响；2.价，Q2单吨盈利约1万元，同比减少25%，环比减少18%，主要因为Q2开始锂电铜箔供给过剩，主流产品加工费下调0.5万元到1万元。此外，新产能刚释放，产能利用率低。

展望Q3，公司预计铜箔出货量在1.2万吨，环比增长40%～50%。

诺德股份	2020Q1	2020Q2	2020Q3	2020Q4	2021Q1	2021Q2	2021Q3	2021Q4	2022Q1	2022Q2
归母净利润（亿元）	-0.09	-0.08	0.01	0.22	0.65	1.36	1.20	0.84	1.27	0.76
同比（%）	-129.96	-168.41	-93.38	111.68	803.30	1,721.07	8,663.26	284.66	94.05	-44.00
环比（%）	95.00	9.72	116.32	1,484.00	201.25	108.10	-11.75	-30.47	51.97	-39.94

表2：单季度利润情况
来源：并购优塾

嘉元科技——2022年上半年，实现营业收入19.34亿元，同比增长60.46%；实现归母净利润2.88亿元，同比增长17.92%。Q2同样因为卫生事件影响以及行业整体供给过剩影响，Q2铜箔出货量1万吨左右，同比增长20%，环比持平，具体结构未披露；Q2单吨盈利约1.2万元/吨，同比减少40%，环比减少30%。

Q3预计锂电铜箔出货量1.4—1.5万吨，环比增长45%。

嘉元科技	2020Q1	2020Q2	2020Q3	2020Q4	2021Q1	2021Q2	2021Q3	2021Q4	2022Q1	2022Q2
归母净利润（亿元）	0.24	0.34	0.59	0.70	1.11	1.34	1.50	1.56	1.74	1.14
同比（%）	-70.37	-66.32	-32.78	13.78	366.44	294.26	154.65	122.76	57.29	-14.68
环比（%）	-61.40	42.86	73.80	18.70	58.26	20.76	12.26	3.84	11.74	-34.49

表3：单季度利润情况
来源：并购优塾

海亮股份——2022年上半年，实现营业收入381.05亿元，同比增长14.92%；实现归母净利润6.51亿元，同比增长4.72%。

Q2利润来自于：1.量，2022年H1铜制品销量46.04万吨，同比减少3.2%，主要是受到新冠疫情影响；2.价，2022年H1单吨毛利润3530元，同比增加29%，主要受到海外需求提升影响，收入同比增加26.1%，且价值量较高，带动毛利率同比增加1.95%，此外还有汇兑带来的损益。

铜箔方面，9月建成产能1.25万吨，年底产能可达到2.5万吨，产能释放节奏慢于预期。

海亮股份	2020Q1	2020Q2	2020Q3	2020Q4	2021Q1	2021Q2	2021Q3	2021Q4	2022Q1	2022Q2
归母净利润（亿元）	1.69	1.95	1.79	1.35	2.71	3.51	3.00	1.85	3.12	3.39
同比（%）	-43.88	-43.23	0.99	-44.17	61.09	79.75	68.03	36.41	15.07	-3.29
环比（%）	-30.93	15.75	-8.32	-24.30	100.52	29.16	-14.30	-38.54	69.15	8.56

表4：单季度利润情况
来源：并购优塾

综上来看：1. 销量方面，铜箔代表公司上半年收入端增速低于锂电产业链平均水平，因铜箔无法长期保存，因此，卫生事件对其生产的影响更大；2. 价格方面，供给加快导致锂电铜箔行业代工费降价明显，全行业增长均不乐观。

2021年，制约锂电铜箔的上游阴极辊设备，原本只能自日本公司采购，需要排队2—3年，行业供不应求。但是，2022年开始，国内设备厂商的产品性能已经能符合锂电用需求，产能供给增加。今年1月—9月，航天科技集团四院阴极辊产品签订11亿余元的订单，已排产至2024年以后。龙头公司诺德和嘉元产线中也已经采用一定的国产设备。

（四）

一、净现比

净现比（倍）	2017年	2018年	2019年	2020年	2021年
诺德股份	1.19	3.24	-2.68	95.91	2.58
嘉元科技	0.19	0.76	1.43	0.49	0.58
海亮股份	-4.41	2.87	1.06	1.04	-2.33

表5：净现比
来源：Wind

2020年和2021年，诺德股份净利润现金含量高，其中2020年因为利润率较低，2021年因为提前备货，存货增加较少。嘉元科技净利润现金含量普遍较低，是因为：1. 通过牺牲现金流换取收入；2. 铜价在2020年—2021年上涨，使得原材料成本上升，需要企业占用更多的资金进行备货。

海亮股份2021年经营活动现金流量净额比例下降，是因为铜价上涨，备货增加，同时公司的毛利率较低，因此原材料占比相对铜箔更高。

二、经营活动现金流VS资本支出

经营活动现金流净额（亿元）	2018年	2019年	2020年	2021年
诺德股份	3.15	3.27	5.17	10.43
嘉元科技	1.35	4.72	0.91	3.19
海亮股份	26.07	11.30	7.03	-25.80
资本支出（亿元）	2018年	2019年	2020年	2021年
诺德股份	3.56	2.53	3.42	5.61
嘉元科技	1.09	0.63	5.16	11.83
海亮股份	12.78	10.98	8.00	15.28

表6：现金流、固定资产投资
来源：并购优塾

从资本开支/经营活动现金流净额的占比来看，嘉元科技2020年后扩产更为积极，根据其之前发布的规划，其铜箔扩产的关键设备交付时间需要2年，因此2022—2023年可能会有较大产能落地。海亮股份2021年资本开支大增，用于新建铜箔产能。

（五）

对比完增长情况，我们再来看利润率、资本回报率的变动情况，

一、毛利率

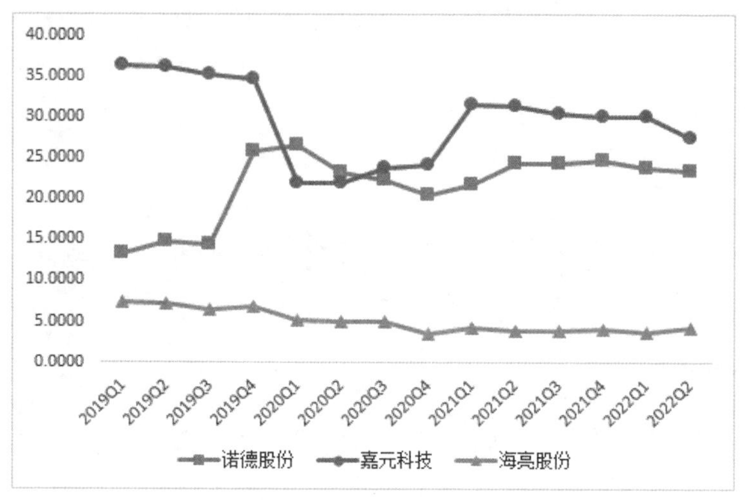

图5：综合毛利率（单位：%）
来源：并购优塾

从毛利率来看，嘉元科技>诺德股份>海亮股份，其中嘉元科技毛利率较高，因为毛利率更高的超薄产品占比相对较高，从行业进度来看，嘉元科技的极薄铜箔进度较快。同时，在PET铜箔逐步起量、技术不断发展的当下，作为金属铜箔厂商，只有提升极薄铜箔占比，才能有出路。

嘉元科技2020年毛利率大幅下降，1）新冠疫情导致全年铜箔销量下滑7.4%，开工率不足；2）2020年上半年新能源车销量下滑42%，导致6μm及以下高价值量铜箔的占比降低。

诺德股份2021年毛利率提升，主要受益于下游动力电池景气度高，带动量价齐升，使得2021年的单吨毛利从2020年的1.76万元提升至2.87万元。

海亮股份毛利率一直呈现下滑趋势，因为主要收入来源铜管应用于空调领域，本身价值量不高，2019年—2020年先后受地产行业政策调控、卫生事件影响，且原材料铜价上升。

二、净利率

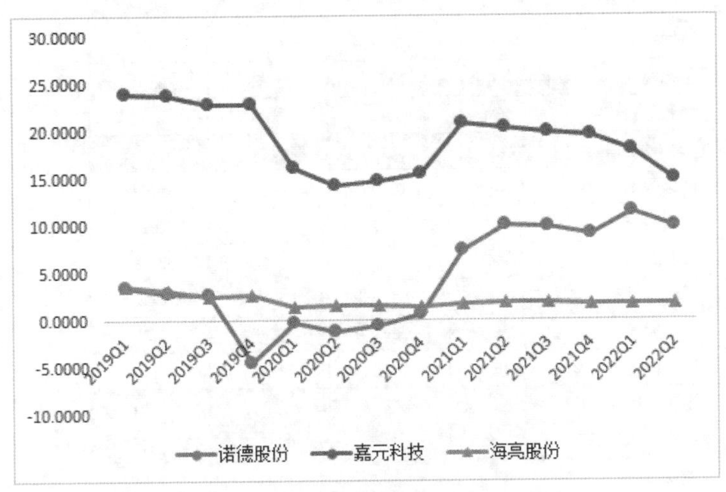

图6：净利率（单位：%）
来源：并购优塾

从净利率来看，嘉元科技>诺德股份>海亮股份。诺德股份2019年亏损，主要受到核心客户沃特玛破产（资产减值损失增加）、财务费用增加影响，借款主要用来更新老旧设备，且公司负债率较高导致融资成本高。此外，2020年，订单减少、产线技改导致产能利用率下降，毛利率也随之下降。

二、　净资产收益率

ROE（%）	2018年	2019年	2020年	2021年	PB
诺德股份	4.63	-5.87	0.20	11.17	3.97
嘉元科技	28.68	20.44	7.26	17.74	3.65
海亮股份	13.76	12.21	7.05	10.60	2.09
ROIC（%）	2018年	2019年	2020年	2021年	
诺德股份	1.82	-2.14	0.09	6.14	
嘉元科技	22.40	19.17	7.11	13.40	
海亮股份	7.22	6.88	3.83	5.45	
总资产周转率（次）	2018年	2019年	2020年	2021年	
诺德股份	0.34	0.30	0.29	0.53	
嘉元科技	1.27	0.79	0.43	0.62	
海亮股份	2.36	1.89	1.84	2.18	
权益乘数（倍）	2018年	2019年	2020年	2021年	
诺德股份	3.21	3.45	2.77	2.31	
嘉元科技	1.47	1.14	1.09	1.45	
海亮股份	2.61	2.51	2.63	2.79	
净利率（%）	2018年	2019年	2020年	2021年	
诺德股份	5.42	-4.51	0.64	9.11	
嘉元科技	15.30	22.80	15.51	19.63	
海亮股份	2.28	2.63	1.50	1.78	

表7：杜邦分析（单位：%）
来源：并购优塾

从净资产收益率来看，嘉元科技>诺德股份>海亮股份，净利率是主导因素。海亮股份总资产周转率高，是因为固定资产占比较少。海亮原有铜制品1万吨产能投资仅0.35万元左右，对比看，铜箔行业1万吨产能投资在7亿元—10亿元。

（六）

在动力电池领域，可以采用这个公式来测算市场规模：动力电池领域铜箔需求量=新能源车销量×平均单车带电量×铜箔需求量。我们需要按照产品厚度，分别预测未来的渗透率，且需要考虑PET铜箔的替代效应。

一、新能源车销量——从今年新能源车销量来看，中国地区略超预期，其他地区符合预期。因此，维持全球新能源车2025年渗透率达到25%的假设。

二、平均单车带电量——单车带电量的影响因素为纯电和混动出货的占比、锂电池能量密度的提升。未来，无论是三元，还是磷酸铁锂，电池能量均存在明确的提升路径，例如：CTP3.0、硅负极、半固态技术、磷酸锰铁锂等。此处，我们假设全球平均带电量从2021年的43kWh每年上升3%。

三、铜箔需求量——从市场格局来看，2018年以来，极薄6μm及以下锂电铜箔产量占比呈上升趋势，从2018年的26%上升至2021年的64%，成为锂电领域的主流。不同厚度的铜箔，应用于1GWh带电量的价格上，4.5μm＞8μm＞6μm，可以看到，6μm铜箔性价比较高，渗透率提升较快。

6μm和8μm铜箔的加工费分别为3.8万元/吨和3.05万元/吨，1GWh的6μm的铜箔需求量是620吨，6μm以上的平均铜箔需求量是830吨，对应1GWh的6μm和8μm铜箔价格为2356万元和2532万元。

	加工费（万元/吨）	需求量（吨/GWh）	1GWh总价（万元）
4.5μm铜箔	6.9	480	3312
6μm铜箔	3.8	620	2356
8μm及以上铜箔	3.05	830	2531.5

表8：铜箔成本测算
来源：并购优塾

1GWh的4.5μm铜箔价格为3312万元，相比6μm铜箔价格高40%，较8μm高30%——可见，4μm铜箔在性价比上还没有明显的优势。但是，4.5μm铜箔从2020年的3%，已经提升至2021年的6%。那么，为什么2020年后4.5μm铜箔市占率开始提升呢？

宁德时代在2020年导入4.5μm铜箔，主要应用于中高端车型。重点还是轻薄化可以提升质量能量密度，8μm铜箔动力电池主流能量密度为228.8Wh/kg，如采用6μm和4.5μm铜箔，锂电池能量密度提升5%和9%。此外，从消费者角度来看，按照平均单车43kWh电池容量计算，4.5μm铜箔单车加工费比6μm铜箔贵300元左右，并不会对消费者的消费行为构成重大影响。

（七）

再来看PET铜箔的替代效应——如前文所述，PET铜箔在轻量化和能量密度，以及安全性上均具备明显的优势。目前还没有马上对传统铜箔产生替代，那么，制约其渗透率提升的因素是什么？

答案：成本（良率）。从行业调研情况看，传统6μm铜箔的价格在5—7元/平方米；PET铜箔的价格普遍在7—8元/平方米。从成本结构来看：相比传统铜箔，PET铜箔原材料占比更少（传统铜箔80%＞复合铜箔35%），但制造费用占比更高（设备折旧等）。因此，制造费用和产品良率等因素，是影响成本和渗透率的核心。

从PET铜箔结构来看，上下仅两层1μm的铜层，4μm的PET基膜，铜价约7万元/吨，而PET基膜成本仅8400元/吨。因此，对比6μm普通铜箔，PET铜箔原材料成本低约65%。

	6微米铜箔	PET复合铜箔
铜箔厚度	6	2
铜-单价（元/吨）	70000	70000
PET厚度（微米）		4
PET-单价（元/吨）		8400
总成本（元/平米）	3.76	1.31

表9：成本测算（元/平方米）
来源：并购优塾

PET铜箔制备工序仅6—8道，传统铜箔需要13—15道工序。且PET铜箔采用无污染真空工序，规避了氰化物等剧毒物质，以及金属污染排放。目前传统的锂电铜箔生产流程为：溶铜→生箔→后处理→分切，关键环节在生箔阶段。

PET铜箔，是在PET塑料基膜表面采用磁控溅射、真空蒸镀的方式，制作一层50—80nm的金属层，然后通过水电镀的方式，将金属层加厚到1μm。其中的难点体现在基膜性能（材料）+磁控溅射技术（设备），与传统锂电铜箔滚压（设备）方式的技术路线不同。PET铜箔良率提升难点，体现在磁控溅射设备，要求铜层与基膜结合紧密以及不损害PET基膜，从2022年8月的行业调研情况来看，目前行业良率只能做到50%。

那么，如何才能提升良率？

1.改进基膜，目前国内4.5微米的PET膜主要生产商是双星新材和康辉新材，主要进口自日本的东丽、三菱等企业。影响PET基膜产品性能的关键参数是薄膜收卷压力和张力。

2.磁控溅射技术，作用是将铜层与基膜紧密结合，同时要求不能完全穿透破坏基膜。

难点体现在精确度不够，理论上要求镀膜机的精确度达到0.1%，实际只能做到1%左右。目前，磁控溅射设备依然以美国应材、日本爱发科、德国莱宝为主。国内东威科技不涉及该环节（目前主要生产镀膜设备），预计通过技术引进，在2022年下半年生产磁控溅射设备。

那么行业什么时候会大规模产业化呢？

从下游动力电池厂商来看，PET铜箔较为积极的推进者同4.5μm铜箔一样是宁德时代。PET铜箔在国内进度较快的是金美，其已经获得了宁德时代2.4亿平方米复合箔采购计划，对应约20GW电池产能。此外，进度较快的是双星新材，2021年已经送样中韩厂商，进入测试阶段。原来的锂电铜箔龙头诺德股份和嘉元科技，目前依然处于研发阶段。

从上游设备厂商来看，东威科技在手订单合计已经达到57GWh（单GWh电池需要2台磁控溅射设和3台镀膜设备，镀膜设备单价1000万元，17.13亿元订单对应约170台设备，对应产能57GWh）。

因此，我们认为，2023年很可能就是PET铜箔大规模产业化的始点，后续产品的渗透率需要重点关注产业内厂家的良率、单位成本。此处，我们保守假设2025年PET铜箔的占比提升至10%，主要挤占4.5μm和6μm铜箔的市场空间。同时，我们假设2022—2025年6μm以上铜箔渗透率逐渐下降至10%。

测算下来，动力电池用铜箔总需求量从2021年的19.97万吨增长至50.43万吨，CAGR为26.07%。

	2021年	2022年	2023年	2024年	2025年	CAGR
全球新能源车销量（万辆）	677.81	937.82	1209.26	1492.54	1788.06	
单车带电量(kWh/车)	43	44.29	45.62	46.99	48.40	
全球动力电池需求量（GWh）	291.46	415.36	551.65	701.30	865.36	
铜箔渗透率（%）						
PET铜箔（2μm铜箔）			1%	5.50%	10%	
4.5μm铜箔	6.00%	9.00%	11.00%	12.00%	13.00%	
6μm铜箔	59.00%	62.25%	65.50%	66.25%	67.00%	
8μm及以上铜箔	35.00%	28.75%	22.50%	16.25%	10.00%	
铜箔需求量（吨/GWh）						
PET铜箔（2μm铜箔）	220	220	220	220	220	
4.5μm铜箔	480	480	480	480	480	
6μm铜箔	620	620	620	620	620	
8μm及以上铜箔	830	830	830	830	830	
动力电池铜箔总需求（万吨）	19.97	27.74	35.74	43.15	50.43	26.07%

表10：市场空间测算
来源：并购优塾

锂电池还应用于消费电子和储能领域，此处我们参考中信证券的测算，对应得到数据：2021—2025年锂电铜箔行业总需求，从30.11万吨提升至近90万吨，增长了2倍。

	2021年	2022年	2023年	2024年	2025年
动力电池铜箔总需求（万吨）	19.97	27.74	35.74	43.15	50.43
消费+储能电池铜箔总需求（万吨）	10.14	15.56	24.26	33.18	39.23
锂电铜箔总需求（万吨）	30.11	43.30	60.00	76.33	89.66

表11：市场空间测算
来源：并购优塾

（八）

接着看供给端。从市占率情况来看，锂电铜箔企业CR5为45.7%，行业内前三企业市占率相近，不存在一家独大的情况。

参考中信证券汇总的全球锂电铜箔产能供给情况，2023年锂电铜箔产能将出现明显提升，名义产能增至91万吨，同比增速33%。此外，铜箔产能需要逐渐爬坡一般需要1—2年时间。此处，我们假设实际新增产能首年达产50%，第二年满产。测算下来，无论是名义供给还是实际供给，2023年均开始过剩。

	2021年	2022年	2023年	2024年	2025年
锂电铜箔名义供给（万吨）	53.2	68.4	91	115.4	125.9
铜箔实际供给（万吨）	49.5	60.8	79.7	103.2	120.65
锂电铜箔总需求（万吨）	30.11	43.30	60.00	76.33	89.66
实际供给-需求（万吨）	19.39	17.50	19.70	26.87	30.99
名义供给-需求（万吨）	23.09	25.10	31.00	39.07	36.24

表12：供需平衡表

来源：并购优塾

需要注意的是，铜箔的保质期仅有三个月，难以长时间贮存来改变供需关系，因此加工费更加直接地反映了市场供需关系变化。尽管近几个月下游电池厂商排场加速，但是加工费并没有止跌回升。

整体来看：1.价，全行业随着供给增加，2022年加工费预计维持现阶段水平。明年开始，加工费会存在进一步下跌的可能；2.量，随着钠离子电池、PET铜箔的出现，明年开始行业需求增速预计小于新能源车销量增速。

（九）

从下游行业的景气度情况来看：

一、新能源车销量——根据中汽协数据，2022年8月，电动车销量66.6万辆，同环比分别增长100%、12.3%，渗透率提升至27.9%。

二、锂电中游排产——根据东吴证券汇总，龙头电池厂9月排产30GWh，环比增长10%，Q3排产环比预计增长20%～50%。

三、锂电铜箔加工费——根据Wind数据，9月27日6μm铜箔加工费3.8万元/吨，相比年初下跌22%；4.5μm铜箔加工费6.9万元/吨，相比年初下跌18%。

四、PET铜箔订单——从上游设备厂商来看，东威科技在手订单合计已经达到57GWh（单GWh电池需要2台磁控溅射设备和3台镀膜设备，每台镀膜设备单价1000万元，17.13亿元订单对应约170台设备，对应产能57GWh）。

(十)

锂电铜箔领域，核心竞争要素在于——1.得“产能扩张”得增长；2.得“产品结构+低成本”得回报；3.得锂电铜箔厚度、单位面积质量、抗拉强度、延伸率、粗糙度、抗氧化性等技术指标得产品力，该行业龙头公司产品力相差不大。

一、产能规划

诺德股份——2021年底产能4.3万吨，2022年Q2开始，陆续投产2.7万吨产能，预计2022年的有效产能在5.5万吨左右（+28%），2023年下半年新投产5万吨，预计2023年有效产能在13.5万吨（+145%）。此外，公司表示到2027年预计总产能达到30万吨，较2023年增加122%。

嘉元科技——2021年底有效产能约2.5万吨，2022年有效产能5万吨（+100%），2023年预计产能在10—11万吨（+100%）。根据2021年12月与宁德时代签订的合资经营投资意向备忘录，其远期锂电铜箔产能规划总计20万吨（具体时间未披露）。

海亮股份——2022年底产能可达到2.5万吨，对应2022年实际出货量约1万吨，2023年出货量约5万吨（假设一期产能完全释放），远期来看预计总产能达到15万吨。因此，2022年增量较多的是嘉元科技，从2023年产能增速来看，海亮股份（400%）>诺德股份（145%）>嘉元科技（100%）。

二、产品结构

重点看价值量和难度相对较高的6μm以下极薄铜箔占比。

诺德股份——从近期行业调研情况来看：4.5μm占20%，6μm占60%，8μm占20%。

嘉元科技——2021年4.5μm铜箔出货比例约占20%，6μm铜箔约占46%，标准铜箔约占10%。近期调研情况来看，公司表示6μm及以下铜箔占比有提升，具体占比未披露。

海亮股份——已具有生产4.5μm、6μm、8μm锂电铜箔的量产能力，尚无出货结构。综合来看，嘉元科技在极薄6μm及以下铜箔的占比高于诺德10%～20%。

三、成本控制

以同样是铜加工行业的铜管为例，2000年时，铜管的平均加工费用为2万元/吨，随着行业成熟、供给过剩，2021年时铜管的加工费仅4545元/吨。因此，低成本企业在行业逆境时更有优势。

	人均创收（万元）			人均创利（万元）		
	2019年	2020年	2021年	2019年	2020年	2021年
诺德股份	127.45	130.59	216.12	-7.23	0.33	19.69
嘉元科技	173.39	129.41	201.88	39.54	20.07	39.59
海亮股份	492.17	580.63	739.03	12.69	8.46	12.90
	人力投入回报率（%）			员工人数（人）		
	2019年	2020年	2021年	2019年	2020年	2021年
诺德股份	100.82	144.24	287.70	1,687	1,650	2,057
嘉元科技	533.75	242.93	558.58	834	929	1,389
海亮股份	112.48	55.76	129.90	8,383	8,012	8,584

表13：人力资源效能对比
来源：并购优塾

从人力资源效能来看，嘉元科技较高，且较为稳定。其成本控制的关键，是绑定宁德时代为代表的大客户，以此保证产能利用率。从前五大客户占比来看，嘉元科技明显高于另外两家可比公司。

	2019年	2020年	2021年
诺德股份	42.88	36.47	42.01
嘉元科技	90.47	81.25	83.98
海亮股份	17.05	17.24	15.42

表14：前五大客户占比（单位：%）
来源：并购优塾

四、PET铜箔及其他方向布局

诺德股份——PET铜箔在和客户小量送样并进行技术交流。同时，继续研发极薄锂电铜箔，公告显示，已经成功研发3.5μm锂电铜箔产品。

嘉元科技——2021年11月，嘉元科技发布公告，与梅州市梅县区人民政府签订“嘉元科技年产5万吨高端铜箔建设项目投资意向书”，投资项目为印制电路板用高端电解铜箔制造项目。公司表示会加大在PET铜箔领域的研发布局。

海亮股份——锂电铜箔是公司第二增长曲线的来源，除此之外，主要是将原铜制品应用于激光自动焊接机器人、数据中心和服务器的散热器等新领域。

综合来看，诺德股份和嘉元科技在PET铜箔领域的布局均较慢，国内双星新材和重庆金美已经进入客户验证环节。

（十一）

至此，总结一下：

1. 增长驱动力——新能源车渗透率提升以及对于高性能电池的需求。

2. 渗透替换——未来5—10年，传统铜箔存在被PET铜箔逐步替代的可能。

3. 景气预期——目前行业景气度是上行。景气度背后的核心驱动因素：新能源车传统旺季金九银十，行业排产加速。

4. 生意难点——传统锂电铜箔的技术实现方式和PET铜箔不同，原本玩家不具有优势。

5. 产品力——铜箔厚度、单位面积质量、抗拉强度、延伸率、粗糙度、抗氧化性。

6. 风险点——从财务风险来看，行业现金流一般。

	商誉	股权质押	经营效率		盈利质量	债务压力		收入/利润质量	
	商誉/净资产(%)	第一大股东（%）	人均创利（万元）	人均薪酬（万元）	净利润现金含量(%)	经营活动产生的现金流量净额/净债务(%)	净债务/股权价值(%)	应收账款/营业收入(%)	非营业利润/利润总额(%)
诺德股份	0.00	28.78	19.69	11.41	257.56	72.47	9.64	34.70	-55.64
嘉元科技	0.59		39.59	8.66	57.94	50.23	5.13	13.93	2.41
海亮股份	2.95	23.24	12.90	15.90	-233.04	-38.27	29.73	8.99	3.30

表15：财务风险
来源：并购优塾

本文发布于2022年9月30日

复合铜箔产业链跟踪

东威科技、双星新材、道森股份

本文中，我们要跟踪的是锂电复合铜箔产业链：锂电铜箔价值量占到电池总成本的5%～18%，但是质量占到整体电池的13%。锂电铜箔的关键发展方向是轻薄化，通过降低质量的方式进而增加电池能量密度。目前主要有两种实现方式——1. 传统铜箔进一步极薄化；2. 新材料复合铜箔。

本节聚焦研究复合铜箔的技术趋势。从产业链上的参与者近期的增长情况来看，

东威科技（江苏省苏州市）——2022年上半年，实现营业收入4.11亿元，同比增长17.86%；实现归母净利润0.93亿元，同比增长34.38%。

道森股份（江苏省苏州市）——2022年上半年，实现营业收入7.13亿元，同比增长50.75%；实现归母净利润0.13亿元，同比增长133.26%。

双星新材（江苏省宿迁市）——2022年上半年，实现营业收入34.83亿元，同比增长31.88%；实现归母净利润7.14亿元，同比增长18.21%。

从机构对产业链景气度的预期情况来看，

Wind 预期		PE-TTM	2022年		2023年		2024年	
			亿元	同比增速(%)	亿元	同比增速(%)	亿元	同比增速(%)
营业收入(亿元)	东威科技		11.40	41.69	17.55	53.97	22.72	29.41
	道森股份		21.70	84.72	33.95	56.44	43.48	28.09
	双星新材		83.12	40.14	113.59	36.66	151.57	33.43
归母利润(亿元)	东威科技		2.38	47.77	3.66	53.82	4.71	28.85
	道森股份		1.05	393.99	3.04	190.45	4.40	44.85
	双星新材		17.64	27.33	24.59	39.38	32.30	34.20
机构预测PE(倍)	东威科技	118.85	92.34		60.03		46.59	
	道森股份	397.48	67.05		23.09		15.94	
	双星新材	11.54	9.78		7.00		5.23	

表1：Wind机构一致预期增长和景气度情况
来源：并购优塾

锂电复合铜箔产业链包括，

上游——原材料：基膜、铜块。其中，目前主要使用的基膜为PET和PP。PET基膜的代表公司为日本东丽、帝人、美国3M等，国内代表厂商为双星新材和乐凯胶片；PP基膜的代表公司为东材科技。设备：磁控溅射设备，代表公司为美国应材、日本爱发科、德国莱宝，国内代表公司为广东腾胜、广东汇成、安徽东昇、海格瑞特（金美公司控股），均未上市；电镀设备，代表公司为东威科技。

中游——复合铜箔制造商，国内进度较快的是重庆金美，采用PP基膜。其他代表公司为：双星新材、宝明新材、万顺新材等，采用PET基膜。

下游——锂电、消费电子等。

（一）

从结构来看，复合铜箔，是以4.5μm的PET/PP为基膜，然后在基膜两边各镀1μm的铜，进而形成6.5μm左右厚的PET铜箔。

一、关键制造环节

从制造工艺来看，可分为两步法和三步法。其中，两步法是目前的主流，即磁控溅射（制作铜种子层）和水电镀（将铜层加厚）；三步法是在磁控溅射程序后加入真空蒸镀，目前市场上没有采用三步法的主流企业，因为蒸镀技术在附着力和致密性方面的效果，实际没有溅镀工艺好。

磁控溅射——工作原理是在高真空的条件下，入射离子在电场的作用下轰击铜靶材，使得靶材表面的铜离子获得动能脱离靶材表面，沉积在基膜表面形成薄膜。从应用来看，磁控溅射工艺在各类薄膜、微电子、装饰、机械工业和光学领域均已早有应用。例如，双星新材在PET基膜上溅射氧化铌、纯银、镍等镀层，用于生产隔热、防紫外线和安全的建筑玻璃、汽车玻璃、安全玻璃等。

相对于传统领域的磁控溅射环节，复合铜箔磁控溅射的难点是一次只能溅射单面基体，若长久维持在高温状态下可能造成膜褶皱，但降低温度会造成生产效率降低。此外，基膜比较薄，收放卷时容易起皱变形，必须要保证材料不变形。

因此，磁控溅射工艺是决定复合铜箔性能的关键。且从磁控溅射工艺上看，膜类企业具有先发优势。

水电镀——工作原理是通过电化学方法增厚导电层。水电镀技术相对比较成熟，广泛用于PCB铜箔的生产。传统电解铜箔后处理阶段工序，与复合铜箔电镀工序的原理、工艺相通，因此传统电解铜箔企业在复合铜箔的水电镀工艺上，具备经验积累优势。

相对于PCB用水电镀设备，复合铜箔膜材的厚度大幅降低、幅宽增加，需要对传动稳定性、膜材张力控制、电流密度控制等做出工艺改进。不过，从东威科技披露的数据看，其通过改进设备结构，实现非接触式电镀工艺，水电镀环节（包含切边利用率）良率已经可以达到90%以上。

二、关键材料

基膜材料，是影响产品性能的关键，主流的基膜为PET和PP。

从性能来看——关键指标是密度和熔点，PET熔点更高，而PP密度更小。在实际生产中，PP的主要劣势是对铜的结合力较弱。不过，从行业调研情况来看，可以通过设备端微调（两种材料制备流程及设备一致），更换打底层靶材，成本也和PET差不多。

从进度来看——1.比亚迪既布局了PET铜箔也布局了PP铜箔；2.宁德时代在2022年底或明年初会采用重庆金美生产的PP铜箔。因此，未来PET和PP两种基膜产品大概率会长期共存。

（二）

首先，从收入体量和业务结构方面，我们对三家厂商进行拆解。从2021年收入体量来看，双星新材（59.31亿元）>道森股份（11.75亿元）>东威科技（8.05亿元）。

东威科技——从电镀设备起家，应用于通用五金电镀，后续拓展至PCB电镀。目前，收入构成中81.44%为电镀设备。

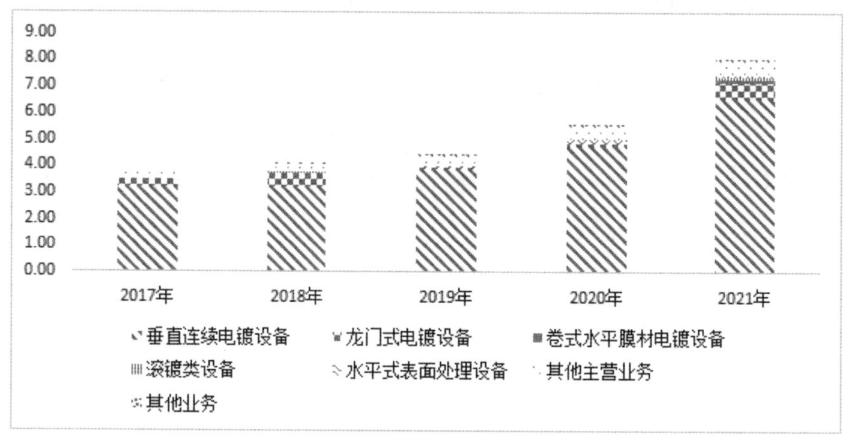

图1：天赐材料收入结构（单位：亿元）
来源：并购优塾

2021年前后拓展至新能源车动力电池、储能、光伏等领域，主要设备为平膜材电镀设备、磁控溅射设备、光伏镀铜设备，2021年占到收入的比重合计为1%左右。值得注意的是，其现有磁控溅射设备，主要用于锂电动力电池和储能电池，为镀铜膜的前道工序，复合铜箔用磁控溅射设备暂未生产。目前已有针对复合铜箔的电镀设备。

道森股份——原业务为制造油气钻采设备，占到总收入的42.82%，下游客户为中石油、中石化、中海油等。2022年6月，道森收购洪田科技，进入铜箔设备领域，具体包括：锂电铜箔阴极辊、生箔机、阳极板、高效熔铜罐、表面处理机等。洪田技术来自日本团队，铜箔关键设备阴极辊可稳定生产6μm铜箔产品，国内市占率为30%。

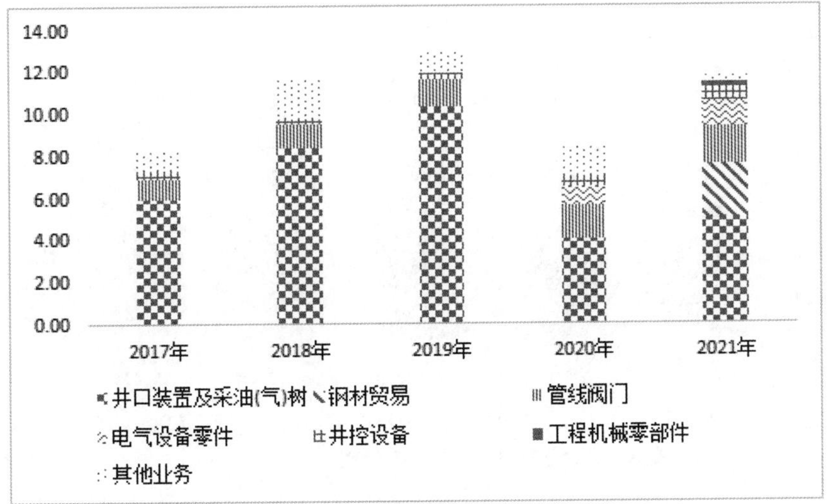

图2：收入构成（单位：亿元）
来源：并购优塾

目前，其已研制出超大规格电解铜箔阴极辊，能生产3.5μm铜箔产品，晶粒度可以达到12级，与进口的日本设备等级一致，在国内三家可比公司中，晶粒度排首位。复合铜箔设备方面，计划投入2.48亿元用于研发中心建设，主要针对电镀设备和真空蒸镀设备。

双星新材——专注于BOPET（双向拉伸聚酯）薄膜，分为高端产品线和普通产品线。其中，高端膜为主要收入来源，具体为：光学膜36.19%、新能源材料膜21.04%、特种功能膜（可变信息、PVC）11.66%。从产业链上来看，公司可自主生产“PET切片—基膜—应用膜”，可用作PET铜箔的基膜。

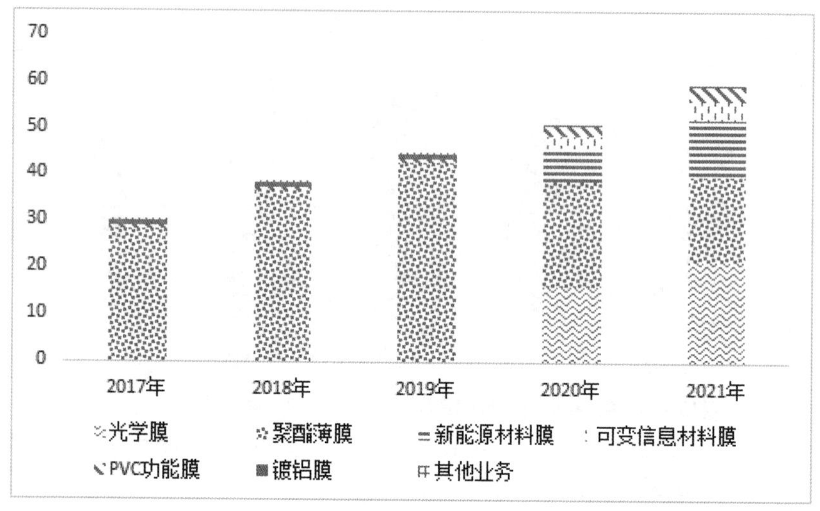

图3：收入构成（单位：亿元）
来源：并购优塾

综上，三家公司在锂电铜箔领域侧重点不同，东威科技针对PET铜箔设备（电镀设备），道森股份针对传统铜箔设备，双星新材针对PET铜箔的PET基膜。

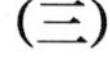
（三）

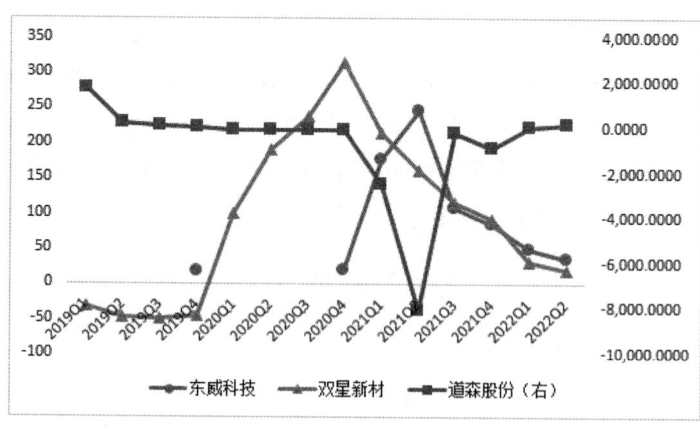

图4：归母净利润增速（单位：%）
来源：并购优塾

接下来，我们对将近10个季度的利润增速，以及近期的季度增长情况进行拆解。

东威科技（江苏省苏州市）——2022年上半年，实现营业收入4.11亿元，同比增长17.86%；实现归母净利润0.93亿元，同比增长34.38%。利润增长符合预期，2022年H1毛利率同比提升1.1%，主要得益于电路产品结构升级。

从在手订单来看，公司的传统设备从订单到交付一般需要六个月时间，截至2022年Q1电镀设备在手订单同比增长40%。PET电镀设备方面，截至2022年9月20日，累计在手订单约20亿元（包括框架协议）。

东威科技	2020Q1	2020Q2	2020Q3	2020Q4	2021Q1	2021Q2	2021Q3	2021Q4	2022Q1	2022Q2
归母净利润（亿元）	0.10	0.10	0.34	0.34	0.27	0.43	0.42	0.50	0.39	0.54
同比（%）					177.55	307.53	24.11	46.07	47.86	25.94
环比（%）		8.70	221.01	1.85	-21.90	59.61	-2.23	19.87	-20.95	35.94

表2：单季度利润及同环比增速

来源：并购优塾

道森股份（江苏省苏州市）——2022年上半年，实现营业收入7.13亿元，同比+50.75%；实现归母净利润0.13亿元，同比+133.26%。

利润增长来自于这几方面：1.2022年起公司进行资产结构优化，将旗下低效的油气业务子公司出售，公司表示后续会继续剥离低效资产；2.油服龙头斯伦贝谢、贝克休斯与哈利伯顿表示油服行业进入上行周期，因此道森2022年H1海外订单增长较快（具体金额未披露）。

从铜箔设备在手订单来看，2022年9月获得诺德集团10.86亿元锂电设备订单，交货期限从2023年1月开始至11月结束。

道森股份	2020Q1	2020Q2	2020Q3	2020Q4	2021Q1	2021Q2	2021Q3	2021Q4	2022Q1	2022Q2
归母净利润（亿元）	0.01	-0.01	-0.16	0.19	-0.28	-0.12	-0.11	0.15	-0.21	0.34
同比（%）	-93.53	-101.30	-140.00	204.04	-2,513.02	-1,830.93	31.51	-22.55	24.34	376.23
环比（%）	-82.04	-156.02	-2,322.39	224.73	-242.55	55.17	14.08	241.05	-239.26	263.67

表3：单季度利润及同环比增速
来源：并购优塾

双星新材（江苏省宿迁市）——2022年上半年，实现营业收入34.83亿元，同比增长31.88%；实现归母净利润7.14亿元，同比增长18.21%。

Q2利润增长较慢，主要因为毛利率同比下降5.61%，主要受这几件事影响：1.新冠疫情影响导致停产半个月，此外物流运输也受到影响；2.上游原材料PTA价格上涨，6月PTA价格高点为7715元/吨，相比年初价格上涨57.6%。PET铜箔依旧处于客户验证阶段，具体进度暂无更新。

双星新材	2020Q1	2020Q2	2020Q3	2020Q4	2021Q1	2021Q2	2021Q3	2021Q4	2022Q1	2022Q2
归母净利润（亿元）	0.88	1.44	2.18	2.70	2.76	3.28	3.70	4.12	3.59	3.55
同比（%）	100.30	299.98	308.90	571.67	215.20	126.93	69.18	52.54	30.01	8.27
环比（%）	117.98	64.69	51.32	23.65	2.29	18.57	12.81	11.49	-12.82	-1.26

表4：单季度利润及同环比增速
来源：并购优塾

综上来看，1.PET铜箔产品依然处于验证阶段，因此目前产业链上设备厂商订单率先放量；2.从道森股份订单看，传统极薄铜箔厂商的扩产意愿依然较强。

（四）

一、净利润现金含量

净现比（倍）	2018年	2019年	2020年	2021年
东威科技	0.31	0.85	1.28	0.55
道森股份	0.97	1.73	-7.48	3.45
双星新材	0.54	6.15	1.64	0.75

表5：净利润现金含量
来源：Wind

东威科技净利润现金含量较低，主要因为订单签订时客户仅支付一部分定金，设备厂商需要先垫付资金用于采购原材料，在设备交付后还需要一定时间账期才能收到现金。

道森股份净现比波动较大，其净利润较低，2021年出现亏损，经营活动现金流量净额受应收账款等因素影响，2020—2021年均为负数，因此整体净现比参考意义不大。

不同于上游设备厂商，双星新材作为材料厂商，经营活动现金流量净额受设备折旧、应收账款等因素影响较大，存在一定波动。

二、经营活动现金流VS资本支出

经营活动现金流净额（亿元）	2018年	2019年	2020年	2021年
东威科技	0.20	0.63	1.12	0.89
道森股份	0.87	1.94	-0.32	-1.23
双星新材	1.73	10.66	11.84	10.41
资本支出（亿元）	2018年	2019年	2020年	2021年
东威科技	0.15	0.15	0.55	0.59
道森股份	0.72	0.69	0.64	0.39
双星新材	5.98	4.65	7.13	10.58

表6：现金流、固定资产投资
来源：并购优塾

整体看，三家公司的经营活动现金流和资本支出都较为匹配，2020—2021年，双星新材资本支出增幅较大，作为材料厂商，其资本支出一部分会转化为设备厂商的收入。

（五）

对比完增长情况，我们再来看利润率、资本回报率的变动情况，

一、毛利率

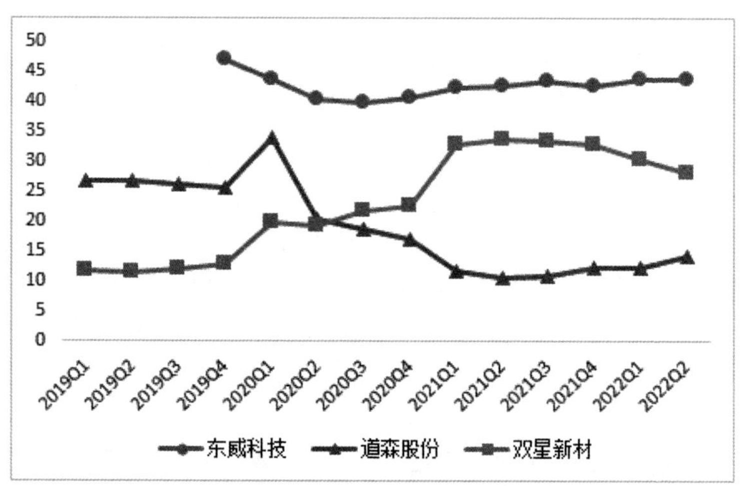

图5：综合毛利率（单位：%）
来源：并购优塾

从毛利率来看，东威科技>双星新材>道森股份，其中：东威科技（电镀设备）毛利率高点出现在2019年，主要来自于这两方面：1.毛利率较高的垂直连续电镀设备销售占比较高；2.产品升级，垂直连续电镀设备性能提升，镀层更加均匀，相比上一代产品，毛利率提升10%。

双星新材（膜类材料）2019年之后毛利率提升明显，受益于这几个

方面：1.2019年上半年，对老旧产能进行了停工改造，因此短期毛利率较低；2.光学膜项目的建成投产，高端复合膜产品开始放量，并成为三星复合膜核心供应商；3.2021年Q1毛利率抬升受到与客户首次开发的产品放量影响。

道森股份（油服设备以及阴极辊等设备）2020年毛利率下滑明显，因为新冠疫情导致油价低迷，油服开采行业资本支出下滑。

二、净利率

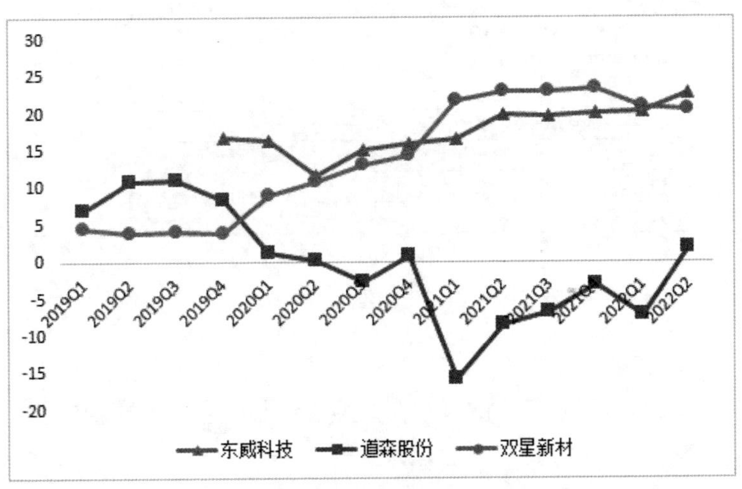

图6：净利率（单位：%）
来源：并购优塾

从净利率来看，双星新材>东威科技>道森股份，其中：东威科技净利率较低，主因销售费用率高。设备企业在售出产品后，需要售后服务、调试，占到总销售费用率的40%左右。道森股份2021年净利率为负数，主要是原材料涨价等原因导致毛利率降幅较大。

三、净资产收益率

ROE（%）	2018年	2019年	2020年	2021年	PB
东威科技	53.20	33.97	27.03	28.55	28.55
道森股份	9.19	11.14	0.45	-4.01	8.08
双星新材	4.26	2.26	9.03	15.65	1.84
ROIC（%）	2018年	2019年	2020年	2021年	
东威科技	42.76	31.85	27.03	28.55	
道森股份	7.82	8.78	0.33	-2.92	
双星新材	3.85	2.15	9.03	15.65	
总资产周转率（次）	2018年	2019年	2020年	2021年	
东威科技	0.82	0.76	0.74	0.68	
道森股份	0.78	0.78	0.51	0.70	
双星新材	0.42	0.49	0.53	0.53	
权益乘数（倍）	2018年	2019年	2020年	2021年	
东威科技	4.17	2.65	2.29	2.09	
道森股份	1.56	1.66	1.74	1.90	
双星新材	1.22	1.19	1.20	1.26	
净利率（%）	2018年	2019年	2020年	2021年	
东威科技	15.52	16.81	15.84	19.99	
道森股份	7.45	8.31	0.74	-3.18	
双星新材	8.33	3.88	14.24	23.36	

表7：杜邦分析（单位：%）
来源：并购优塾

从净资产收益率来看，东威科技>双星新材>道森股份，主要受到净利率、权益乘数影响。东威科技权益乘数较高，主要是因为应付账款和合同负债较高，有息负债率仅约2%。

（六）

在此前的锂电铜箔报告中，我们已经对锂电铜箔全市场需求量、PET铜箔需求量进行过测算，此处我们重点来看设备厂商可能的市场空间，采用这个公式来计算：复合铜箔设备市场空间=铜箔需求量×复合铜箔渗透率×设备价值量。

一、铜箔需求量——复合铜箔需求量受到新能源车销量、单GWh铜需求量影响。

二、复合铜箔渗透率——我们从复合铜箔制作、电池制作环节分别来看：

1）复合铜箔制作

我们已经分析过传统铜箔和复合铜箔价格差异情况，复合铜箔在轻量化、性能等方面更具优势。从成本角度看，即使在目前产品良率未达到理想状态的情况下，PET铜箔的价格相比6μm已经具备竞争力。

根据行业调研情况，传统6μm铜箔的价格在5—7元/平方米，PET铜箔的价格普遍在7—8元/平方米。而且随着大规模量产后良率、效率的提升，PET铜箔价格还有下降空间，有望比传统铜箔降低20%～30%。

从产品性能看，根据双星新材的行业调研情况，其产品2021年拿给韩国客户试用，目前反馈意见主要有两点：一是延展性(调整基材配方来解决)，二是抗氧化性，铜是镀出来的，遇上空气容易氧化(使用抗氧化剂来解决)。这个环节，目前主要是进一步优化产品性能、提升产品良率，进一步降本等。

2）电池制作

锂电池生产工艺流程分为电芯制造、电芯装配、电芯检测、电池组装4个环节。其中，电芯制造属于前段工艺，包括制作电池正负极片；电芯装配为中段工艺，包括电芯卷绕/叠片、极耳焊接、入壳封装和电芯注液；电芯检测和组装是后段工艺，包括化成分容、检测、成组、PACK工序。

宁德时代公布的专利信息显示，复合铜箔电池与传统铜箔电池的生产工艺差异主要在搅拌、涂布和极耳焊接环节，极耳焊接环节难度稍大。

（A）搅拌、涂布——复合铜箔由高分子材料基层+导电铜层构成，导电层薄，因此导电能力较弱且加工过程导电层易破损，因此在涂覆活性材料底层前，需先涂覆导电材料底层。

（B）极耳焊接——动力电池极耳，是从动力电池电芯中将正负极引出来的金属导电体，极耳焊接是指将多层极耳箔片和连接片焊接在一起，其中，正极连接片材料一般为铝，而负极连接片材料，方形电池通常为铜，软包电池通常为镍或铜镀镍。以复合铜箔来替代传统铜箔，锂电池前段工序中增加一道采用超声波高速滚焊技术的极耳转印焊工序，原来中段工序的多层极耳超声波焊接工序依旧保持不变。

原因是，复合铜箔中间为高分子材料的绝缘体，两个导电层无法直接导通，于是需要额外在两个导电层外侧，设置一个弯折的金属片，并采用超声波焊接的方式将金属片与复合铜箔的极耳熔合在一起，以便输送电芯中的电流。国内厂商骄成超声已经推出用于极耳转印焊的设备，并且应用在宁德时代的产线中，相关工艺难点可能已经有所突破。

但是，如前文所述，厚度仅为4.5μm、2.5μm，幅宽在1300mm的PET膜的加工存在难度，且PET材料在锂离子电池电解液中的化学稳定性受到质疑，还需要进行锂电池的长寿命实验来进行可靠性验证。

中金公司预测，复合铜箔关键变化时点，在2022年年底到2023年上半年，来自于电池厂循环测试流程的完成和焊接等工艺问题的解决，届时电池厂或将对复合铜箔陆续公开表态。从保守角度，我们假设2025年复合铜箔渗透率达到10%，则对应的复合铜箔总需求量为86.54GWh。

	2021年	2022年	2023年	2024年	2025年
全球新能源车销量（万辆）	677.81	937.82	1209.26	1492.54	1788.06
单车带电量(kWh/车)	43	44.29	45.62	46.99	48.40
全球动力电池需求量（GWh）	291.46	415.36	551.65	701.30	865.36
复合铜箔渗透率（%）			1%	5.50%	10%
复合铜箔需求量（GWh）			5.52	38.57	86.54

表8：市场空间测算
来源：并购优塾

（七）

三、设备价值量——具体来看几个特定设备的空间。

1）磁控溅射设备：在整个复合铜箔降本的过程中，磁控溅射的核心在于提高良率。

良率低因为：1.理论上，镀膜精确度需要做到0.1%，市面上主流设备只能做到1%；2.铜利用率低、存在漏镀现象，而铜靶材（99.999%的纯铜）的价格高于普通铜价。以重庆金美的环评报告来看，铜靶材的利用率仅为32%。

不过，需要注意的是，行业内公布的良率差异也较大，主要因为下游电池厂商的要求不同。重庆金美在行业调研中提到，良率主要取决于客户的接收标准。如果宁德时代接收标准非常严格，良品率可能只有百分之四五十，但是如果是其他厂家，可能就能提高到百分之八九十。

宝明科技也表示“三年前良品率就做到过90%，但宁德时代要求不同，对延展性、拉升强度、电阻等各种指标的要求在一步步提升”。

根据行业调研情况来看，目前单GWh电池对应约2台磁控溅射设备，单台磁控设备价值1400—1800万元。

从行业发展来看，磁控溅射设备效率提升趋势明显。以腾胜的设备为例，2代磁控溅射设备幅宽1.3m，对应1000万m²产能；2.5代设备长度增加2m、宽度增加1.5m，对应产能翻倍，但是价格仅为1800—2300万元/GWh。并且腾胜预估，到2024年出货全部为速度更快的2.5代设备。因此，我们假设，2023年单GWh电池对应磁控溅射设备价值量为3200万元，2024和2025年价值量每年下滑10%。

测算下来，2025年动力电池用磁控溅射设备新增市场空间11.32亿元，对应2023—2025年CAGR为153%。

	2021年	2022年	2023年	2024年	2025年	CAGR
复合铜箔需求量（GWh）			5.52	38.57	86.54	
磁控溅射设备价值量(万元/GWh)			3200.00	2880.00	2592.00	
磁控溅射设备存量市场空间（亿元）			1.77	11.11	22.43	
磁控溅射设备新增市场空间（亿元）			1.77	9.34	11.32	153%

表9：市场空间测算
来源：并购优塾

2）电镀设备：单GWh电池对应约3台电镀设备，单台电镀设备价值1000—1200万元。从东威科技披露的数据来看，目前理论产速能做到7—10m/min，在实际生产中，电镀现阶段产速普遍在6m、7m，后续存在逐渐升级的可能。

因此，短期来看，电镀设备生产效率提升慢于磁控溅射设备。我们假设2023单GWh电镀设备平均价值量为3300万元，2024年和2025年价值量每年下降5%。测算下来，2025年动力电池用电镀设备新增市场空间13.68亿元，对应2023—2025年CAGR为174%。

	2021年	2022年	2023年	2024年	2025年	CAGR
复合铜箔需求量（GWh）			5.52	38.57	86.54	
电镀设备价值量(万元/GWh)			3300.00	3135.00	2978.25	
电镀设备存量市场空间（亿元）			1.82	12.09	25.77	
电镀设备新增市场空间（亿元）			1.82	10.27	13.68	174%

表10：市场空间测算
来源：并购优塾

3）超声波焊接设备：我们简单测算一下电池制造工艺环节，所需要的超声波焊接设备空间。行业调研显示，之前用在多层极耳焊接环节的单GWh电池产线，对于超声波焊接设备的价值量在100万—200万元之间，复合铜箔的极耳焊接单条产线对焊接设备的需求量是普通产线的3倍。因此，我们假设普通单GWh电池产线对应超声波焊接设备的价值量为150万元，复合铜箔需求为450万元，并且随着产业化加速每年价值量下滑5%。

测算下来，2025年动力电池用超声波焊接新增市场空间为3.24亿元，对应2023—2025年CAGR为35%。在复合铜箔设备领域，增速、规模方面：电镀设备≈磁控设备，超声波焊接增量有限。

	2021年	2022年	2023年	2024年	2025年	CAGR
全球动力电池需求量（GWh）	291.46	415.36	551.65	701.30	865.36	
超声波焊接价值量（万元/GWh）	150.00	142.50	135.38	128.61	122.18	
动力电池传统超声波焊接市场规模(亿元)	4.37	5.92	7.47	9.02	10.57	
复合铜箔需求量（GWh）			5.52	38.57	86.54	
新增动力焊接价值量（万元/GWh）	450.00	427.50	406.13	385.82	366.53	
新增复合铜箔超声波焊接市场规模(亿元)			0.22	1.49	3.17	
动力电池超声波焊接总市场规模（亿元）	4.37	5.92	7.69	10.51	13.74	
超声波焊接新增市场空间（亿元）		1.55	1.77	2.82	3.24	35%

表11：市场空间测算
来源：并购优塾

(八)

复合铜箔领域的核心竞争要素在于——得“订单”得增长；得“产品能力+扩产”得回报；电镀设备得电镀均匀性、贯孔率得产品性能。

一、在手订单

1）设备厂商

东威科技——累计在手订单约20亿元，具体为：1）宝明科技2.13亿元订单，2023年4月底前交货；2）双星新材共5亿元合作框架协议，首台设备安装调试后，余下预计在其后两年内交付完成；3）客户L共10亿元左右合作框架协议，2024年底前交货完毕。

道森股份——2022年9月，获得诺德集团10.86亿元锂电设备订单，此外诺德集团还和道森合作开发针对3微米的铜箔设备。从合同订单来看，复合铜箔设备厂商东威科技高于传统铜箔设备商。

2）复合铜箔制造商

重庆金美——行业内进度较快，已经获得宁德时代约20GWh订单，2022年底至明年上半年开始逐渐交付。

双星新材——产品依然处于客户验证阶段。

宝明科技——目前PET复合铜箔产品已经给多家客户送样，部分客户已经下达小批量订单，主要是动力电池、储能电池和消费类电池客户。

二、产品性能

1）设备

从目前行业调研情况来看，仅东威科技一家涉及电镀设备。考虑到和PCB用电镀同源，此处将主流PCB电镀设备厂商，即中国的竞铭、美国的安美特进行产品性能对比。

指标	东威科技	台湾竞铭	安美特
设备型号	刚性板垂直连续电镀设备 - 脉冲式	连动式垂直升降式电镀设备	水平脉冲电镀设备（Uniplate® InPulse 2）
电镀方式	垂直连续式电镀	垂直升降式电镀	水平连续式电镀
设备特点	1、一体成型的钢带传动，镀件在 槽内稳态运行，电流均匀分布，电镀均匀性表现较好；2、脉冲整流机的使用有效提高贯孔率；3、自动上下料段及操作系统的配置实现设备的自动化、智能化运 行；4、设备具有节能降耗、绿色环保 的特性	1、连续式生产，镀件行经环 境一致，片与片间 / 批与批间 均匀性差异小，可提升品质 稳定性；2、镀件以垂直方式移载，可 选配自动上 / 下板机自动化，降低人力；3、生产环境，整洁、干净，明亮，脱离一搬传统电镀业 作业环境	1、脉冲整流机能提供均匀的 电流分布以及脉冲频率控制 的高密度电流可确保改善电 镀表面品质和电镀均匀性；2、不溶性阳极能够改善电镀中铜晶体形状；3、在线过滤装置能够减少灰 尘颗粒；4、高水平的自动化和量产能 力 5、节约水、电和铜等资源
电镀均匀 性	25μm ± 2.5μm （R≤5）	25.4μm ± 3.81μm （R≤7.62）	运用不溶性阳极工艺，改善电 镀中铜晶体形状，提升电镀均 匀性；运用超精细加工技术提 升表面电镀均匀性，电镀均匀 性行业领先
贯孔率（TP）	纵横比 20:1，TP≥95%；纵横比 16:1，TP≥110%（需搭配电镀液）	纵横比 7.8:1，TP≥85%（需搭配电镀液）	纵横比 12:1，TP > 85%（需搭配电镀液）

表12：关键参数对比
来源：并购优塾

从关键参数电镀均匀性（越小越好）和贯孔率（越大越好）来看，东威科技均明显高于可比公司。此外，考虑到复合铜箔的幅宽明显增长，因此传动稳定性要求更高。东威科技采用一体成型的钢带传动（具有专利保护），保证传动钢带各处速度相同，有效减少传动过程的震动。对比同行业，多为皮带式或者链条式传动，稳定性程度更低。

1）复合铜箔制造商

我们重点对比基膜供应能力，以及复合铜箔良率：1. 重庆金美——基膜为国产PP材料，产品良率约80%；2. 双星新材——自产PET材料，具备成本优势，产品良率未披露；3. 宝明科技——PET材料采购自日本东丽，从价格来看，日本东丽的价格约0. 6—0. 8元每平方米，国内的每平米的价格大概在0. 2—0. 3元；产品良率约80%。

三、 复合铜箔相关产品扩产规划

1）设备——东威科技2021年IPO上市，当时募集资金用于建设PCB电镀设备产线。目前，复合铜箔设备主要采用原来的生产线，公司预计后续会扩建、提高产能。道森股份扩产传统锂电铜箔设备产能，项目建设期为3年，达产后，可实现年均营业收入9. 23亿元，年均净利润2. 08亿元；复合铜箔设备方面，计划投入将2. 48亿元用于研发中心建设，主要针对电镀设备和真空蒸镀设备。

2）材料——双星新材暂时没有大规模的扩产计划，与东威科技签订了5亿元框架协议。宝明科技计划投资60亿元，分两期建设，一期拟投资11. 5亿元，并且向东威科技采购的2. 13亿元设备预计于2023年4月底之前交货。

综合来看，在设备领域，电镀设备即东威科技成长空间较大；在材料制造商方面，重庆金美（未上市）进度更快，上市公司中，宝明科技进度相对更快，双星新材在核心基膜上可以自供，具备成本优势。

（九）

研究至此，小结一下：

1. 核心增长驱动力——新能源车动力电池轻量化。

2. 关键变化——未来两三年，这个行业存在“关键变化”的逻辑，全行业增量空间大概能做到3年2.5倍。

3. 渗透替换——未来5到10年，复合铜箔会逐渐替代传统铜箔。

4. 景气度预期——目前行业景气度是上行。景气度背后的核心驱动因素是，新能源车传统旺季金九银十，行业排产加速。

5. 生意难点——这门生意难做的点在于，下游电池厂验证进度。

6. 产品力——电镀设备得电镀均匀性、贯孔率得产品性能。

7. 风险点——整体财务风险尚可。

	商誉	股权质押	经营效率		盈利质量	债务压力		收入/利润质量	
	商誉/净资产(%)	第一大股东（%）	人均创利（万元）	人均薪酬（万元）	净利润现金含量(%)	经营活动产生的现金流量净额/净债务(%)	净债务/股权价值(%)	应收账款/营业收入(%)	非营业利润/利润总额(%)
东威科技	0.00		15.79	16.06	55.30	-46.60	-0.79	54.03	17.81
道森股份	0.00		-3.50	14.45	344.76	-341.92	0.54	43.52	
双星新材	0.00		66.90	11.06	75.17	-65.11	-9.24	18.03	10.69

表13：财务风险
来源：并购优塾

本文发布于2022年10月13日

铝箔产业链

万顺新材、鼎胜新材

本文中，我们重点跟踪锂电铝箔产业链：

鼎胜新材（江苏省镇江市）——2022年Q1实现营业收入56.47亿元，同比增长65.82%；实现归母净利润2.15亿元，同比增长387.48%。2022年7月14日，发布业绩预告，预计2022年1到6月盈利5.1亿元至6.1亿元，同比上年增长235.4%至301.16%。业绩预增原因是动力电池铝箔产销量较去年同期有大幅提升。

万顺新材（广东省汕头市）——2022年Q1实现营业收入13.37亿元，同比减少5.07%；实现归母净利润0.74亿元，同比增长460.07%。其发布业绩预告，预计2022年1到6月盈利1.15亿至1.25亿元，同比上年增长531.54%至586.45%。盈利提升是因其一期年产4万吨高精度电子铝箔生产项目产能释放。

		PE-TTM	2022年E		2023年E		2024年E	
营业收入（亿元）	万顺新材	2,701.00	70.77	30.16%	80.18	13.29%	91.14	13.67%
	鼎胜新材	50.70	211.062	16.17%	236.586	12.09%	262.062	10.77%
净利润（亿元）	万顺新材		2.60	679.92%	3.60	38.31%	4.39	22.03%
	鼎胜新材		11.136	158.95%	15.448	38.72%	20.014	29.56%
预测PE（倍）	万顺新材		30.78		22.25		18.24	
	鼎胜新材		27.52		19.84		15.31	

表1：Wind机构一致预期增长和景气度情况（单位：%）
来源：并购优塾

（一）

首先，我们先从收入体量和业务结构对两家公司，有一个大致了解。从2021年收入体量来看，鼎胜新材（181.68亿元）＞万顺新材（54.37亿元）。

万顺新材——以纸包装业务起家，主营业务为铝箔包装业务，占比52.4%，主要用于食品卷烟；其次是纸张商贸业务，占比34%，但由于毛利率仅有1%，对利润贡献不大。2021年，其锂电池铝箔量产，实现销量2886吨，同比增长825%，按照单吨3.5万元计算，实现收入约1亿元，占比约2%。其电池正极箔下游客户有宁德时代、多氟多、欣旺达、瑞浦能源等。

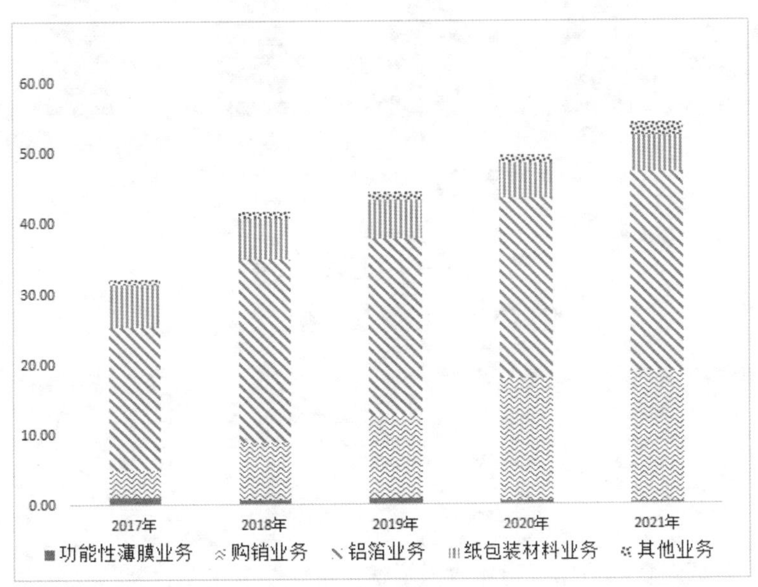

图1：收入结构（单位：亿元）
来源：并购优塾

鼎胜新材——自成立以来始终从事铝板带箔业务，产品包括空调箔、单双零箔（食品及容器包装）、铝板带及新能源电池箔等。从占比来看，空调箔占比32.02%、单零箔18.75%、双零箔17.83%、锂电池铝箔9.65%。2021年，鼎胜新材电池箔产量5.78万吨，销量5.57万吨，客户有宁德时代、比亚迪等。

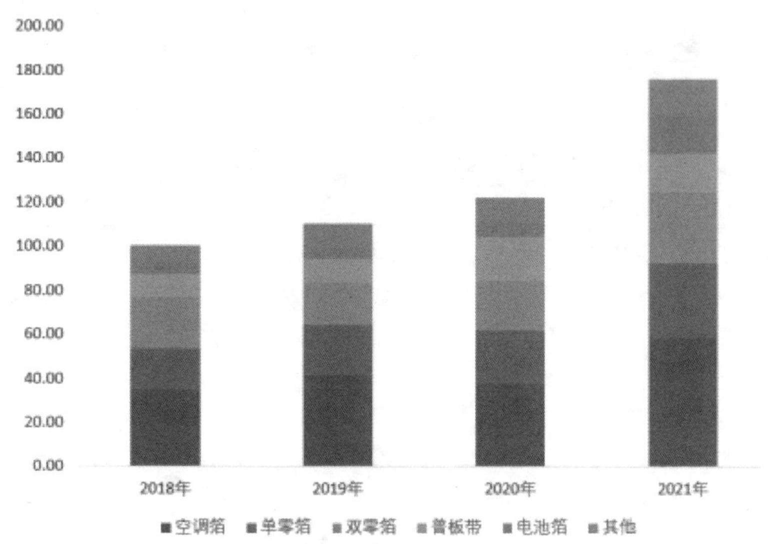

图2：收入结构（单位：亿元）
来源：并购优塾

（二）

一、收入增长

万顺新材2021年下半年收入增速下滑，主要是纸包装、导电薄膜业务两大业务收入下滑，分别下降0.02%、33.52%。受下游智能手机市场饱和、价格竞争激烈等因素影响，ITO导电膜业务存在压力，收入大幅下滑。传统业务印刷纸包装受下游需求下滑以及成本涨价等影响，景气度下行导致收入负增长。

鼎胜新材2021年Q3开始，收入增速明显快于万顺新材，主要是其锂电铝箔业务放量，2021年全年锂电铝箔收入，从2020年的6.48亿元上升到17.53亿元，同比增长170.70%，给宁德时代、比亚迪和ATL供货。同时，由于铝箔下游需求旺盛，加工费涨价，导致毛利率也同时上升2.96%。

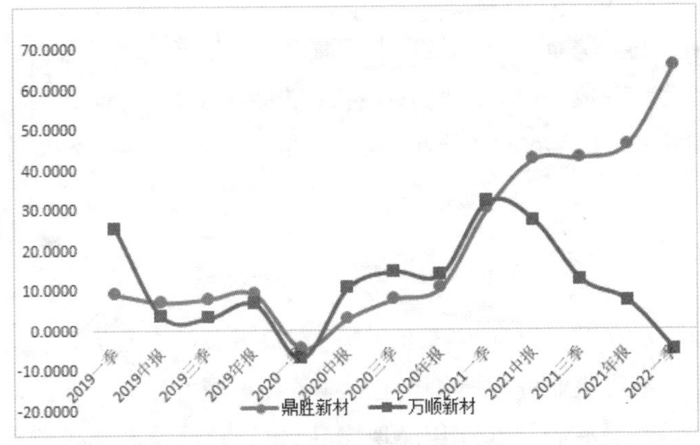

图3：季度收入增速（单位：%）
来源：并购优塾

二、归母净利润增长

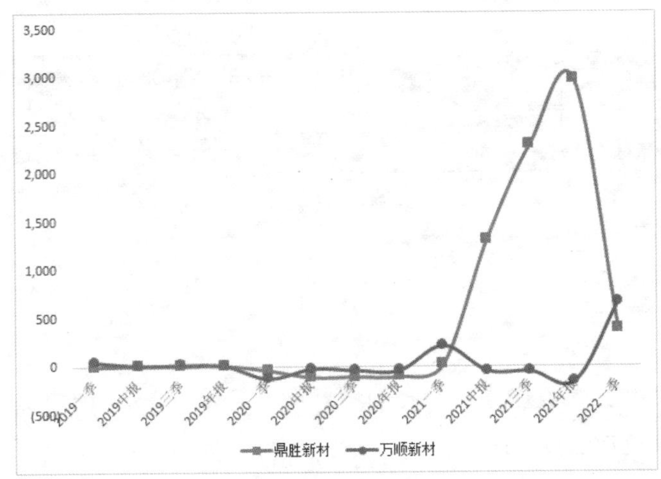

图4：归母净利润增速（单位：%）
来源：并购优塾

鼎胜新材2021年电池铝箔放量带动收入增长，受益于2021年电池铝箔行业高景气，加工费普涨10%以上，电池铝箔的单吨毛利从2020年的7194元提升至2021年的9334元，同比增长29.8%。

万顺新材2022年一季度净利润增速明显提升，一方面是因其2021年同期亏损，另一方面是其安徽中基一期年产4万吨高精度电子铝箔生产项目产能逐步释放，带动铝加工业务盈利能力明显提升，2022年一季度整体净利润为0.5亿元，同比增长663.01%。

三、现金流质量

从净现比来看，万顺新材2021年净现比为负，主要是其2021年净利润为负数。导电膜业务亏损和导电膜业务商誉减值损失的计提，导致净利润为负数。鼎胜新材2020年净现比高达45.87，原因是其净利润为负（当年铝材业务亏损），且现金流为负。此外，需要注意的是，鼎胜新材近五年现金流波动较大，2021年因关联方占款披露问题受到证监会处罚。

净现比（倍）	2017年	2018年	2019年	2020年	2021年
鼎胜新材	-0.21	0.56	-2.07	45.87	1.64
万顺新材	3.46	2.73	1.71	4.69	-3.07

表2：净现比
来源：并购优塾

（三）

对增长态势有感知后，我们接着再来看各家公司的收入和利润情况，以及近期财报数据。

一、鼎胜新材——2022年Q1实现营业总收入56.47亿元，同环比分别增长65.82%、6.47%；归母净利润2.15亿元，同环比增长387.48%、28.74%。

从单季度利润增速来看，业绩大幅增长，是因为：电池铝箔下游需求持续旺盛，其加快低附加值产线转产生产动力电池铝箔，产销量较去年同期大幅提升。电池铝箔产品附加值相对更高，带动了整体利润的增长。

鼎胜新材	2020年Q1	2020年Q2	2020年Q3	2020年Q4	2021年Q1	2021年Q2	2021年Q3	2021年Q4	2022年Q1
营业总收入（亿元）	26.15	30.33	33.50	34.28	34.06	46.43	48.15	53.04	56.47
同比增速（%）	-4.42	10.29	16.97	18.79	30.21	53.08	43.74	54.72	65.82
环比增速（%）	-9.39	15.98	10.45	2.33	-0.64	36.32	3.7	10.16	6.47
	2020年Q1	2020年Q2	2020年Q3	2020年Q4	2021年Q1	2021年Q2	2021年Q3	2021年Q4	2022年Q1
归母净利润（亿元）	0.37	-0.49	0.01	-0.03	0.44	1.08	1.11	1.67	2.15
同比增速（%）	-38.3	-194.21	-99.24	-102.61	19.78	318.22	18226.74	5589.78	387.48
环比增速（%）	-38.38	-232.43	-102.04	-400	-1566.67	145.45	2.78	50.45	28.74

表3：单季度收入及归母净利润
来源：并购优塾

二、万顺新材——2022年Q1实现营收13.37亿元，同比下降5.07%，环比下降1.98%，实现归母净利润0.54亿元，同比增长663.01%，环比增长-181.82%。

从单季度业绩来看，净利润大幅提升，主要是因其收入结构优化。高毛利锂电铝箔业务占比提升，2022年Q1其锂电铝箔毛利率约为25.2%，远高于同期其他业务毛利率（导电膜5.59%、商贸业务1.2%），带动其整体净利润大幅增长。

万顺新材	2020年Q1	2020年Q2	2020年Q3	2020年Q4	2021年Q1	2021年Q2	2021年Q3	2021年Q4	2022年Q1
营业总收入（亿元）	10.68	11.83	13.72	14.46	14.08	14.54	12.11	13.64	13.37
同比增速（%）	-6.93	33.18	21.96	11.93	31.93	22.91	-11.72	-5.68	-5.07
环比增速（%）	-17.44	10.77	15.98	5.39	-2.63	3.27	-16.72	12.63	-1.98
	2020年Q1	2020年Q2	2020年Q3	2020年Q4	2021年Q1	2021年Q2	2021年Q3	2021年Q4	2022年Q1
归母净利润（亿元）	-0.06	0.41	0.15	0.27	0.07	0.11	0.04	-0.66	0.54
同比增速（%）	-124.69	92.32	-59.99	-45.97	213.69	-73.03	-73.04	-344.59	663.01
环比增速（%）	-112	-783.33	-63.41	80	-74.07	57.14	-63.64	-1750	-181.82

表4：单季度收入及归母净利润
来源：并购优塾

（四）

整体来看，两家企业的业绩增长的主要驱动力均为锂电铝箔的产能放量。对比完增长情况，我们再来看利润率、费用率的变动情况。

一、毛利率

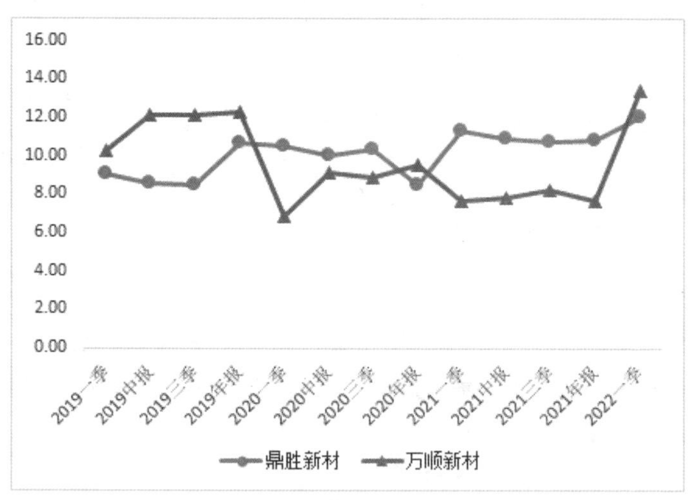

图5：毛利率（单位：%）
来源：并购优塾

万顺新材功能性薄膜的毛利率波动较大，从2017年的28.07%下降至2020年的3.77%，主要由于下游手机平板需求景气度下滑；其次，是因为其购销业务营收占比从12.02%上升至34.25%，而购销业务的毛利率较低，维持在1%到2.5%之间。

2022年Q1利润率回升，主要是其安徽中基一期年产4万吨高精度电池铝箔项目在2021年12月投产，毛利率为18.09%，产能逐步释放带来铝加工业务盈利能力明显提升。

单看两家锂电铝箔毛利率，2021年实现电池铝箔毛利率18.09%，低于鼎胜新材的29.6%，主要是因为其新产线刚落地，机器设备磨合度、工艺熟练度较低以及产能利用率不足。2022年产能利用率提升，驱动其铝箔毛利率提升至25.2%水平。

锂电铝箔毛利率(%)	2019年	2020年	2021年	2022年1-3月
鼎胜新材	28.78	26.68	29.64	未披露
万顺新材	-	-	18.09	25.2

表5：毛利率
来源：并购优塾

横向对比铝箔与铜箔的利润率，可以发现铝箔加工厂商的毛利率低于铜箔，主要是铝箔更厚，技术附加值低于铜箔。从加工费来看，越薄的箔材加工费越高。8μm锂电铜箔加工费约为3.15万元/吨；6μm锂电铜箔加工费为4.3万元/吨；而铝箔主流厚度规格是10μm到20μm，在12um电池铝箔加工费在1.8万元/吨到2万元/吨左右。

二、成本结构

在电池铝箔完全成本构成中，直接材料占比约85%，其中主要的原材料为铝锭。电池铝箔采取成本加成定价法，销售价格=铝锭+加工费，价格跟随铝价上涨。但加工厂商在实际生产过程中，合同履行期间订单价格可能会保持不变，并且生产过程会保持一定大宗库存。

这导致铝锭价格与销售价格无法完全对应，因此短期铝价的剧烈波动有可能影响电池铝箔的毛利水平。所以，铝箔企业2021年三季度、四季度可能出现铝箔业务虽满产，但部分前期已签约订单按原定价期结算导致加工费倒挂的情况。

2021年第四季度，开始陆续对订单价格进行调整，由此一季度开始铝箔加工厂商的利润率水平得以恢复。

三、净利率

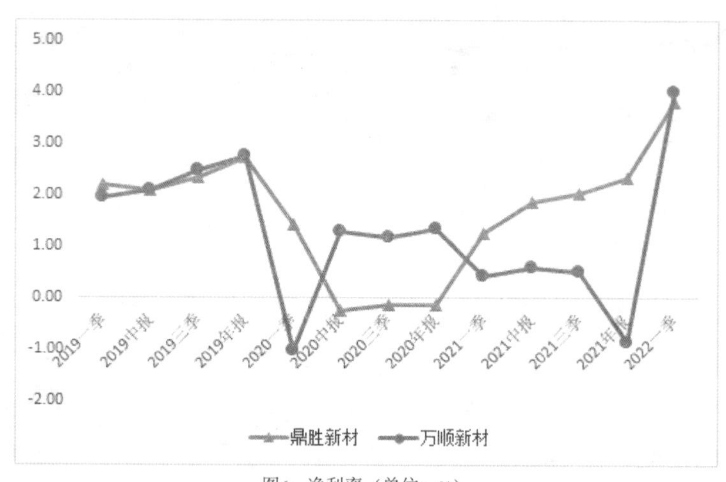

图6：净利率（单位：%）
来源：并购优塾

从净利润率来看，万顺新材2022年一季度净利率由负转正，主要是其锂电铝箔达产驱动。2021年导电膜业务亏损，毛利率为-30.79%，购销业务毛利率低至1.23%，再加上对收购的导电膜业务计提了0.8亿元商誉减值损失，导致利润亏损。

四、净资产收益率

两家企业ROE均较低，主要是净利润率低所致。铝箔单吨平均利润约为0.5万元，低于负极、隔膜、铜箔。

		2019年	2020年	2021年	PB-LF
ROE（%）	万顺新材	4.43	2.20	-1.23	2.26
	鼎胜新材	8.51	-0.39	9.86	6.10
总资产周转率（次）	万顺新材	0.68	0.67	0.68	
	鼎胜新材	1.02	0.93	1.23	
销售净利率（%）	万顺新材	2.77	1.33	-0.86	
	鼎胜新材	2.74	-0.13	2.35	
权益乘数（倍）	万顺新材	2.17	2.16	2.24	
	鼎胜新材	3.03	3.50	3.39	

表6：ROE&ROIC(单位：%)
来源：并购优塾

（五）

在铝箔下游需求结构中，包装铝箔占到铝箔总产量的52%（包括食品药品包装、烟草包装、瓶装啤酒标等），其次是空调箔，占比达到22%。

受到家电消费水平下滑、新冠疫情等影响，包装铝箔、空调铝箔2021年销量需求负增长。用于电容器的电子铝箔以及用于锂电池正极集流体的铝箔合计占比仅为5%左右，受新能源汽车消费量影响，锂电铝箔2021年出货量增速高达1倍以上。本文重点研究锂电领域的电池铝箔。

对市场规模，我们采用量价法进行预测，公式为：市场规模=电池需求量×每GWh电池铝箔用量×（铝价+加工费）。

一、电池需求量——锂电池应用场景分为动力电池、3C电池和储能三个应用领域。

1）消费锂电池

根据起点研究数据，2016年到2021年消费锂电池出货量从41GWh涨至63GWh，CAGR8.97%。消费锂电池主要应用领域包括电脑、手机等3C领域，以及智能穿戴设备等。

消费电子行业需求呈现下滑趋势。根据IDC数据：1.2022年Q1全球PC出货量8050万台，同比下滑5.1%；预计2022年全球笔电出货将同比下滑3.3%；2.2022年Q1国内智能手机出货7420万台，同比下滑14.1%。预计全年智能手机出货量同比下滑3.5%。基于此，我们假设未来全球消费锂电池市场2022年增速降至-3%，而后维持5%左右增速平稳增长。

2）储能锂电池

2021年全球应用于电力电网、工业储能、家庭储能和通信储能等储能领域的锂电池出货量为66.3GWh，同比增长132.4%，预计未来五年同比增速将达到30%。2022年，欧洲能源成本和电价的逐年暴涨，叠加俄乌冲突事件，导致居民用电成本高、供电稳定性差，带来了户用储能需求景气度爆发。

根据观澜海关统计，2022年1月到5月，累计完成国内某企业储能电池类出口产品19万余箱，货值4.08亿元人民币，同比增长62%，预计2022年全年出口数量增长1倍。基于此，我们假设户用储能带动2022年储能市场规模增速约60%，而后维持30%增速增长。

3）动力电池

动力电池装机量主要受新能源车销量驱动。其公式为：动力电池出货量=新能源汽车销量×单车带电量。

国内方面——维持高景气度，环比正增长。根据中汽协数据，2022年6月国内新能车销量59.6万辆，同比增长133.04%，环比增长25.86%，渗透率再提升至23.8%。2021年1月到6月，累计销售260万辆，同比增长120%，累计渗透率高达21.6%。从增速来看，由于复工复产等因素，2022年6月新能源汽车销量增速基本接近2021年6月高景气增速水平。

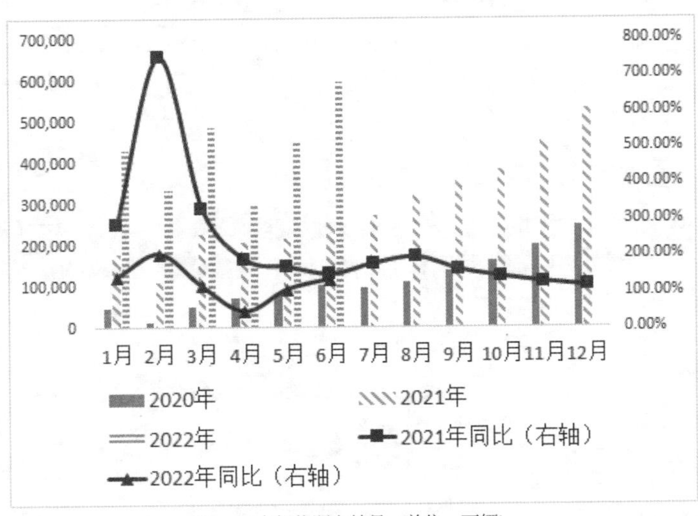

图7：国内新能源车销量（单位：万辆）
来源：并购优塾

欧洲方面——景气度下行，同比负增长。2022年Q2同比销量下滑，其中，6月欧洲新能车销量预计达21.4万辆，同比下降9.45%，环比增加19.25%，渗透率达21.85%

美国方面——2022年上半年新能源汽车销量在1月到5月达到39万辆，同比增长73%。6月美国电动车销量为7.37万辆，环比增长0.58%，同比增长48.40%，电动化渗透率为6.5%。

从增速来看，当前新能源汽车销量增速较快，主要是对高油价的反应。从渗透率数据来看，美国电动车的渗透率仍远低于其他两大区域，主要是美国的1万美金退税政策仍未落地，导致电动化进程较慢。

综上，从新能源汽车市场增速来看，中国＞美国＞欧洲，欧洲今年的新能源车销量有所回落，中美保持高增长。从体量来看，中国＞欧洲＞美国。

考虑到国内新能源汽车渗透率增速远超预期，我们调整预期：1.预计到2025年，全球新能源汽车销量渗透率预计达到25%到30%，销量为2212万辆到2655万辆；2.国内2022年新能源汽车渗透率预计在22%到25%之间，新能源汽车销量在595万辆到670万辆。

由此测算出，到2025年全球动力锂电池需求量在1137GWh—1365GWh之间，叠加消费及储能电池，预计总体电池需求量在1500GWh—1738 GWh之间。

全球新能源汽车需求							
		2020	2021	2022E	2023E	2024E	2025E
全球汽车合计销量(万辆)		7861.66	8105.00	8277.72	8463.78	8654.24	8849.24
	新能源车渗透率（%）	4%	8%	12%	17%	21%	25%
全球新能源车合计销量（万辆）		318.26	650.00	1015.25	1397.36	1796.18	2212.31
平均单车带电量(kWh)		43.0	45.7	47.0	48.4	49.9	51.4
yoy			6.1%	3.0%	3.0%	3.0%	3.0%
全球动力电池需求量（GWh）		137.00	296.80	477.48	676.91	896.22	1136.96
			116.64%	60.88%	41.77%	32.40%	26.86%
消费锂电池需求量(包括2轮)		107.8	125.10	121.35	127.41	133.79	140.47
	yoy		16%	-3%	5%	5%	5%
储能电池需求量（GWh）		28.53	66.30	106.08	137.90	179.28	233.06
	yoy		132.4%	60%	30%	30%	30%
电池需求量（GWh）		273.28	488.20	704.91	942.23	1209.28	1510.49

表7：需求测算
来源：并购优塾

（六）

二、每GWh用量

实际生产过程中，锂电池的正负极活性物质为粉末状，需要涂覆到金属箔（集流体）上制成电极片，在通过辊压卷绕等工序制备成完整的锂电池。

锂电池的集流体有两种，正极用铝箔，负极用铜箔。集流体的作用主要就是导电，导体的导电系数由高至低依次为：银→铜→金→铝→钨→镍→铁，价格由高至低依次为：金＞镍＞钨＞铜＞铝＞铁。导电系数好且稳定的是银，但银属于贵金属，而铜和铝元素资源丰富，价格也相对便宜。

锂电池集流体普遍用的是铜或铝箔，类似电线用的主要也是铜丝或者铝丝。

铝箔的价格远低于铜箔，仅为铜箔价格的1/3。

那么，锂离子电池为何正极用铝箔,而负极用铜箔？因为：

1.锂电池正极电位高，铜箔在高电位下很容易被氧化，导致嵌锂反应，消耗锂离子。而铝很容易跟空气中的氧气发生化学反应，在铝表面生成一层致密的氧化膜，阻止铝的进一步反应，可防止集流体氧化，而这层很薄的氧化膜在电解液中对铝也有一定的保护作用。

2.负极的电位低，铝在低电位下与锂会发生合金化反应（石墨负极电压为0.2V，远低于正极）。低电压下，金属铝并未完全形成氧化层，而是与锂离子反应形成了化学式为LiAl的合金，消耗了大量的锂，本身的结构和形态也遭到破坏，故铝不能作为锂离子电池负极的集流体。

在什么情况下，铝可以用作负极集流体？

答案是，钠离子电池。钠离子电池与锂离子电池的工作原理类似，主要结构都包括正极、负极、集流体、电解液和隔膜。由于活性物质由锂离子变为钠离子，导致钠离子电池与锂离子电池的材料差异主要在于：1. 正极材料，活性物质由锂盐变为钠离子化合物，纯碱用量增加。2. 电解液，其中电解质由锂离子变为钠离子，六氟磷酸锂换为六氟磷酸钠。3. 负极集流体，铝箔替代价格更高的铜箔。

在钠离子电池中，由于钠离子不会和负极的铝离子发生化学反应，因此钠离子电池的负极集流体可以用铝箔替代铜箔，达到降低成本、降低电池重量的效果。

据测算，每GWh三元电池需要电池箔300吨到450吨，每GWh磷酸铁锂电池需要电池铝箔400吨到600吨。每GWh钠电池需要铝箔700吨到1000吨，用量是锂电池的2倍以上。

从能量密度和工作电压来看，锂离子电池＞钠离子电池＞全钒液流电池；从理论单位成本来看，钒电池＜钠电池＜锂离子电池。

钠离子电池的优势在于成本更低、安全性能好、低温表现好、快充性能好；不足在于能量密度低、输出功率低，短期内主要先切入的是储能市场，而非用于动力电池上。

而全钒液流电池与钠离子电池在储能领域有较强互补性，前者优势在于其水相体系的安全性，以及超长的循环寿命，但缺点则是能量密度低、工作温区窄，更适合大型储能；而钠离子电池能量密度是液流电池的3倍以上，可耐受-40℃的低温，更适合户用储能。

因此，中期来看，全钒液流电池与钠离子电池将优先应用于储能市场，前者适用于大中型规模储能，后者适用于小型灵活储能。

国家能源局综合司发布的关于征求《防止电力生产事故的二十五项重点要求（2022年版）（征求意见稿）》（以下简称《意见》）中提到中大型电化学储能电站不得选用三元锂电池、钠硫电池，不宜选用梯次利用动力电池。

目前，海外家用储能大多采用三元电池，国内储能厂商普遍采用磷酸铁锂电池，预计《意见》对三元电池影响不大，将加快钠离子在储能电池的渗透率。基于此，参考宁德时代在2023年实现钠离子电池规模化供应的规划，我们分乐观、中性假设，假设钠离子电池到2025年在储能电池的渗透率分别为10%、30%。

综上，假设钠离子电池在2025年渗透率达到30%，测算出全球锂电铝箔需求量从2021年的23.46万吨，提升至2025年的79.02万吨。钠离子在储能电池中提升20%渗透率，对铝箔需求增量约有3万吨。

		2020	2021	2022E	2023E	2024E	2025E
电池需求量（GWh）		273.28	488.20	704.91	942.23	1209.28	1510.49
	磷酸铁锂电池占比（%）	18%	30.60%	35.45%	40.30%	45.15%	50.00%
	三元电池及其他（%）		69%	65%	60%	55%	50%
钠离子电池需求量		0.00	0.00	1.06	5.52	12.55	23.31
磷酸铁锂电池需求量		50.01	149.39	249.52	377.50	540.32	743.59
三元电池及其他需求量		223.27	338.81	454.34	559.22	656.40	743.59
铝箔需求量（万吨）	每GWh用量	12.80	23.46	34.27	46.48	60.51	76.69
其中：钠离子电池	1000	0.00	0.00	0.11	0.55	1.25	2.33
磷酸铁锂电池	550	2.75	8.22	13.72	20.76	29.72	40.90
三元电池及其他	450	10.05	15.25	20.45	25.16	29.54	33.46
情景假设2:	钠离子电池占比（%）		0.0%	7.5%	15.0%	22.5%	30.0%
钠离子电池需求量		0.00	0.00	7.96	20.69	40.34	69.92
磷酸铁锂电池需求量		50.01	149.39	247.07	371.38	527.78	720.29
三元电池及其他需求量		0.00	338.81	449.88	550.16	641.16	720.29
铝箔需求量（万吨）		2.75	23.46	34.63	47.25	61.91	79.02
其中：钠离子电池	1000	0.00	0.00	0.80	2.07	4.03	6.99
磷酸铁锂电池	550	2.75	8.22	13.59	20.43	29.03	39.62
三元电池及其他	450	0.00	15.25	20.24	24.76	28.85	32.41

表8：铝箔需求量预测
来源：并购优塾

（七）

三、单价

在电池铝箔完全成本构成中，直接材料占比约85%，其中主要的原材料为铝锭，铝成本占比约80%。电池铝箔采取成本加成定价法，销售价格=铝锭+加工费。

锂电铝箔的制造，本质是对铝锭材料进行一定的加工，这个行业的的定价规则为“铝锭+加工费”，铝箔制造商的核心利润来源是加工费。锂电材料中，采用成本加成定价的还有铜箔、正极材料、电解液。

锂电铝箔价格整体波动较大，2021年下半年价格从4万元/吨降至3.4万元/吨左右，2022年初价格开始上涨。决定其价格变动主要有两个因子：1.铝锭价格；2.加工费（供需及技术附加值）。

1）铝锭价格——2022年以来，大宗商品价格持续下行，铝锭7月份均价同比下滑2.6%，铜均价从6月开始转负，7月份目前同比下滑14.9%。由于锂电铝箔加工厂商采用现货核心原材料价格持续走低，铝箔加工利润增长。

2）加工费——根据我们对锂电铜箔环节的研究，加工费价格的核心因素是厚度和供需。由于供给扩产速度较慢，加工费的价格也存在一定周期波动，核心原因是扩产难。供需关系是加工费的关键，若需求大于供给，则铜箔厂商有更多的议价空间，反之则加工费较少。从2022年初开始，铜箔、铝箔的价格开始下降，目前，铝箔的加工费更早止跌。

a.技术附加值（厚度）

铝箔的制备主要采用辊压工艺，将原材料铝锭进行轧制，多次辊压后制备成锂电级别的箔材。锂电池铝箔在在厚度、力学性能、表面质量、湿润张力、切边品质等性能指标方面的要求较高，铝箔越薄，加工难度越大，价格也越高。从发展趋势来看，铜箔与铝箔都是在往更薄的方向发展。

其原因是：1.提升能量密度——集流体本身虽然不会影响电池的能量密度，但集流体越薄，单位体积的面积越大，能涂覆的正极材料、负极材料也就越多。因此，集流体越薄，电池的能量密度也越大。2.降成本——集流体越薄，单位体积的铜、铝金属用量越少，不仅材料成本下降，也能减轻电池重量，增加续航里程。从铜箔/铝箔生产企业供应的材料厚度来看，均在往更薄的方向发展。铜箔的减薄化进度更快，主要原因是铜箔本身质量更重、材料成本更高。

b.供需

需求端——2021年—2023年全球铝箔总需求分别为23.5万吨、34.3万吨、46.5万吨；供给端——2021年—2023年全球总供给大约为24.30万吨、38.20万吨、53.6万吨。

国内电池箔主要集中在鼎胜、华北铝业、南山铝业、万顺新材、神火股份、永杰股份、常铝、华峰和厦顺等企业。2022年上半年产能主要增量来自于万顺新材和神火股份（电池箔客户的认证工作还没有完全结束），2022年下半年产能主要增量在鼎胜新材。

	2020年	2021年	2022年	2023年
鼎胜新材	3	6.6	11.6	17.6
华北铝业	3	3	4	6
南山铝业	1	3.1	3.1	3.1
神火股份	0	2.1	5.5	5.5
万顺新材	0	0.29	4.29	4.66
东阳光	1	1	1	6
云铝股份	0	0	1.8	3.5
常铝股份	0	0.6	0.6	2.1
永杰新材	0.7	0.8	1.2	1.2
其他	0.5	0.5	0.5	0.5
国内总计	9.2	17.99	33.59	50.16
良率(%)	66	79	75	75
实际产能(万吨)	**6.1**	**14.3**	**25.19**	**37.62**
国外实际产量（乐天铝业/UACJ/日本联合铝业）		**10**	**13**	**16**
总产量（万吨）		**24.3**	**38.2**	**53.6**
总需求（万吨）		**23.5**	**34.6**	**47.3**
供需缺口（万吨）		**0.84**	**3.56**	**6.37**

表9：供需缺口
来源：并购优塾

测算下来，铝箔在2022年的实际供给可能偏紧张，目前，其加工费开始止跌，但要类似于2022年上半年这样的供给偏紧张带来的加工费大幅上浮，概率不大。

其原因在于以下几点。

1. 传统铝箔可转产锂电铝箔——除新建产线外，传统铝箔生产企业也可通过转产生产电池铝箔。由于电池箔生产与传统铝箔生产过程中技术控制要求有所差别，对于刚转产的企业，其良率水平需要通过不断摸索实现缓慢提升。厦顺铝箔原先生产高端单双零铝箔，现在进行转产，月产量1500吨到1800吨。南山铝业、华北铝业等老牌铝箔企业部分产线也可转产，三四个月就可以完成产线转换。

2. 实际良率有一定的提升空间——锂电铝箔的平均良率在65%左右，新落地的产能基本维持在50%左右的良率水平，以万顺新材为例，新产线落地，产能利用率不足50%，截至2020年Q1良率提升至78%。随着良率逐步提升，后续扩产产能将逐步满产。

3. 日本韩国铝箔企业扩产——2021年国内电池铝箔总产量14.3万吨，全球产量约24.2万吨。其中有约10万吨产能由日本和韩国企业供应，占比约在40%，主要有日本的东洋铝业、UACJ和韩国的乐天等，未来扩产计划无法从公开数据获取。

4. 锂电铝箔扩产难度低于铜箔——不同于铜箔偏重资产（单万吨投资额6到7亿元），铝箔资产偏轻（单万吨投资不到1亿元），仅高于电解液，明显低于其他锂电材料。

目前，铝箔的扩产速度略低于预期，但预计不会长期处于低速状态。据前期研究，铜箔产线投建时间在2年左右，由于核心设备阴极辊稀缺且需要进口，产线建设周期延迟两到三年。铜箔涨价从2020年Q3到2021年Q4大致持续了1年时间，由于产能供给宽松，价格已经持续下行。

综上，我们预计，铝箔的加工费价格上涨趋势不会维持较长时间。

（八）

铝箔产业链是得产能得增长。锂电铝箔加工费利润较低，行业回报不高。

一、产能及产能增速

鼎胜新材——2021年全年出货约5.5万吨锂电铝箔，产能约6.6万吨。2022年下半年预计5万吨募投项目落地，产能增幅在75%。2023年到2025年，预计每年新增6万吨锂电铝箔产能。

产能规划（万吨）	扩产项目	2021年	2022年	2023年	2024年
鼎胜新材	1）8000吨动力电池涂炭铝箔项目和3.6万吨电池项目建成投产。 2）募投项目5万吨预计于2022年下半年建成投产（4万吨电池光箔生产线和年产1万吨电池涂层箔生产线）。	6.6	11.6	17.6	23.6
yoy			*75.76%*	*51.72%*	*34.09%*

表10：产能及扩产规划
来源：并购优塾

万顺新材——2021年底一期4万吨锂电铝箔全部投产，产能相较于2021年的2886吨，同比增幅1379%。（当前新增产能利用率较低，在50%左右，预计到2022年底实际产能为3万吨，产能实际增幅约为900%。）

产能规划（万吨）	扩产项目	2021年	2022年	2023年	2024年
万顺新材	在建7.2万吨高精度电子铝箔生产项目，主要用于生产电池正极箔、电池软包箔等产品。 1）一期4万吨于2021年年底全部投产； 2）二期3.2万吨预计2022年开工。	0.29	4.29	4.66	7.86
yoy			*1379.31%*	*8.62%*	*68.67%*

表11：产能及扩产规划
来源：并购优塾

此外，2022年1月，万顺新材公告拟定增募资不超过17亿元，用于年产10万吨动力及储能电池箔项目及补充流动资金。4月又宣布，将用自有资金3570万元收购涂碳铝箔加工企业深圳宇锵合计51%股权，以布局电池箔深加工领域。深圳宇锵现有涂碳箔产能3700吨/年。

除了以上两家，未来两年锂电铝箔产能落地体量较大的有：华北铝业、南山铝业、神火股份。

神火股份——预计2022年Q3通过电池厂认证，四季度预计供应8000吨。

华北铝业——前期已经投产的3万吨是原有产能，后续和电池厂新成立的华北新材目标产能3万吨，合计是6万吨。

	2021年底产能	在建项目
神火股份	0	子公司神隆宝鼎5.5万吨已于2021年6月建成，但还未完成电池厂认证。计划在三季度完成主要电池厂家的认证工作，四季度开始逐步增产到每月2000吨。
华北铝业	3	新增3万吨电池箔项目于2022年上半年陆续建成投产，预计到2022年底产能达到4万吨，现处于产能爬坡过程中，2023年项目完全达产。

表12：产能及扩产规划（单位：万吨）
来源：并购优塾

三、客户结构

几家客户结构差异不大。鼎胜新材、万顺新材均进入宁德时代供应链。鼎盛新材体量更大，客户结构更丰富，包括宁德时代、比亚迪、蜂巢能源等。万顺新材已有客户包括宁德时代、欣旺达、浦项能源。

四、在手订单

客户	长单协议采购量	长单协议期间
宁德时代	51.2万吨	2021年11月1日—2025年12月31日
蜂巢能源	8.08万吨	2022年—2025年

表13：订单情况
来源：并购优塾

鼎盛新材——与宁德时代、蜂巢能源分别签订合计60万吨长单，采购期至2025年。

万顺新材——根据万顺新材可转债问询函，截至2022年6月，在售锂电铝箔订单约为1.84万吨，客户包括多氟多、欣旺达、宁德时代等。

综上，本轮铝箔供给偏紧，受益较多的是鼎胜新材，其签署的长单规模较大，且其扩产速度较快。从边际增长来看，万顺新材变化幅度更大，今年有较大的产能落地。

（九）

研究至此，小结一下：

1. 铝箔得产能和订单得增长，由于盈利能力一般，行业回报不高。

2. 从产品力来看，鼎胜新材单吨利润更高，说明其产品力/良率更强。

3. 关键经营手段，主要是提前布局锂电铝箔，鼎胜新材是从2018年锂电池景气度较低时，募投扩产5万吨锂电铝箔产能，在2021年锂电需求旺盛时期量价齐升。

4. 增长驱动力，主要是新能源汽车渗透率、钠离子电池渗透率提升、各家产能增速。

5. 未来催化剂，主要是钠离子电池2023年量产装机量，以及铝箔涨价。

6. 风险点，主要是两家公司的净债务比率、应收账款/净利润比率均较高。

	净利润（亿元）	应收账款/净利润（倍）	经营活动现金流净额（亿元）	净现比（倍）	净债务（亿元）	经营活动产生的现金流量净额/净债务（%）	现金比率（倍）	商誉（亿元）
鼎胜新材	4.27	4.52	6.99	1.64	45.14	14.57%	0.26	0.92
万顺新材	-0.47	25.07	1.44	-3.07	13.98	12.74%	0.42	2.49

表14：风险筛查指标
来源：Wind、并购优塾

本文发布于2022年7月21日

结构件产业链

科达利、震裕科技、斯莱克

2022年9月7日，宁德时代宣布其新一代麒麟电池，将提前实现量产，从此前宣布的2023年提前至2022年底，预计极氪、问界将成为麒麟电池的全球量产首发品牌。而更早在2021年9月特斯拉的“电池日”上，特斯拉就已经宣布了4680大圆柱电池在2022年底量产的计划。

时至今日，两个重磅产品量产在即，值得注意的是，这两个重磅芯片的核心创新点都是在内部结构上，而非材料体系的重大调整。

麒麟电池并未改变电芯形态，仍采用方形电芯，改变主要在电池包上；而4680大圆柱，则是在电芯、电池包上都做了改进。那么，麒麟电池和4680大圆柱这两个产品，到底都是如何提升性能的？两个新产品面世后，锂电结构件，又将迎来什么样的变化？

带着上述问题，我们来跟踪锂电池结构件产业链：

上游——原材料供应商，包括铝材、铜材、钢材等；

中游——结构件制造商，包括动力及储能电池、便携式锂电池、汽车结构件制造等；

下游——电池厂商或具备电池生产能力的主机厂。

从机构对产业链景气度的预期情况来看，

		2022年E		2023年E		2024年E	
营业收入（亿元）	科达利	92.57	107%	138.85	50%	190.57	37%
	斯莱克	20.09	100%	33.33	66%	47.58	43%
	震裕科技	60.22	98%	90.08	50%	116.10	29%
净利润（亿元）	科达利	10.77	99%	16.99	58%	23.98	41%
	斯莱克	1.94	81%	3.11	60%	4.64	50%
	震裕科技	3.31	94%	5.96	80%	8.38	41%
机构预测PE（倍）	科达利	10.57		12.26		13.16	
	斯莱克	66.3		41.44		27.71	
	震裕科技	26.78		14.86		10.57	

表1：机构一致预期增速和行业景气度（单位：%）
来源：Wind、并购优塾

(一)

动力电池能量密度提升、成本下降主要有材料和结构两大路径。结构的改进，就是减少结构件用量，将省出来的空间和质量腾给电芯。

其中，重要指标就是成组效率（体积利用率），公式为：成组效率=电芯能量密度/电池系统的能量密度。比例越高，说明结构越精简，同样重量下，能量密度也越大。

2019年开始补贴退坡，高能量密度在材料层面上失去了政策面的强力推动。同时，也造就了国内电池结构层面的百花齐放。标志性事件，是宁德时代2019年10月推出的CTP1.0电池包，通过精简模组的结构件（侧板、横纵梁），电池成组效率提高到了50%，开创了电池结构的创新之路。

2020年3月，比亚迪运用CTP技术的刀片电池发布——相比宁德时代，比亚迪的创新之处就是电芯变大。电芯尺寸拉长至0.6m到2.5m，不仅单位电池包容量更大，成组效率达到60%，电池系统零部件数量减少40%以上，成本下降 30%以上。

2020年9月，特斯拉推出4680大圆柱电池——相比2170电池，4680电池直径进一步增加到46mm，减少了电池包金属结构件及导电连接件成本，成组效率提升至62%，每kWh成本下降约14%。

2022年，宁德推出第三代CTP麒麟电池，电池包的成组效率高达72%，并预计到CTC能达到90%。

复盘动力电池模组演变过程可以发现，每一次结构层面的技术革新，都离不开降成本（单位kWh零部件成本），以及提升能量密度（提升体积利用率）。

那么，结构的变化到底省掉了什么，又增加了什么？

用量减少的部件——电池精密结构件、电池托盘、金属连接件、端板。大电芯是为了减少单位电池壳，去掉模组则是为了精简电池包结构件。只要降本的需求还在，只要电池包结构件的物理结构还未精简到极限，无论是电池壳还是电池托盘，精密结构件的需求量只会越来越少。

电池结构件的作用是电池的“骨骼”，起到的都是安全保护的作用，比如支撑、防撞。结构件用量减少，但安全保护的需求不会变。所以，必然会用别的方式补回来。

用量增加的部件——胶粘剂、聚氨酯、液冷板。电池系统集成度提升管，电池散热、固定/防护、缓冲问题更突出。CTP/4680在提升能量密度的同时，也提升了电池冷却、隔热材料、结构胶的需求。胶粘剂和隔热材料包括聚氨酯、球形氧化铝、气凝胶等，冷却材料则包括水冷板、冷却液等。

那么，动力电池模组的迭代下，结构件公司，在新技术趋势下，又会面临什么样的变化？

（二）

这几家的实力差异有多大，我们从营收规模、收入结构来对比看看。

科达利——动力锂电池结构件业务是科达利主要收入和利润来源。

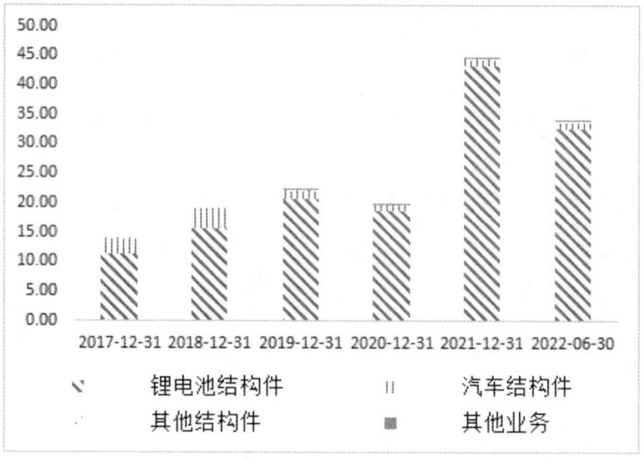

图1：收入结构（单位：亿元）
来源：并购优塾

震裕科技——共有锂电池精密结构件、电机铁芯两大业务，占收入比分别为54.53%、23.58%。电机铁芯供应给比亚迪，锂电结构件基本全部供应给宁德。

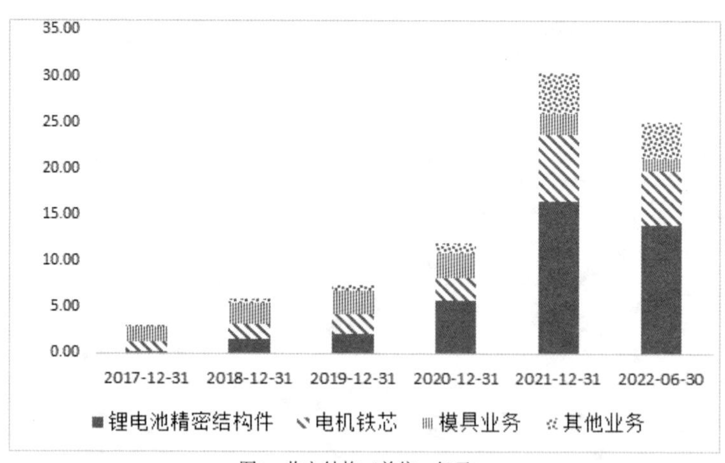

图2：收入结构（单位：亿元）
来源：并购优塾

斯莱克——凭借金属高速自动化精密成型（DWI）工艺切入电池壳领域。电池壳业务中小直径钢圆柱、大直径铝圆柱已有持续销售，4680大直径圆柱将在2022年Q4实现商业化生产，方形电池壳一方面拆分整合东莞阿李电池壳业务资产，一方面通过定增募资拟投资3.85亿元自建产能。

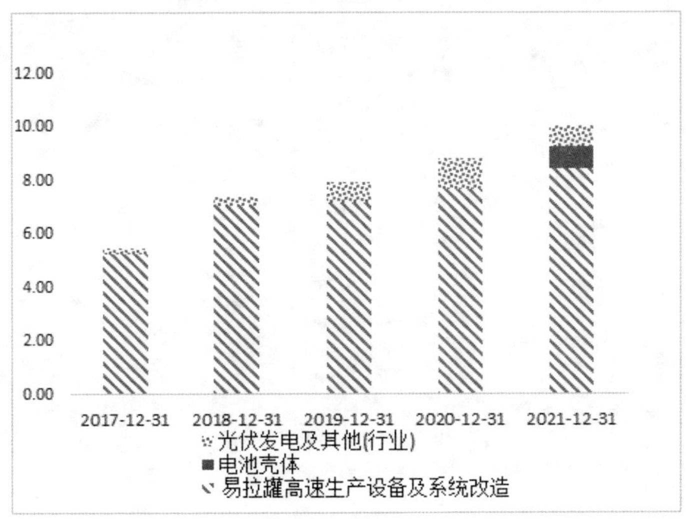

图3：收入结构（单位：亿元）
来源：并购优塾

整体来看，科达利为成熟的锂电池结构件龙头，而震裕科技、斯莱克为新进入者，震裕科技的转型进度更快。

（三）

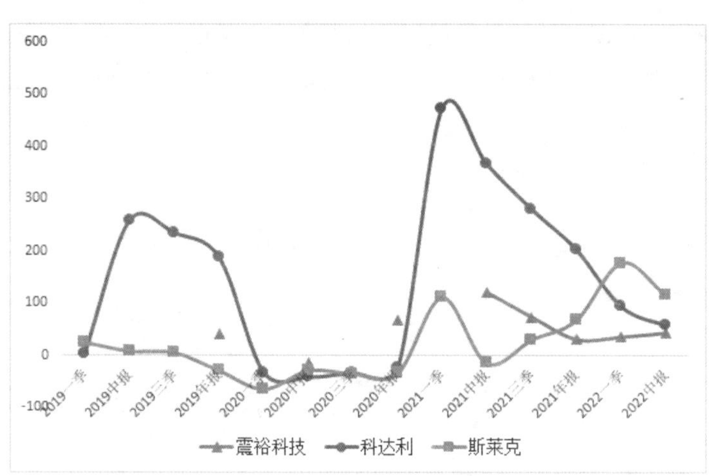

图4：归母净利润增速（单位：%）
来源：并购优塾

接下来，我们对将近10个季度的利润增速，以及近期的季度增长情况，做拆解：

一、科达利——2022年中报营业总收入33.88亿元，同比去年增长88%，归母净利润为3.44亿元，同比增长57.51%。

4月受到新冠疫情影响，产能利用率有所下滑，但受益于铝材料原材料端成本下降，铝价已由高位2.4万元/吨回落至1.8万元/吨左右，Q2毛利率25%，环比提升1%。但净利率9.69%，环比下降1.33%，主要系电池迭代速度加快，新产品开发使得研发费用显著增加，且新增产能爬坡导致费用提升。

科达利	2020年Q4	2021年Q1	2021年Q2	2021年Q3	2021年Q4	2022年Q1	2022年Q2	2022年Q3
归母净利润（亿元）	0.80	0.87	1.31	1.56	1.67	1.69	1.75	
同比增速（%）	-11.55	473.69	315.43	202.46	108.15	93.33	33.59	0
环比增速（%）	53.85	8.75	50.57	19.08	7.05	1.2	3.55	-100

表2：单季度业绩及增速

来源：并购优塾

二、震裕科技——2022年中报营业总收入25.14亿元，同比去年增长131.03%，归母净利润为1.05亿元，同比去年增长43.3%。

2022年H1，动力锂电池精密结构件/电机铁芯分别同比增长130.1%、142.9%，电池结构件/电机铁芯业务核心客户分别为宁德时代和比亚迪。据测算，2021年宁德时代和比亚迪供货比率分别约为45%、70%；据动力电池联盟，2022年H1宁德时代装机量52.5GWh，同比增长103.8%，据比亚迪公告，2022年H2，比亚迪累计销量达65.3万辆，累计同比增长157.05%。

震裕科技	2020年Q4	2021年Q1	2021年Q2	2021年Q3	2021年Q4	2022年Q1	2022年Q2	2022年Q3
归母净利润	0.62	0.41	0.32	0.45	0.53	0.56	0.49	
同比增速	-	6186.07	-2.66	28.43	-15.71	35.52	53.48	0
环比增速	77.14	-33.87	-21.95	40.63	17.78	5.66	-12.5	-100

表3：单季度业绩及增速

来源：并购优塾

三、斯莱克——上半年实现营业收入52.23亿元，较上年同期增长495.48%；归母净亏损为1.59亿元，同比增长25.59%。电池壳业务体量不大，新乡盛达（钢圆柱）2022年H1实现营收0.37亿元，4680壳体预计2022年Q4实现实现商业化生产。安徽斯翔（铝圆柱）2022年H1实现营收0.16亿元。

斯莱克	2020年Q4	2021年Q1	2021年Q2	2021年Q3	2021年Q4	2022年Q1	2022年Q2	2022年Q3
归母净利润（亿元）	0.06	0.16	0.20	0.38	0.33	0.44	0.35	
同比增速（%）	-30.8	110.32	-42.07	162.58	378.67	177.31	67.8	0
环比增速（%）	-60	166.67	25	90	-13.16	33.33	-20.45	-100

表4：单季度业绩及增速

来源：并购优塾

整体来看：1.科达利作为行业龙头，其增长基本与行业趋势接近，受累于费用增加，其利润增速偏慢于收入增速；2.斯莱克2022年上半年增速较快，主要是其主业易拉罐生产设备增速较快，而其电池壳业务，2022年中收入约0.58亿元，同比增速约20%，增速并不快；3.震裕科技收入增速与科达利相近，但利润增长远不及科达利，原因还是通过压价、牺牲账期等方式进入客户供应体系，导致整体利润率下滑明显。

（四）

接下来，我们来看现金流情况，

一、净现比——除了斯莱克外，震裕科技、科达利的净现比均较低，原因在于话语权较低，导致应收账款和存货等非现金项目占比偏高。宁德时代对其结构件供应商采取了VMI模式（寄售模式），有供应商在靠近宁德时代的厂区建立库存，只有存货被领用了，供应商才能确认收入。总的来看，产业链话语权偏弱是两家净现比低的原因。

纵向来看，锂电产业链净现比高于1的只有上游矿产资源、电池和隔膜环节，铜箔铝箔、电解液、正负极环节的净现比均低于1，主要原因还是电池环节市场份额相对集中，话语权高。

净现比（倍）	2017年	2018年	2019年	2020年	2021年	2022年H1
斯莱克	0.02	(0.44)	1.60	2.01	2.03	(0.91)
震裕科技	(0.71)	0.58	0.01	(0.61)	(1.85)	(2.22)
科达利	(0.45)	2.07	1.91	0.47	0.62	0.12
净利润（亿元）	2017年	2018年	2019年	2020年	2021年	2022年H1
斯莱克	1.36	1.37	0.97	0.64	1.07	0.78
震裕科技	0.19	0.55	0.77	1.30	1.70	1.05
科达利	1.66	0.82	2.37	1.79	5.42	3.44
经营活动现金流（亿元）	2017年	2018年	2019年	2020年	2021年	2022年H1
斯莱克	0.02	(0.60)	1.55	1.29	2.18	(0.71)
震裕科技	(0.13)	0.32	0.005	(0.79)	(3.16)	(2.32)
科达利	(0.74)	1.71	4.54	0.84	3.35	0.42

表5：净现比

来源：并购优塾

净现比（倍）	2017年	2018年	2019年	2020年	2021年	2022年中报
锂矿	109.47	-4.39	171.21	143.27	119.86	164.98
电池	-89.41	132.08	34.41	279.77	201.71	175.92
铜铝箔	85.26	157.57	126.69	2483.3	45.96	60.21
电解液	16.61	171.83	79.25	129.69	69	92.96
负极	6.76	48.46	106.07	99	-10.91	-51.53
隔膜	96.23	84.89	87.84	127.73	138.54	25.08
正极	-42.56	77.81	110.59	134.97	-10.91	-31.19

表6：产业链各环节净现比

来源：并购优塾

二、经营现金流VS资本支出——目前仍在大举扩张的是震裕科技和科达利，两家的CAPEX远高于经营活动现金流。其中震裕科技连续三年经营活动现金流为负数，但仍在快速扩张。

资本性支出（亿元）	2019年	2020年	2021年	2022年H1
斯莱克	0.79	1.01	3.43	1.07
震裕科技	1.70	1.36	4.37	4.56
科达利	5.11	4.52	11.90	7.92
经营活动现金流净额（亿元）	2019年	2020年	2021年	2022年H1
斯莱克	1.55	1.29	2.18	-0.71
震裕科技	0.00	-0.79	-3.16	-2.32
科达利	4.54	0.84	3.35	0.42

表7：经营现金流VS资本支出

来源：并购优塾

需要注意的是，锂电池结构件环节整体话语权较弱，现金流较差，那么，低现金流是否换来了一定的利润率空间，我们接着来看利润率情况。

（五）

一、毛利率

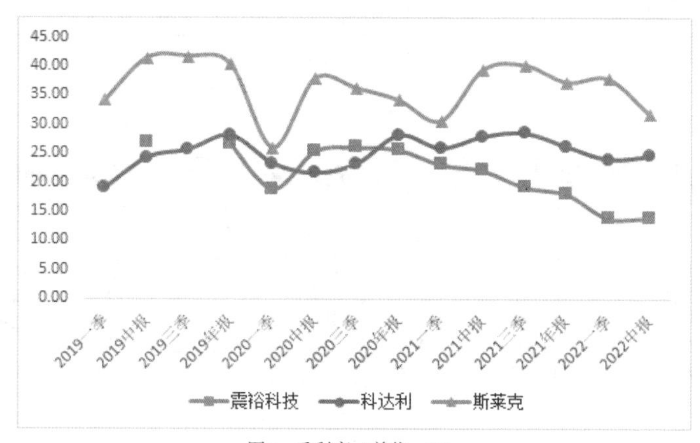

图5：毛利率（单位：%）
来源：并购优塾

结构件的生产成本主要是原材料（占比超过50%），主要包括铝材、铜材、钢材等；其次为制造费用，主要为电力成本和折旧摊销。

一辆新能源车有两种类型的结构件，一种是用来承载电池组的托盘和连接件（代表企业：凌云股份、和胜股份），一种是用来包装单个电芯的电池壳，又称精密结构件（代表企业：科达利、震裕科技）。两种结构件的主要目的都是用来保护电池，而精密结构件技术壁垒高，对尺寸公差敏感，电池层级需要百分级精度要求，且需要具备防腐蚀、防爆炸的功能。因此，电池壳生产企业毛利率相比电池托盘结构件企业更高。

震裕科技毛利率明显低于科达利，主要原因是大客户依赖。其100%供给宁德时代，大客户依赖导致其承担了较多的原材料涨价成本，并且，宁德时代将其导入供应链的核心诉求就是降本。而科达利的客户相对分散，还包括中创新航、LG、亿纬等客户。

此外，锂电池精密结构件行业，经营杠杆较高，其生产模式与底盘结构件、轮毂、曲轴等汽车零部件类似，属于重资产加工型生产模式，前期设备投入大，产能利用率低，拖累毛利率。

生产精密结构件产品具有典型的规模效应，在生产规模达到一定程度后，固定成本得到有效分摊，边际生产成本会逐步下降，规模效益才会逐步显现。斯莱克毛利率较高，主要原因是设备毛利率高于结构件。其易拉罐生产设备毛利率达到35%以上，而电池结构件由于未形成规模效应，毛利率仅有6.34%，未盈利。

二、净利率

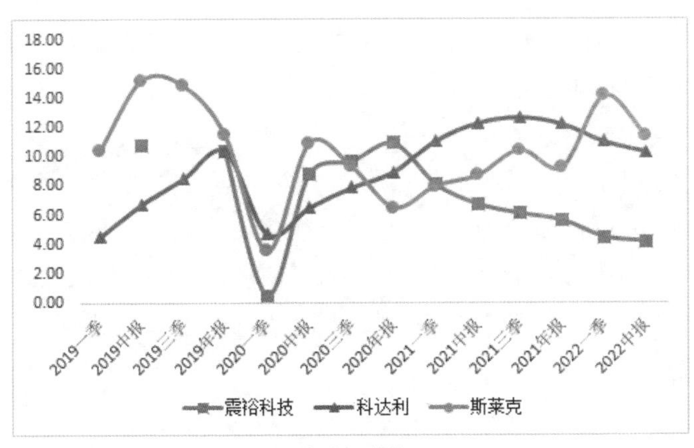

图6：净利率(单位：%)
来源：并购优塾

斯莱克和科达利的净利润率基本在10%左右波动，斯莱克设备毛利率虽高，但也承担较高的销售及研发费用。

总结一下：1.锂电结构件中，细分产品的毛利率存在差异，电芯结构件高于电池托盘；2.规模更大的企业，能够更好地压低成本，提升毛利率，因此，牺牲话语权来换取规模，确实能够提高一定盈利空间。

明确了增长质量和利润率情况后，我们来看锂电结构件行业未来的增长前景，以及变化趋势？

（六）

我们自下而上将电池结构件的市场空间进行拆分，可以用以下公式表达：市场规模=动力锂电池装机量×电池结构件用量×单价。

接着，我们将几个核心驱动力，挨个拆解：

一、动力锂电池装机量——锂电池装机量=汽车销量×新能源汽车渗透率×平均带电量。

根据SNE Research公布的数据，全球动力电池1到7月合计装机233.77GWh，同比增长81%。目前来看，欧洲、中国新能源车市场仍在加速渗透，唯一出现变化的是美国市场。其变化主要为两方面：1.政策导向改变，加大新能源车补贴和税收减免；2.积极保护国内锂电及矿产资源产业链。

我们预计，美国新能源汽车渗透率将提速，预计到2030年能够达到政策制定的30%目标。测算下来，美国新能源汽车市场在全球份额中占比约为20%，中国占50%，欧洲占30%。

全球新能源汽车需求							
	单位：万辆	2020	2021	2022E	2023E	2024E	2025E
中国	汽车销量（万辆）	2531.00	2627.18	2705.99	2787.17	2870.79	2956.91
	yoy		*3.8%*	*3.0%*	*3.0%*	*3.0%*	*3.0%*
	新能源渗透率（%）	5.3	13.3	20.2	21.8	23.4	25
	新能源车销量（万辆）	136	350.70	550.00	607.02	671.46	739.2
欧洲	汽车销量（万辆）	1670.56	1645.50	1661.96	1678.58	1695.36	1712.32
	yoy		*-1.5%*	*1.0%*	*1.0%*	*1.0%*	*1.0%*
	新能源渗透率（%）	8.32	13.8	19.95	26.11	32.27	38.43
	新能源车销量（万辆）	139	227.0	331.6	438.3	547.1	658.0
美国	汽车销量（万辆）	1460	1506.00	1533.11	1560.70	1588.80	1617.39
	yoy		*3.2%*	*1.8%*	*1.8%*	*1.8%*	*1.8%*
	新能源渗透率（保守）	2.0%	5.6%	8.0%	9.0%	11.3%	15.0%
	新能源渗透率（乐观）	2.0%	5.6%	9.2%	12.8%	16.4%	20.0%
	新能源车销量（万辆）	29.20	84.34	122.65	141.24	179.99	242.61
	汽车销量（万辆）	2200.0	2371.3	2442.5	2515.7	2591.2	2668.9
	yoy		*3.0%*	*3.0%*	*3.0%*	*3.0%*	*3.0%*
新能源车渗透率（%）		0.35	1.37	2.28	3.19	4.09	5
其他国家新能源车销量（万辆）		7.70	23.00	55.66	80.15	106.06	133.45
全球汽车合计销量（万辆）		7861.56	8150.00	8343.52	8542.19	8746.15	8955.56
新能源车渗透率（%）		4	8	13	15	17	20
全球新能源车合计销量（万辆）		312	685.04	1059.92	1266.69	1504.55	1773.24
平均单车带电量(kWh)		47.1	44.5	45.8	47.2	48.6	50.0
yoy			*-5.6%*	*3.0%*	*3.0%*	*3.0%*	*3.0%*
全球动力电池需求量（GWh）		146.90	304.50	485.27	597.33	730.79	887.13

表8：锂电池需求量

来源：并购优塾

（七）

二、电池结构件用量

电芯结构件（电池壳）起到防爆、抗震、防腐蚀等作用，其是新能源车纯增量零部件，其约占整个电池包成本3%～7%。动力电池的电芯，根据封装形式可分为三种，方形电池、圆柱形电池、软包电池。软包电芯不使用电池壳，采用铝塑膜包装，共有尼龙+铝+PP三层薄膜保护。

圆柱电池采用钢壳，方形电池采用铝壳。电池壳由壳体和盖板组成。其中，盖板的制造工艺复杂度通常远高于壳体。三种封装形式，我们依次来看：

1）软包电池

软包电池的结构件用量极少，因此，主要看软包渗透率，软包渗透率如果持续提升，电芯结构件用量会持续减少。GGII数据显示，全球动力电池中，软包市场份额约在20%左右，而2022年Q1，国内软包市场份额仅占4.5%。差异在于软包主要由LG化学生产供给欧美车型使用。

根据我们在软包电池产业链中的分析，我们假定软包电池渗透率未来不会下降。原因在于：1.软包模式适合混动车型；2.固态、半固态电池将采用软包封装；3.以软包为代表的LG新能源已宣布停止方形电池开发，专注于软包及圆柱。

那么，接下来我们来看方形、圆柱的下一代技术，分别对电芯结构件产生了什么样的影响。

（八）

2）圆柱电池

圆柱电池，采用强度高的钢材作为外壳材质，为了防止电池正极活性材料对钢壳的氧化，生产企业通常采用镀镍（预镀镍/后镀镍）的方式来保护钢壳的铁基体。

圆柱形电池技术变化，主要由特斯拉推动。

从1865电池到2170电池，再到4680电池，同样带电量下，电芯数量从7200降至960个。能量密度的提升，就得益于电芯变大。4680电池，相较于2170电池，电芯尺寸变大，直径从27mm变为46mm，高度从70mm变为80mm。

电芯变大的优势，在于同等体积的电池包下，材料的装载量不变，但电芯的单体数量减少，导致整个电池包中的电芯结构件用量减少。特斯拉采用4680电池后，整车电芯数量约为960个，而原来的2170电池整车电芯数量约为4416个，整车电芯数量仅为原来的1/5。此外，电池包重量下降36kg，能量密度提升了25%。

但需要注意的是，这并不意味着大圆柱电池包的结构件用量也缩减为原来的1/5，由于单个电芯面积变大，每一个4680电芯结构件用量会有提升。

那么，整体来看，电池壳用量缩减了多少？

我们用圆柱体的表面积公式（$S=2\pi r^2+2\pi rh$）以及体积公式（$V=\pi\times r^2\times h$）测算可得：1. 单个4680电芯表面积是2170的2.8倍，但体积是其5.48倍；2. 整个2170电池包电芯数量4416个，4680电池包中电芯数量是其1/5。

两个变量测算下来，整个4680电池包电池壳的用量仅有原来的60%（2.8×1/5=0.6）左右。

	2170电池	4680电池	4680/2170倍数
r（mm）	10.50	23.00	2.19
h（mm）	70.00	80.00	1.14
表面积 $S=2\pi r^2+2\pi rh$	5308.17	14877.32	2.80
体积 $V=\pi * r^2 * h$	24232.95	132884.80	5.48
电芯数量	4416	960	0.22
电池包电芯表面积（mm^2）	23440878.72	14282227.20	0.61
电池包电芯体积（mm^3）	107012707.20	127569408.00	1.19

表9：电池壳用量
来源：并购优塾

总结一下，圆柱电池的新一代技术，会导致电芯结构件用量减少40%左右。

（九）

3）方形电池

方形电池由于自身力学特性，大多采用的是铝壳，铝壳比钢壳成本略高，但铝质材料可以做得更薄，更轻。我们重点来看几大技术创新下，方形电池电池壳的变化。

刀片电池——从比亚迪对外公布的数据来看，它的技术迭代思路和特斯拉类似，就是坚持将电池做长做大。电池长度从2008年的36.6cm做到了96cm，长达到2.5m，电芯数量也锐减至200个。

麒麟电池——从首代CTP1.0到麒麟电池CTP3.0，宁德时代的重组效率从50%提升到了72%。CTP1.0去掉了模组的侧板；CTP2.0去掉了模组的两个端板，利用箱体上的纵横梁来代替端板；CTP3.0去掉了箱体上的纵横梁，采用水冷板作为冷却装置以及支撑电芯的结构件。电芯尺寸不变，由原来直立放置改为背对背侧放以容纳更多电芯。

来看具体差别，

麒麟电池组——减少了电池包中横纵梁。其采用的是冷却板充当电池包的结构件，在不改变电芯大小前提下，通过省去电池包中的结构件，将省下来的体积留给电芯。

4680电池组——既减少了电池包结构件，也减少了电芯结构件。放大单体圆柱电芯后，一方面减少了电芯壳的重量，另一方面，由于圆柱电芯的支撑力变强，同样可以省去电池包的横纵梁，其通过注满聚氨酯胶水来固定电芯。

不过，由于需要电芯本身来支撑电池包，因此，大圆柱电芯对壳体刚度要求更高，电池壳采用钢材料，并且需要预镀镍来增加刚度，这样才可以省去传统模组的横纵梁。从美国专家拆解首批特斯拉ModelY的4680电池包来看，整个电池包充满了粉红色的聚氨酯胶水。这样的灌胶技术让电池包省去了大量结构件，但缺点是维修的可能性几乎为0。

从电池包中电芯数量的角度来看，麒麟电池包中的电芯数量更多（多了20%到25%），能量密度也比4680高出13%。

综上，方形和圆柱的下一代技术中，4680电池会减少结构件用量，而麒麟电池用量增加，那么未来麒麟电池VS4680，哪一个的市占率会快速提升？

（十）

在电芯的创新设计上，麒麟电池的改动幅度小于4680。我们来看两个重磅产品的参数对比。从现有的公开数据来看，麒麟电池在系统集成效率、快充、能量密度、集成度等全方面碾压4680。

能量密度方面——4680电池能量密度237Wh/kg低于麒麟255Wh/kg。圆柱形电芯结构件强度更高，各个方向受力均匀，能够有效改善高镍三元热稳定性弱、易产气的缺点。

从电芯材料来看，4680仍有提升空间，目前能量密度提升的一大瓶颈是硅基负极材料的应用，其膨胀性较高限制了以往的大规模普及，而4680 的封装形式对体积膨胀的容忍度更高，更加适配硅基负极。

快充能力——4680有全极耳设计，阻抗更小（单极耳的阻抗很难降低下来），非常利于快充设计，电极倍率可提高4到5倍，更容易实现快充功能。全极耳更适合快充，但从公开数据来看，麒麟电池的快充速度高于4680，是因为其增加了水冷板用量。

快充的前提是散热，麒麟电池电芯结构件过于简化，导致电池排列紧密，散热性能较差。为了解决问题，其水冷板的面积增加了4倍。

成本——麒麟没有公布其成本，但从行业调研情况看，4680由于散热好，底部没有增加液冷板，而麒麟由于增加了水冷板用量，成本大约比4680贵1000多元。

综上，我们认为：1.麒麟电池目前通过水冷板，达到了阶段性较优的性价比，但给材料端预留的提升空间较小；2.未来4680如果能通过材料

（硅碳负极）体系提升来提升能量密度，那么，性价比会优于麒麟电池。

基于此，我们认为从中期角度来看，4680渗透率提升空间更大。

考虑到国内电池厂宁德、亿纬、LG化学等方形、软包厂商也开始供应4680电池，我们认为圆柱电池未来市场份额会有所提升。预计到2026年圆柱电池份额恢复至30%，考虑到混动及半固态电池的应用普及，软包份额不变，方形电池占比递减至50%。

全球新能源汽车需求						
		2020	2021	2022E	2023E	2024E	2025E
全球动力电池需求量（GWh）		146.90	304.50	485.27	597.33	730.79	887.13
方形占比（%）		53	53	53	53	53	53
圆柱占比（%）		24	25	25	26	27	27
软包占比（%）		23	22	22	21	21	20
方形需求量（GWh）		77.86	161.20	256.61	315.51	385.57	467.52
圆柱需求量（GWh）		35.26	75.09	122.87	155.19	194.68	242.19
软包需求量（GWh）		33.79	68.21	105.79	126.63	150.54	177.43

表10：电池类型占比

来源：并购优塾

（十一）

一、电池壳单价

宁德时代电芯结构变化不大，电池结构件单位成本从56元/Wh降至40元/Wh，年降幅达到12%。圆柱电池及刀片电池由于电芯尺寸变大，电池壳的单位价值量也会相应提升。2170电池壳体+盖帽单位价值量约2元，4680单位价值量为10元左右，是2170的5倍。

电池壳价值量更高，主要由于其厚度更高、尺寸更大，且由于4680尺寸技术未成熟，结构件仍需定制。

电池结构件	2170电池	4680电池
价格（壳体+盖帽）	2.00	10.00
结构件	标准品	非标设计
良率	≥97%	＜92%
厚度	~0.2mm	~0.6mm
镀镍	预镀镍/后镀镍	预镀镍

表11：4680与2170电池壳对比
来源：并购优塾

那么，4680有没有给电池壳市场带来增量？

答案是没有。根据上文测算，4680电池包的电芯数量减少到了原来的1/5，而单个电芯价格10元是原来电芯价格的5倍。测算下来，整个电池壳市场空间不变。

并且，如果未来4680电池技术成熟，单价大概率会像宁德时代一样，成本年降。基于此，新技术的迭代不会为整个市场带来增量空间。综上，测算出全球动力电池电池壳的市场规模到2026年约为311亿元，复合增速约为25%，略低于动力电池行业增速。

全球新能源汽车需求							
		2020	2021	2022E	2023E	2024E	2025E
全球动力电池需求量（GWh）		146.90	304.50	485.27	597.33	730.79	887.13
方形占比（%）		53	53	53	53	53	53
圆柱占比（%）		24	25	25	26	27	27
软包占比（%）		23	22	22	21	21	20
方形需求量（GWh）		77.86	161.20	256.61	315.51	385.57	467.52
圆柱需求量（GWh）		35.26	75.09	122.87	155.19	194.68	242.19
软包需求量（GWh）		33.79	68.21	105.79	126.63	150.54	177.43
电池壳用量（GWh）		146.91	304.50	485.27	597.33	730.79	887.14
单价							
方形电池		0.40	0.35	0.31	0.27	0.24	0.21
yoy			-12%	-12%	-12%	-12%	-12%
圆柱电池		0.45	0.63	0.80	0.90	0.98	1.00
电池壳市场规模（亿元）		47.01	103.75	178.03	225.68	283.28	340.88

表12：电池壳市场规模
来源：并购优塾

电芯结构件行业，未来整体增速略慢于动力电池行业，其向上核心驱动来自两点：1.新能车销量；2.麒麟电池/4680电池渗透率。

那么，这两个驱动力，近期情况如何？

（十二）

2021年H1，全球结构件市占率排名前二的企业分别为科达利（市占率42%，较2020年下滑7%）、震裕科技（市占率17%）。震裕科技通过绑定宁德时代份额有所提升，那么，未来，在圆柱电池时代，科达利的份额会如何变化？

大电芯的趋势下，电池壳结构创新周期短，再加上二线电池厂及车企纷纷布局，技术实力强的电池壳制造商，有机会提升份额。

4680/麒麟系列电池在发布伊始，对整个行业而言是全新的结构，没有标准件，封装设计及泄压阀细节不明晰。

电池壳安全性能要求高，开发过程需要合作开发，无法独立于下游电池企业。如果动力电池持续是方形结构，那么，结构件企业没有明显的技术迭代，大客户宁德时代更看重的是多供应商降本，结构件市场的份额大概率无法向集中演进。

但是，自2020年动力电池结构创新元年以来，各动力电池企业以及各大车企积极探索动力电池结构创新，包括：蜂巢能源的大电芯、比亚迪的CTB刀片电池、广汽的弹匣电池等。

综上，我们认为，虽然短期内龙头的份额有所下降，但电池结构创新会给其中的领先公司带来提升份额的机会。

（十三）

电池壳行业，得“配套能力”得增长，得“技术积累”得回报，得“盖板”技术得产品力。

1）配套能力：科达利＞斯莱克＞震裕科技

科达利——配套较为全面，各种新型电池均有配套。宁德时代的麒麟电池、4680电池、蜂巢的短刀片电池，以及中航创新的One-stop电池均有配套。

客户	配套产品	电池技术
宁德时代	方形铝壳	CTP麒麟电池
中创新航	方形铝壳	one-stop电池
LG化学	圆柱钢壳	2170电池
亿纬锂能	圆柱钢壳	4680电池
蜂巢能源	方形铝壳	短刀电池
比亚迪	方形铝壳	刀片电池

表13：电池壳配套情况
来源：并购优塾

斯莱克——具备18650/21700钢壳配套能力，4680电池壳在客户验证阶段，方形电池方面，通过收购东莞阿李进入宁德时代方形电池壳供应链。

客户	子公司	产品
力神、亿纬锂能等	新乡盛达	圆柱电池钢壳
-	安徽斯宇	圆柱电池铝壳
宁德时代	常州莱盛、东莞阿李	方形电池铝壳

表14：电池壳配套情况
来源：并购优塾

震裕科技——主要是宁德时代的方形铝壳电池，后续可能配套麒麟电池。

2）产能方面：科达利＞震裕科技＞斯莱克

锂电池精密结构件，属于与下游锂电池高度配合的零部件，而且结构件体积大、质量大，需要在电池厂就近建厂。前期投入较大，对企业资金实力、周转效率要求高。

因此，规模扩产的前提一定是与客户配套。所以，短期来看，是得配套能力得增长。从配套能力来看，科达利更具备优势，其在全球电池基地形成了配套布局。

科达利——海外工厂：匈牙利工厂（配套三星）、瑞典工厂（配套Northvolt）、德国（配套宁德）；国内工厂：惠州（配套宁德、比亚迪、亿纬锂能、欣旺达）、江苏溧阳（配套宁德、中航锂电、LG）；在建工程：湖北荆门（亿纬锂能）、山东枣庄（欣旺达）等。

斯莱克——布局新乡盛达、安徽斯翔、东莞阿李以及常州莱胜，承接小圆柱钢壳、铝壳，大圆柱钢壳及方壳等不同类型电池壳的生产制造，目前拥有三大生产基地（不包含常州）。

一是新乡盛达（圆柱钢壳业务），1680/2170小直径钢圆柱电池壳的生产工艺研究、主机开发、产线建设和产品验证已于2020年完成，并且于同年通过新乡盛达逐步开始批量供货；总产值约10亿元。

二是安徽斯翔（圆柱铝壳业务），首条铝圆柱电池壳的产线已实现批量生产并对外供货，目前其他产线也在生产调试中。

三是常州莱胜（方形铝壳业务），2020年投资建设方形铝壳生产线，预计形成1.2亿只电池壳产能，产值约6亿元。

震裕科技——布局方形铝壳，主要围绕宁德基地配套建厂。

3）客户结构

客户结构方面，科达利绑定较深。

4）盖板技术（产品力）

电池壳由壳体和盖板组成。其中，盖板的制造工艺复杂度通常远高于壳体。

盖板中重要部件主要有：极柱、防爆阀和反转片。电池壳的防爆阀是整个技术的核心。其是防止电池爆炸的关键部件。而安全问题是痛点，解决行业痛点，就能获得议价权。盖板集成部件较多，工艺较为复杂，且在实际使用时，防爆阀开启后，电解液容易飞溅至盖板接线，造成二次事故，而壳体的制造相对简单，主要采用连续拉伸工艺。

具备防爆阀技术积累的是科达利，其次是震裕科技，斯莱克还未有防爆阀生产。科达利为全国首家研发出动力电池防爆技术企业，震裕科技的技术积累来自冲压模具开发，而后通过与宁德合作开发突破防爆阀。斯莱克的技术积累主要来自于易拉罐的生产，易拉罐与电池壳的壳体部分具备同源性，但其在防爆方面技术积累较少。

基于上文分析，我们认为大电芯的单位价值量更高，绑定电芯结构不断创新的电池厂。

（十四）

此处，我们再来回溯一下锂电结构件行业历史。

以科达利为例，1972年，出生于“模具之乡”浙江宁波的励建立，开始学习模具工艺，并在读中专时选择了模具设计专业。1991年，中专毕业后，励建立来深圳创业，并在一家港资企业做模具设计，三年后创立科达利。

科达利起初的定位是五金冲压模具，1999年，接到来自比亚迪的订单，制作电池的封口板模具。由于其模具做得又好又快，比亚迪与科达利的合作越来越紧密。彼时，比亚迪的主业是手机锂电池，由于锂电池结构件全部是从日本买过来的，价格高，提出与科达利合作开发手机锂电池结构件。

模具能生产各式结构件，但锂电池结构件有着相对的特殊性，开发难度大、耗费精力多。为了制造1个细长的拉伸壳子，1年内科达利尝试了20余次。经过不断努力，终于成功研发出锂电池结构件，产品开发出来后，质量基本跟日本差不多，但价格只有日本的三分之一，所以很快就替代进口了。

随着苹果手机的面世，手机锂电池的风向正在改变。苹果采用的是软包电池，电池外包装是一种轻薄的铝塑膜，根本不需要结构件。然而，这种电池面向市场时，并没有引起注意，大家不认为软包装的方式会成为未来发展的主流方向。

但科达利及时转变了发展方向，将手机锂电池结构件赚到的钱一半以上投入到新能源汽车的动力电池精密结构件的开发。

2007年，在手机锂电池业务不断增长时，其做了一个大胆的决定：进入动力电池精密结构件的研发。2011年左右，科达利成为首家成功研制新能源汽车电池防爆体系的公司。2015到2017年，适逢新能源客车在补贴下快速发展，而新能源客车采用方形电池壳，这一波行业红利给了科达利上市的机会。

正式上市后，融资为企业拓宽了前行的道路。科达利开始大局扩厂，其在深圳、上海、惠州、西安、常州、大连、宁德、宜宾和荆门等主要锂电产业区先后建造9大基地。

2020年，新能源乘用车开始爆发，为了能更好为欧洲客户提供配套服务，其降低成本，根据客户需求建设了三家海外基地，分别在德国、瑞典、匈牙利。

（十五）

研究至此，我们小结一下。

1. 增长驱动力——不论是大圆柱，还是方形电池的CTB/CTC，究其本质，就是为了减少结构件。

2. 关键变化——大电芯化令电芯数量减少，电芯精密结构件用量也会减少；但新技术会令结构件份额趋向集中。

3. 景气度预期——2021年销量预期是600万辆，目前来看预期基本兑现；预计2022年销量约为1000万辆。

4. 生意难点——在快速扩产同时，保持稳定现金流。

5. 产品力——顶盖设计、防爆阀的设计是产品力的体现。

6. 风险点——带息债务占比较高，经营活动现金流情况偏差。

证券简称	净利润现金含量 2021年（%）	净负债率 2021年（%）	经营活动产生的现金流量净额/流动负债（亿元）	资产减值损失/营业利润 2020中报（%）	存货周转天数 2021年（天）	应收账款周转天数 2021年（天）	带息债务 2022中报（亿元）	经营活动产生的现金流量净额 2022中报（亿元）
科达利	61.80	2.17	0.13	-7.24	54.54	95.01	12.87	0.42
震裕科技	-185.48	45.73	-0.13	-7.73	60.61	63.97	20.21	-2.32
斯莱克	202.58	23.49	0.24	-3.53	392.67	131.47	7.30	-0.71

表15：风险点
来源：并购优塾

本文发布于2022年9月26日

碳纳米管导电剂产业链

天奈科技、道氏技术、莱尔科技

导电剂，是锂离子电池中的一种关键辅材，其占电芯成本1%到2%左右。从锂离子电池的原理来看，导电剂、黏结剂等辅助材料，并不参与电化学反应，所以其对能量密度没有直接影响，但能提高导电性，从而影响倍率性能。

从机构一致预期增长和景气度来看，

		2022年		2023年		2024年	
		亿元	同比增长（%）	亿元	同比增长（%）	亿元	同比增长（%）
营业收入（亿元）	莱尔技术	6.87	51	9.43	37	12.46	32
	天奈科技	25.659	94	44.007	72	62.6644	42
	道氏技术	91.27	39	127.8667	40	164	28
归母净利润（亿元）	莱尔技术	1.06	56	1.56	47	2.22	42
	天奈科技	5.9736	102	10.9036	83	16.2267	49
	道氏技术	7.0733	26	9.4933	34	12.19	28
机构预测PE（倍）	莱尔技术	32.54		22.11		15.54	
	天奈科技	44.77		24.53		16.48	
	道氏技术	13.59		10.12		7.88	

表1：Wind机构一致预期增长和景气度情况
来源：Wind

导电剂产业链，包括以下几个环节：

上游——NMP（和N-甲基吡咯烷酮）、丙烯等原材料供应商。NMP为一种有机化学溶剂，占成本比重超过60%，是锂电生产中不可或缺的有机溶剂，下游74%用于正极辅助材料和锂电池导电剂浆，代表供应商有万华化学、晶瑞电材。

中游——导电剂生产商，代表企业有天奈科技、卡博特（收购三顺纳米）、道氏技术（收购青岛昊鑫）等。

下游——电池厂。

(一)

从锂电池的发展趋势看，主要围绕电池提高能量密度并降低成本发展，并在此基础上提高快充、安全等性能。我们来看电池能量密度公式：电池能量密度=电池比容量×电压。

从公式看，只要增大分子（选比容量更高的材料，提高工作电压），便能够提升能量密度。但是，化学中许多互相矛盾的性能，导致我们顾此失彼——以单晶三元提高工作电压为例，高电压有利于提高能量密度。然而，就像高压水管频繁受到压力冲击，循环多次，水管就容易破裂，而高压电池也会挤压正负极，造成析锂等不良反应。

再比如，锂电池的倍率性能，用C来表示。1个容量为3A的1C电池，用3A的电流给它充电，一小时充满；2C就是半小时充满，4C就能达到15分钟快充。

但是，能量密度和倍率性能天然矛盾。我们希望能在有限的电池空间里存储尽可能多的能量，又希望这些能量能快速存储释放，这本身就是一种矛盾。松散的海绵材料结构有利于液体扩散，提升电池的充放电倍率性能，但也意味着低体积利用率，单位体积的活性物质少，能量密度也就降低了。

因此，针对电池正极，需要加入导电剂来提高导电率，从而改善倍率性能。导电剂在正极的核心作用，就是增加活性物质间的导电接触，提高导电率。以碳纳米管为例，其是一个直径在10nm左右，长度达到20μm细长的管子，能够在导电网络中充当“导线”的作用，增加正负极颗粒之间的接触，从而发挥高倍率特性。

因此，不论是三元还是磷酸铁锂电池，其正极都需要导电剂。

负极材料大多采用石墨，本身就与导电炭黑同源，导电性较好，不需要额外添加导电剂。但随着石墨的理论比容量达到上限，逐渐被硅基负极替代。硅基负极比容量高达4200mAh/g，但充放电过程中会产生巨大体积膨胀及导电性能较差，严重限制了其大规模应用。从长期来看，硅基负极的应用，将带动导电剂向负极渗透。而单壁碳纳米管由于良好的导电性、高强度、高柔性、高长径比，其在加入低剂量的情况下即可在材料内部形成发达网络的能力，在硅颗粒之间建立高度导电和持久的连接。

单壁碳纳米管当前价格高达1000万/吨，价格是导电炭黑的100倍，高昂的价格短期内难以商业化，但未来将成为各碳纳米管生产导电剂企业未来的重点研究方向。

（二）

一、天奈科技（江苏省镇江市）——以碳纳米管为主，碳纳米管下游73%用于新能源车领域，18%用于3C，7.4%来自于储能。2021年3C和储能占比明显提升。从三个应用领域增速来看，储能（355%）＞3C（220%）＞动力（163%）。

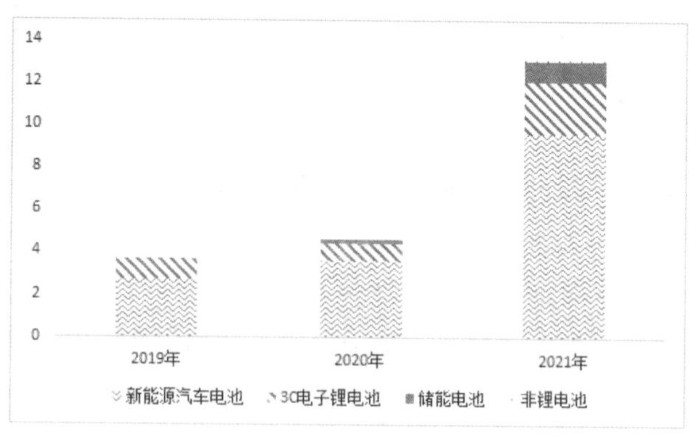

图1：收入结构（单位：亿元）
来源：并购优塾

从产品结构来看——根据可转债说明书，2021年前三个季度一代、二代、三代分别占比37%、58%、4.3%。从技术附加值来看，三代＞二代＞一代；从浆料售价来看，三代（5.99万元/吨）＞二代（4.62万元/吨）＞一代（2.82万元）。一代产品主要用于磷酸铁锂，二代主要用于三元锂电池，三代主要用于高镍三元。（代级越高导电性越强，对高能量密度的正极配适性越好。）近两年来，磷酸铁锂用碳纳米管占比提升，主要来自比亚迪等电池厂。

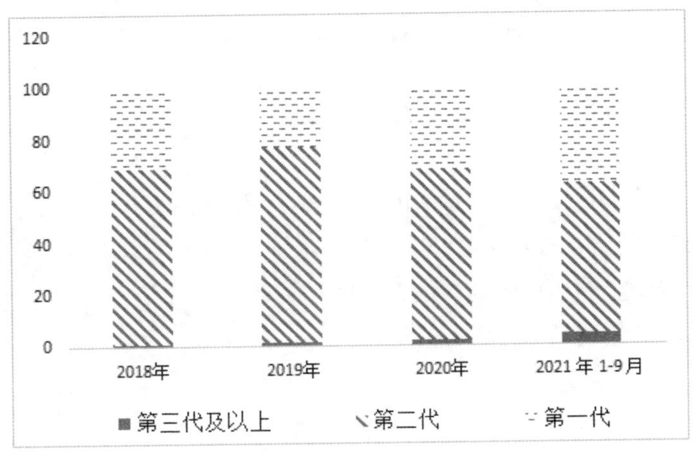

图2：销量结构（单位：%）
来源：并购优塾

二、道氏技术（广东省佛山市）——从陶瓷材料起家，通过收购进入锂电行业。以三元前驱体为主，锂电材料、陶瓷、碳材料（包括导电剂）分别占比58%、23%、8.7%。子公司青岛昊鑫（后更名格瑞芬）主营碳纳米管，2021年底拥有碳纳米管浆料产能2.5万吨，粉体1000吨；子公司佳纳能源主营三元前驱体，振华科技是其主要客户之一。

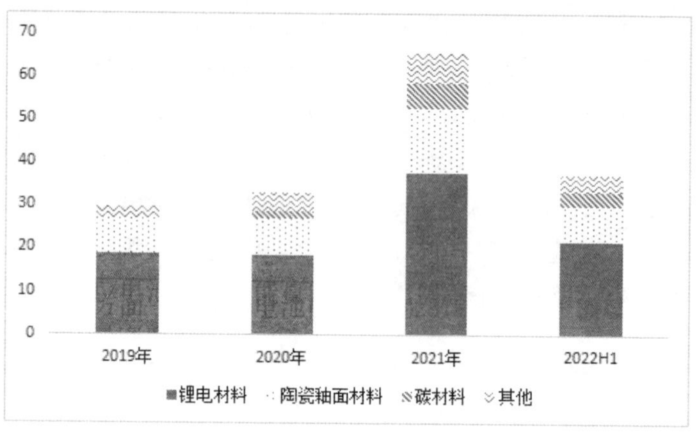

图3：收入结构（单位：亿元）
来源：并购优塾

三、莱尔科技（广东省佛山市）——涂碳铝箔为其主要业务。2022年8月25日公告，投资年产3800吨碳纳米管及3.8万吨碳纳米管导电浆料项目。投资金额10亿元到15亿元，总工期24个月，预计项目全部建成投产后，年产值达15亿元到25亿元。

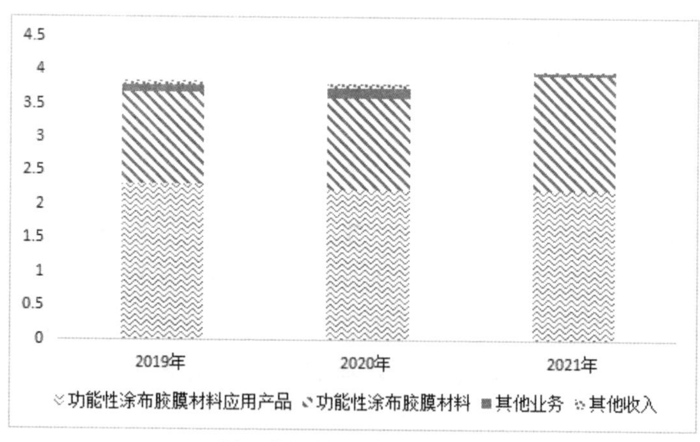

图4：收入结构（单位：亿元）
来源：并购优塾

从收入结构上看，以碳纳米管为主业的只有天奈科技，道氏技术小部分收入来自碳纳米管，而莱尔科技刚开始布局。

（三）

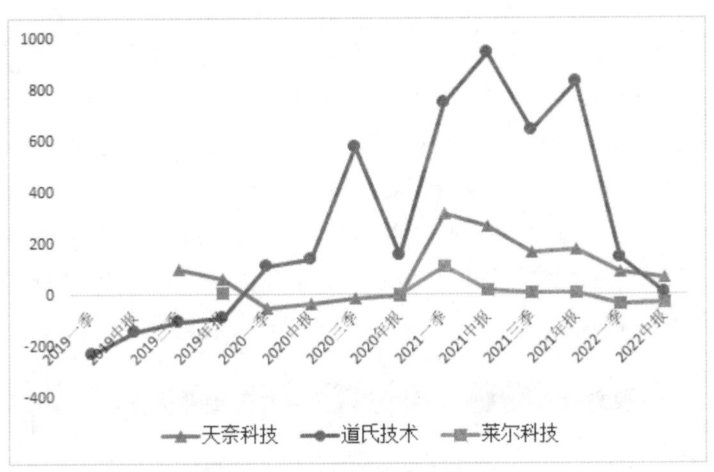

图5：归母净利润增速（单位：%）
来源：并购优塾

再拆成季度业绩看，道氏技术的利润，主要由钴盐和电解铜贡献，2019年受钴盐价格下降及正极业务下游需求较弱影响，利润承压，2021年钴盐价格恢复，利润上升。

一、天奈科技——2022年中报披露，实现收入9.41亿元，同比增长80%，净利润2.04亿元，同比增长69%。

量方面：2022年H1浆料收入9.3亿元，同比增加79%，预计对应浆料出货2.2万吨，其中Q2出货1.0到1.1万吨，预计Q3出货1.4万吨，Q4出货2.1到2.2万吨，全年大约在5.6到5.7万吨，同比增长70%。价方面：22年H1单吨盈利0.9万元，其中Q2单吨盈利约1.0万元，环比提升14%，主要系产品结构升级，第三代产品在Q2占比达到25%。

天奈科技	2020年Q4	2021年Q1	2021年Q2	2021年Q3	2021年Q4	2022年Q1	2022年Q2
归母净利润（亿元）	0.30	0.53	0.67	0.83	0.92	1.00	1.04
同比增速（%）	59.59	314.75	236.87	89.17	202.63	87.67	55.04
环比增速（%）	-31.82	76.67	26.42	23.88	10.84	8.7	4

表2：季度业绩
来源：并购优塾

二、道氏技术——2022年半年报实现收入37.25亿元，同比增长34.35%，利润2.53亿元，同比下降1.35%。三大业务中碳材料增速较快（同比增长126%），三元材料同比增长33.15%。2022年H1出现增收不增利的情况，三元前驱体和导电剂毛利率均出现下滑，原因是下游客户在三元正极及导电剂领域话语权较强，竞争加剧导致其无法将原材料涨价传导至下游。

道氏技术	2020年Q4	2021年Q1	2021年Q2	2021年Q3	2021年Q4	2022年Q1	2022年Q2
归母净利润（亿元）	0.00	0.71	1.91	1.83	1.17	1.71	1.05
同比增速（%）		746.21	1035.52	419.69	82945.44	141.68	-45.37
环比增速（%）			169.01	-4.19	-36.07	46.15	-38.6

表3：季度业绩（单位：亿元）
来源：并购优塾

三、莱尔科技——2022上半年实现收入2.31亿元，同比增长3.66%，利润0.32亿元，同比下降28.46%。上半年业绩下滑，主要是老业务受原材料价格上涨等因素影响，产品毛利率下降；新业务晶圆膜、热成型、车载等应用产品目前销售规模较小，仍未形成体量。

莱尔科技	2020年Q4	2021年Q1	2021年Q2	2021年Q3	2021年Q4	2022年Q1	2022年Q2
归母净利润（亿元）	0.14	0.16	0.16	0.22	0.14	0.10	0.12
同比增速（%）		111.32	-17.62	-2.27	0.96	-33.81	-23.17
环比增速（%）	-39.13	14.29	0	37.5	-36.36	-28.57	20

表4：季度业绩
来源：并购优塾

（四）

接下来，我们来看现金流情况：

一、净现比——天奈科技2021年净现比明显下降，主要是应收账款占收入比重有所提升，以及原材料NMP涨价囤货导致。其下游客户宁德、比亚迪、ATL占比相对集中，客户话语权较高。

净现比（倍）	2019年	2020年	2021年	2022中报
天奈科技	1.03	0.60	0.10	-0.41
莱尔科技	0.96	0.81	1.18	0.44
道氏技术	43.36	8.82	0.79	0.97

表5：净现比
来源：Wind

二、经营现金流VS资本支出——三家企业资本支出均高于经营活动现金流，道氏技术CAPEX大幅提升，主要是其扩产较多三元前驱体产能。

资本支出（亿元）	2019年	2020年	2021年	2022年中报
莱尔科技	0.66	0.74	1.27	0.48
天奈科技	0.73	1.28	2.79	1.42
道氏技术	3.74	1.92	7.72	8.24
经营净现金流（亿元）	2019年	2020年	2021年	2022年中报
莱尔科技	0.58	0.51	0.80	0.10
天奈科技	1.14	0.65	0.29	-0.84
道氏技术	10.41	5.34	4.46	2.67
现金流/CAPEX（倍）	2019年	2020年	2021年	2022年中报
莱尔科技	0.89	0.69	0.63	0.20
天奈科技	1.55	0.51	0.10	-0.59
道氏技术	2.78	2.77	0.58	0.32

表6：经营现金流VS资本支出
来源：并购优塾

（五）

对比完增长情况，我们再来看利润率、净资产收益率的变化。

一、毛利率——天奈科技毛利率为39%，虽低于隔膜，但高于其他材料环节。高毛利率主要原因是产品2到3年的快速迭代，保持较好的竞争优势。天奈科技一代产品长度为3到10μm，管径为10到15nm，第三代产品长度可达5到30μm，管径可达5到10nm，三代毛利率比一代高17%。

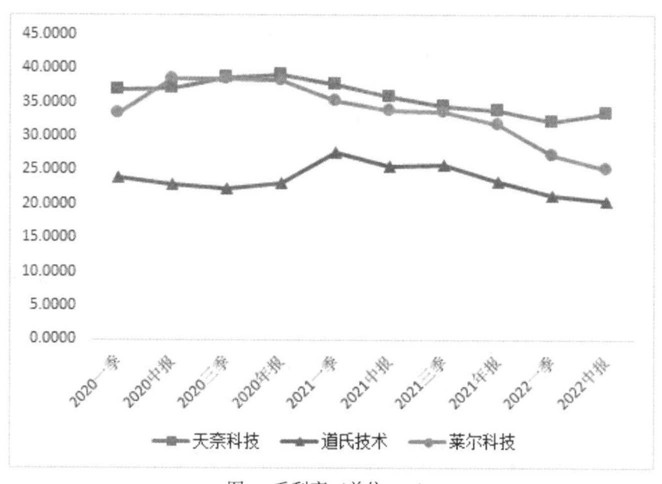

图6：毛利率（单位：%）
来源：并购优塾

单看道氏技术的导电剂毛利率，2019年到2022年H1分别为35.47%、14.47%、25.40%和21.55%，毛利率下降幅度较大一方面受原材料NMP价格大幅度上升的影响；另一方面，下游客户在导电剂领域具有较强的影响力，对采购价格压缩明显，受市场竞争加剧等因素影响，毛利率有所下降 。

从天奈的产品看，其一代产品主要用于磷酸铁锂，二代主要用于三元锂电池，第三代主要用于高镍三元，而更新一代产品则用于硅碳负极（未放量）。当前，一代产品占比有提升的趋势。未来高镍三元、硅碳负极电池渗透率提升，才是其毛利率提升的驱动力。

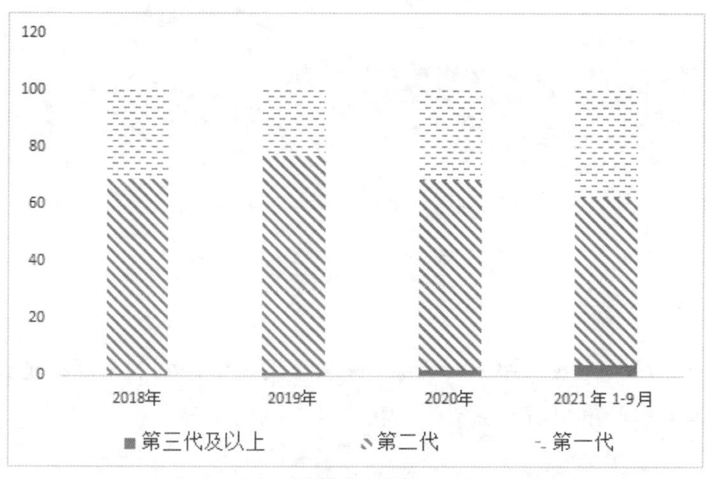

图7：产品结构（单位：%）
来源：并购优塾

单看碳纳米管毛利率，道氏技术比天奈科技低近8%，主要是产品结构及规模化效应带来的差距。可见，碳纳米管行业维持高毛利的方式类似半导体代工，需要不断推出高毛利的先进制程产品。

二、净利率——2021年莱尔科技利润率下降，是老消费电子业务景气度下行叠加原材料涨价所致。

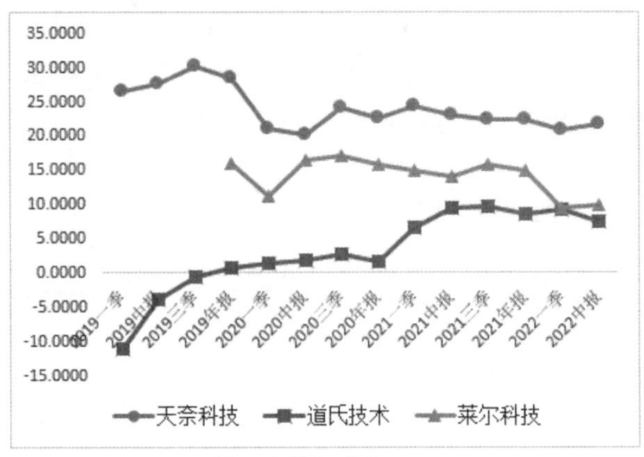

图8：净利率（单位：%）
来源：并购优塾

三、净资产收益率——天奈科技ROE高在于净利润率高；道氏技术高是因为资产重组后，总资产周转率及净利润率提升。

ROE（%）	2019年	2020年	2021年
天奈科技	9.92	6.62	16.24
莱尔科技	16.94	13.63	10.18
道氏技术	1.00	2.45	16.11
净利率（%）	2019年	2020年	2021年
天奈科技	28.43	22.59	22.33
莱尔科技	16.02	15.79	14.89
道氏技术	0.68	1.74	8.64
权益乘数（倍）	2019年	2020年	2021年
天奈科技	1.09	1.12	1.29
莱尔科技	1.16	1.20	1.16
道氏技术	1.80	1.94	1.73
总资产周转率（次）	2019年	2020年	2021年
天奈科技	0.30	0.26	0.59
莱尔科技	0.86	0.73	0.58
道氏技术	0.62	0.71	1.02

表7：净资产收益率（单位：%）
来源：公司年报

（六）

导电剂可分别用于正极、负极，我们自下而上将导电剂的市场空间进行拆分，可以用这个公式表达：碳纳米管市场规模=导电剂在正极渗透率×碳纳米管渗透率×单位正极碳纳米管用量×价格+导电剂在负极渗透率×碳纳米管渗透率×单位负极碳纳米管用量×价格。

CNT在导电剂领域主要增长源自于三点：1.下游新能源汽车需求增长；2.正极导电剂中渗透率提升；3.硅碳负极导电剂应用。

接着，我们将几个核心驱动力逐一拆解：

一、新能源汽车销量

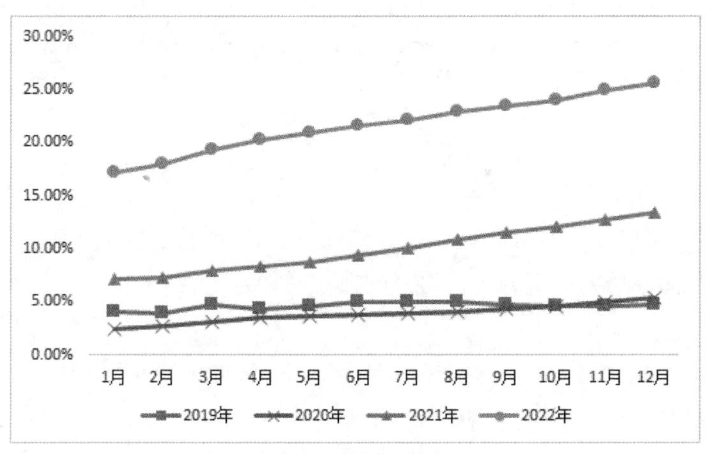

图9：新能源车渗透率（单位：%）
来源：并购优塾

2022年1到8月累计销量385万辆，同比增长114%，纯电累计销量326万，同比增长105.6%，混动销量75.6万辆，同比增长185%，混动车增速明显高于纯电。乘联会预测，2022年9月份新能源汽车零售销量预计

58.0万辆，同比增长73.9%，环比增长9.5%，渗透率29.7%，销量数据优于7、8月。从9月数据来看，若10月到12月销量环比稳定在9月水平，全年将达到617万辆，同比增长76%。

从价格区间渗透率数据来看：截至2022年8月，0到5万元、10到15万元、15到20万元、20到25万元、25到30万元、30到40万元价格带新能源车渗透率环比提升，绝对值分别为99.93%、21.93%、24.72%、38.39%。

价格带	销量占比	各月渗透率						
		202201	202202	202203	202204	202205	202206	202207
0-5万	16.1%	96.86%	96.73%	97.95%	98.36%	99.09%	99.64%	99.83%
5-10万	12.9%	13.70%	19.98%	33.08%	22.12%	27.18%	20.10%	18.32%
10-15万	19.8%	8.33%	12.74%	18.78%	22.05%	17.73%	17.93%	20.85%
15-20万	19.4%	15.74%	27.34%	36.12%	35.31%	45.46%	37.14%	31.83%
20-25万	10.8%	11.68%	15.38%	29.05%	21.57%	17.22%	21.74%	21.49%
25-30万	9.1%	13.01%	23.11%	31.36%	27.17%	30.72%	40.51%	23.82%
30-40万	7.7%	13.68%	17.96%	22.29%	18.34%	10.39%	43.35%	25.63%
40万以上	4.2%	22.60%	30.83%	34.44%	20.03%	16.19%	20.38%	18.00%
整体渗透率		14.53%	22.18%	31.55%	27.56%	25.73%	29.64%	25.74%

表8：新能源车各价格带渗透率（单位：%）
来源：并购优塾、东吴证券

我们预计，中短期内渗透率提升驱动力主要看中低端车型、高端车型新能源渗透率的提升，价格区间在15—30万元。

考虑到2022年全年销量数据大概率会达到600万辆的预期，我们来预测2023年渗透率会达到什么水平。

新能源车渗透率驱动，主要靠的是爆款。比如五菱宏光Mini和model Y两款车大幅拉动了5万元以下、30到35万元车型的渗透率。因此，基于潜在爆款车的价格集中在哪个价格区间，我们来预判未来渗透率。纯电：新车型普遍在20万以上，比亚迪（海豹）、广汽埃安（A系列）、长安（阿维塔11）、小鹏（G9）、蔚来（ET5）、极氪（001/009）、欧拉（芭蕾猫）、哪吒（S）、理想（L9），除了零跑均将推出或交付高品质的高端纯电动车。

潜在爆款车型（订单突破1万）有：海豹（累计订单达到6万），长安LUMIN（4万）、问界M9等。

混动：大部分在20万以下，相比2022年，仅有比亚迪D-mi，2023年混动新车型数量将有较大增长。2022年H2到2023年，比亚迪（舰队）、哪吒S、长城哈弗+WEY+坦克、长安、问界、吉利+领克等众多车企将推出插混新车型。

从以上情况来看，2023年我们预计混动车型销量增速仍有1倍上涨空间（截至2022年8月，累计同比增长185%），纯电车型由于大多定位中高端且由于本身纯电体量较大，增速降为今年的60%（截至2022年8月，累计同比增长105%）。

由此测算出，预计2023年全年纯电预计销量约714万辆，混动约284万辆。新能源车合计销量约1045万辆，同比增长约69%。

		全球动力磷酸铁锂需求					
国内需求		2020	2021	2022E	2023E	2024E	2025E
中国	汽车销量（万辆）	2531.00	2751.20	2833.73	2918.74	3006.31	3096.50
	yoy		*8.7%*	*3.0%*	*3.0%*	*3.0%*	*3.0%*
	新能源渗透率(%)	5.4	11.5	22	24.46	28.33	30
	新能源车销量（万辆）	136.67	316.39	623.42	714.00	851.79	928.9
	平均单车带电量(kWh)	46.5	46.5	47.9	49.3	50.8	52.3
	yoy		0%	3%	3%	3%	3%
	国内动力锂电池需求量(GWh)	63.6	147.1	298.6	352.2	432.8	486.2

表9：全球锂电池需求量（单位：GWh）
来源：并购优塾

(七)

二、正极导电剂中渗透率

锂离子电池正极一般由活性材料（锂盐）电导率较低，近似于半导体，所以要添加导电剂。正极导电剂提高了锂离子导电性，使其在正极快速脱离，可以在短时间进行大规模化学反应，这样电子的扩散速度加快，增加了锂离子的脱嵌和嵌入速度，满足电池大倍率使用的性能要求。

不论是磷酸铁锂还是三元材料，正极锂盐都无法满足电池导电率的需求，因此导电剂是正极材料的必需品，其在正极的渗透率已经是100%。

(八)

三、碳纳米管渗透率

正极导电剂主要有三类：导电炭黑（Super P)、碳纳米管（CNT)和石墨烯，分别占比61%、27%、9%。需要注意的是，碳纳米管作为新兴的导电剂，渗透率并不是持续提升的。

2021年，国内CNT浆料出货量为7.80万吨，同比增长62%，而国内动力电池出货量同比增长165%。CNT的出货量增速低于行业平均，核心在于成本较高，宁德时代为了控制成本并没有大规模使用碳纳米管，而采用炭黑。

2021年，碳纳米管的主要材料NMP上涨，带动碳纳米管价格暴涨，出于成本考虑，电池企业减少使用量，导致CNT占比下滑，其在动力领域，碳纳米管占比从30%降至27%。

那么，未来几种导电剂渗透率会如何变化？碳纳米管的份额会被持续挤压吗？电池选择导电剂的因素主要看导电性、添加量和成本。

1）导电性——从形态来看，炭黑导电剂是颗粒状结构，碳纳米管是线状结构，石墨烯则是网状。根据测试，线状导电剂更有利于提升导电性能，其原理是碳纳米管类似无数条细长的“导线”，在电池中形成了一张导电网格，而导电炭黑是点与点接触，只有相邻格点都被导电剂粒子占据后，这些格点才能形成一个导电网链。论导电性能，碳纳米管的导电性能是炭黑的2到6倍。

2）添加量——用量方面，碳纳米管导电剂的粉体使用量仅为传统导电剂的1/6到1/2。据高工锂电测算，传统炭黑导电剂添加量为正极材料重量约3%，而碳纳米管等新型导电剂添加量，可以降至0.5%到1.5%，低添加量可为正极活性物质节约空间。碳纳米管因为导电性能优势，粉体添加量低于炭黑。

3）成本——从单吨价格来看，据天奈科技年报，碳纳米管粉体价格约25万元/吨左右，而高端导电炭黑SP价格在6到8万元/吨，测算下来，CNT是炭黑价格的3到4倍。但考虑到实际使用中，单位电芯中碳纳米管的用量少于炭黑，因此，我们分几种情形做假设和测算。

经过下表测算可得，1GWh磷酸铁锂电芯，添加1%碳纳米管、添加2%炭黑、添加3%炭黑、添加4%炭黑，成本分别是525万元、336万元、504万元、672万元。结论是，只要1份的碳管性能顶替3份以上炭黑性能，那么，使用碳纳米管就有性价比。

情景假设	碳纳米管粉体（添加量1%）	炭黑（添加量2%）	炭黑（添加量3%）	炭黑（添加量4%）
1GWH磷酸铁锂正极重量（吨）	2100	2100	2100	2100
粉体添加量(%)	1	2	3	4
导电剂用量（吨）	21	42	63	84
导电剂价格（粉体、万元/吨）	25	8	8	8
1GWH导电剂成本（万元）	525	336	504	672

表10：单电芯碳纳米管成本测算
来源：并购优塾

因此，碳纳米管VS炭黑，竞争的关键还是性价比。目前的碳纳米管，基本能做到1:2到1:3左右，仍有提升的空间。以天奈科技一代产品为例，性能是炭黑的2.4倍。未来想要提高渗透率，要么通过降价，要么不断研发出新一代导电性能更强的产品。

（九）

四、正极材料添加量

不同正极材料，导电性为：三元＞高镍三元＞磷酸铁锂＞磷酸锰铁锂。三元正极含有钴，钴离子的作用就是提高电子导电率，所以，三元电池的导电率高于磷酸铁锂；而低中镍三元电池导电性优于高镍三元电池。因此，理论上磷酸铁锂以及高镍三元在正极渗透率提升，能增加碳纳米管用量。

理论情况下，磷酸铁锂电池的碳纳米管添加比例是1.5%（单吨正极材料添加量），三元材料添加量是1%。不过，实际情况中，宁德时代是个例外。

宁德时代的磷酸铁锂电池基本只用炭黑，碳纳米管主要用在部分三元材料。由于其磷酸铁锂电池技术较强，其将导电炭黑性能发挥到极致，即2份炭黑的导电性能=1份碳纳米管，而碳纳米管价格至少是炭黑的3倍，所以，碳纳米管在宁德时代电池渗透率极低。

而大部分二线电池厂，包括国轩高科、比亚迪、中航高科等电池厂，由于磷酸铁锂技术实力较强，以及对电池的性能提升需求超过对成本的把控力度，更加偏好使用碳纳米管，普遍CNT渗透率偏高。

根据天奈科技及道氏技术下游客户采购量倒推测算，宁德时代CNT渗透率不足10%，比亚迪CNT渗透率约67%，而国轩高科渗透率达73%——因此，未来，碳纳米管使用量，主要看二线电池厂磷酸铁锂产能扩张。

考虑到碳纳米管主材NMP价格有所下降，碳纳米管降价后性价比有提升，其在正极的渗透率从27%恢复至原来的30%。若未来1年内NMP价格降至2020年水平，其正极渗透率将提升至30%水平。

		2020	2021	2022E	2023E	2024E	2025E	2026E
全球动力磷酸铁锂需求量（GWh）			84.60	134.18	199.52	282.69	385.95	587.29
全球动力三元材料需求量（GWh）			217.93	296.16	371.46	442.76	508.90	905.88
磷酸铁锂单耗	2100	75%						
三元材料单耗	1700	75%						
假设按照1:1.25备货	1.25							
全球动力磷酸铁锂需求量（万吨）			22.21	35.22	52.37	74.21	101.31	154.16
全球动力三元材料需求量（万吨）			46.31	62.94	78.93	94.09	108.14	192.50
碳纳米管需求测算:								
磷酸铁锂CNT添加比例（%）	2		1.5	1.5	1.5	1.5	1.5	1.5
三元材料CNT添加比例（%）	1		1	1	1	1	1	1
磷酸铁锂CNT用量			0.33	0.73	0.99	1.36	1.73	2.59
三元材料CNT用量			0.46	0.73	0.88	1.04	1.15	2.1
碳纳米管渗透率(%)	27	27	27	27	27	27	27	27
浆料中粉体占比（%）	4	4	4	4	4	4	4	4
碳纳米管浆料需求量（万吨）			6.14	8.93	12.15	15.84	20.07	32.16

表11：碳纳米管正极需求测算
来源：并购优塾

整体来看，正极中，导电剂的渗透率已经达到100%，而CNT在其中的渗透率，主要看原材料降价情况，提升空间有限。接下来，我们来看CNT行业的另一个核心驱动——负极。

（十）

五、硅碳负极导电剂渗透率

当前，碳纳米管在负极的渗透率几乎为0。负极主要采用的是石墨，由于石墨与炭黑同源，导电性较好，所以基本不用导电剂。在负极材料方面，碳纳米管作为导电剂通过削弱负极材料的膨胀性，提高电池循环寿命。

未来碳纳米管在负极渗透率提升，主要看硅碳负极。4680电池，是硅基负极推广的重要抓手，4680的大圆柱钢壳方案在结构应力分配方面更具优势，能承受一定的热膨胀，也使得硅基负极率先得到应用。

而解决硅基负极导电性能较差问题，则需要添加高性能导电剂，而CNT不仅可以弥补硅基负极导电性不足的缺点，还可以在硅颗粒之间建立高度导电和持久连接，即使硅负极颗粒体积膨胀并开始出现裂缝，这些颗粒仍可通过CNT保持良好连接，防止负极材料破裂。

目前，市场上的碳纳米管基本为多壁碳纳米管，而单壁碳纳米管因为直径小、长径比更大，具有更优异的性能，可在材料内部形成发达网络的能力，覆盖硅颗粒表面并在硅颗粒之间建立高度导电和持久的连接，提升负极硅材料掺杂率的理论上限 。

根据全球单壁生产龙头俄罗斯OCSiAl数据，目前单壁碳纳米管可以制造出内部含有20%SiO的硅基负极，高于现在6%的掺杂比例。因此，硅碳负极并不一定要用单壁碳纳米管，不过单壁碳纳米管能更有效抑制硅碳负极膨胀。

由于单壁碳纳米管价格极贵（1000万元/吨以上），目前仍处于产业化初期，全球仅有OCSIAL有80到90吨产能（产能占比全球的97%）。

国内能够生产单壁碳纳米管的企业有天奈科技（2022年11月单壁碳管产能开始投产，预计2023年有效出货产能在20-30吨，2024年再扩产100吨）。

根据调研，硅碳负极碳纳米管添加量约为1%，根据我们在负极产业链报告预测（详见优塾产业链报告库），到2020年到2025年，4680硅基负极渗透率约达到12.38%，对应碳纳米管增量约为2.8万吨，约占正极CNT的14%。

		2020	2021	2022E	2023E	2024E	2025E	2026E
硅基负极对碳纳米管需求（万吨）			0.93	1.93	2.93	3.93	4.93	5.93
			1.7%	4.3%	7.0%	9.7%	12.4%	15.0%
1GWh负极单耗	890		0.44	2.04	6.24	7.20	9.86	19.93
碳纳米管添加比例（%）	1		0	2	4	7	11	22
浆料中粉体占比（%）	3.5							
负极碳纳米管浆料需求量（万吨）			0.13	0.58	1.18	1.78	2.80	5.70

表12：碳纳米管负极需求测算
来源：并购优塾

（十一）

明确用量后，我们来看价格。根据天奈科技，碳纳米管粉体平均售价约25万元/吨，一吨碳纳米浆料约含有3.5%到5%的粉体，其余为分散剂、丙烯等溶剂。碳纳米管粉体价格是导电炭黑（6到8万元）的3—4倍，阻碍其渗透率提升的核心原因，还是价格太高——未来，CNT价格是否还有下降空间？

从历史来看，除了2021年NMP价格暴涨，CNT导电剂价格每年都在下降。

1）规模效应及一体化降本——2020年天奈科技除直接材料之外的成本占比约为34.0%，相比其他锂电材料，原材料占总成本比例较高，未来NMP材料如果能够下降，CNT价格也能随之进一步下降。

2）竞争加剧——随着碳纳米管作为新型导电剂开始逐步被锂电池生产企业接受，更多相关生产企业进入市场，行业整体呈现竞争加剧趋势，导致公司产品的销售价格逐年下降。

天奈科技一代产品近年来由于价格战，售价从2018年的2.71万元降至2020年的2.29万元，2021年原材料NMP价格暴涨1倍，其售价也仅上涨了20%。根据高工锂电数据，2020年国内碳纳米管CR3为76%，CR5为89%，随着更多玩家入场、龙头加速扩产，2021年演变至CR3为71%，CR5为87%，行业集中度略有下滑。

除了CR5外，新进入者还有以下几类。

1. 电池厂开始布局碳纳米管——比亚迪投资1亿元入股其碳材料子公司格瑞芬（道氏技术），双方成为战略合作伙伴。2022年1月11日，宁德时代入股碳纳米管生产商无锡东恒、捷邦科技（pre IPO），该企业产品已成功进入比亚迪、三星、天津力神、哈光宇、ATL、万向等海内外企业供应链。

2. 化工企业进入碳纳米管——黑猫股份计划投资5000吨碳纳米管，炭黑龙头卡博特收购三顺科技进入碳纳米管行业，石大胜华扩产碳纳米管。

3. 碳纳米管企业大幅扩产——天奈科技、道氏技术、莱尔科技等近两年均募投扩产。从产能规划来看，龙头企业以及由大客户绑定的生产商产能扩张幅度更大，如果行业整体产能利用率＞70%，且后续仍有新进入者，供给相对宽松。

综上，我们预计，碳纳米管浆料价格每年至少以10%的降幅下降，由此测算出2025年全球碳纳米管浆料市场规模约为41亿元，年复合增速27%。

	2022	2023	2024	2025
天奈科技	5.8	8.7	12.86	14.75
道氏股份	4	4	6	7
莱尔科技		1.9	3.8	3.8
集越纳米	1.2	1.5	3	3
德方纳米（出售）	1.1	1.1	1.1	1.1
黑猫股份	0	0	0.5	0.5
捷邦科技（IPO）	0.1	0.1	1.9	3.7
OCSIAL	0.075	0.075	0.075	0.075
卡博特（三顺）	1.3	1.3	1.3	1.3
LG化学	0.17	0.29	0.5	0.61
无锡东恒（CATL入股）	0.9	0.9	0.9	0.9
中科时代纳米	0.2	0.2	0.2	0.2
其他	1.65	2.23	3.57	4.10
总供给	16.49	22.29	35.71	41.04
产能利用率（%）	70	70	70	70
实际供给（万吨）	11.55	15.61	24.99	28.73
总需求（万吨）	12.89	16.45	20.64	25.31

表13：碳纳米管供需平衡表
来源：并购优塾

		2020	2021	2022E	2023E	2024E	2025E
硅基负极对碳纳米管需求（万吨）			0.93	1.93	2.93	3.93	4.93
			1.7%	4.3%	7.0%	9.7%	12.4%
1GWh负极单耗	890		0.44	2.04	4.15	7.20	10.80
碳纳米管添加比例(%)	1		0.004	0.020	0.041	0.072	0.108
浆料中粉体占比(%)	3.5						
负极碳纳米管浆料需求量(万吨)			0.13	0.58	1.18	2.06	3.09
合计碳纳米管需求（万吨）			6.27	11.87	15.63	20.64	25.3
浆料单价			2.5	2.25	2.03	1.82	1.64
yoy				-10%	-10%	-10%	-10%
全球动力电池碳纳米管规模（亿元）			15.67	26.72	31.66	37.61	41.51

表14：碳纳米管需求测算
来源：并购优塾

（十二）

这个赛道是“产能+大客户绑定”得增长，得“纯度和长径比”得回报，得“单壁碳纳米管”得产品力。

一、产能规划：未来五年产能增幅方面，天奈科技＞莱尔科技＞道氏技术。

天奈科技——2021年产能约3.5万吨，2022年约6万吨（主要是IPO项目投产），增幅接近70%，2023年底5万吨可转债募投项目陆续投产，年底产能增幅约45%。2022年6月24日推出三项扩产计划，计划分别在江苏镇江、四川眉山和德国建设生产基地，生产单壁碳纳米管及导电浆料等产品。本轮四川+镇江+德国新规划产能合计2万吨，碳管增长450吨，单壁管增长12.3万吨浆料，预计2024年底陆续投产。

产能（万吨）	2022年	2023年	2024年	2025年	2026年	2027年
IPO募投项目						
年产8000吨浆料（1）	0.8	0.8	0.8	0.8	0.8	0.8
年产8000吨浆料（2）	1	1	1	1	1	1
2021年可转债募投项目						
年产5万吨浆料	0	2.5	5	5	5	5
美国项目	0	0.4	0.8	0.8	0.8	0.8
2022年扩产项目						
眉山项目12万吨（一期、二期）		0	1.2	3	6	8
德国项目3000吨		0	0.06	0.15	0.3	0.3
新增产能合计（万吨）	1.8	4.7	8.86	10.75	13.9	15.9
所有产能合计（万吨）	5.8	8.7	12.86	14.75	17.9	19.9

表15：天奈产能（单位：万吨）
来源：并购优塾

道氏技术——2021年产能2.5万吨，2022年约4万吨，到2025年达到7万吨浆料产能。2022年4月11日，道氏技术发布公告子公司格瑞芬拟投资60亿元，在兰州建设碳材料研发生产基地。项目计划投资总额为60亿元，分两期建设。投资建设年产5000吨碳纳米管粉体、3万吨碳纳米管浆料(含相关产业链配套)和15万吨硅碳、石墨负极材料及石墨化加工生产项目。

莱尔科技——当前无碳纳米管产能，2022年8月拟在四川省眉山市甘眉工业园投资建设年产3800吨碳纳米管及3.8万吨碳纳米管导电浆料项目。项目总投资10到15亿元，预计全部建成投产后年，产值15到25亿元。

单位：万吨	产能	2021年	2022年	2023年	2024年	2025年
莱尔科技	多壁碳纳米管	0	0	1.9	3.8	3.8
道氏技术	多壁碳纳米管	2.5	4	4	6	7

表16：产能（单位：万吨）
来源：并购优塾

二、大客户绑定

从大客户绑定来看，龙头竞争格局存在一定分散风险。

天奈科技——大客户是比亚迪，占比30%以上，其次是CATL及ATL，合计占比约20%。考虑到比亚迪入股道氏技术（格瑞芬）、CATL入股无锡东恒，未来可能一供的地位受到影响。道氏技术（青岛昊鑫）——核心客户是比亚迪和国轩高科。

莱尔科技——暂无。

三、回报（纯度和长径比）

碳纳米管的发展方向，是往更小的管径和更长的长度发展，以降低单位用量，如单壁碳纳米管；纯度和长径比是碳纳米管的核心技术指标，纯度越高、长径比越大说明导电性能更好。

导线性能较好的产品溢价高，能获得相对较高的单吨利润。

从各家高端产品来看，长径比以及纯度方面，天奈科技和三顺纳米技术较优，其次是道氏技术（青岛昊鑫），莱尔科技目前没有产品，暂时不纳入对比。

从各家终端、低端产品来看，技术差距不大。天奈科技的一、二代产品与德方纳米、青岛昊鑫、三顺纳米等几家长径比差异不明显。

四、产品力

单壁碳纳米管直径更小、长径比更大，理化性能更优、导电性能更好、添加量更少、对能量密度和循环寿命提升效果更为明显，且更适用于硅基负极材料中，因此成为各碳纳米管生产企业未来的重点研究方向。目前，国内能够量产单壁碳纳米管的仅有天奈科技。

在产能方面，天奈科技2022年11月单壁碳管产能开始投产，预计2023年有效出货产能在20—30吨，2024年再扩100吨，则2024年产能达130吨。在技术方面，单壁管FT2000产品数据，管径2到4nm，管长5到10um，纯度在85%（纯化前），管径长度接近全球龙头CSCAI，纯度方面仍有差距。

综上来看：1.天奈科技高端产品竞争力较大，其单吨毛利在未来仍然有望保持优势；2.从正极角度上看，高镍三元渗透率提升才是天奈与其他企业拉开差距的驱动力；3.从硅基产品的角度上看，单壁管的产业化进度仍需进一步跟踪。

（十三）

研究至此，几个重要问题，我们小结一下：

1. 增长驱动力——高镍三元和硅碳负极渗透率提升，可见，核心是高端车型占比提升。磷酸铁锂虽碳纳米管用量多，但未来价格竞争将更激烈。

2. 关键变化——未来两三年，这个行业的关键变化是4680电池量产，以及1000公里续航车型推出。

3. 渗透替换——碳纳米管渗透率本质是性价比提升。

4. 景气预期——目前行业景气度是上行，但NMP价格上行是景气度的负面指标。

5. 生意难点——不断推出新产品。

6. 产品力——纯度、长径比。

7. 风险点——道氏技术负债压力较大，且其出现过多次募投资金变更用途的情况。

2021年	应收账款除以营业收入（%）	质押比例（%）	净利润现金含量（%）	净利润[报告期] 去年年报[报表类型]合并报表[单位] 亿元	经营活动产生的现金流量净额（亿元）	带息债务最新一期（亿元）↓	净债务最新一期（亿元）	净负债率（%）	净负债率最新一期（%）
道氏技术	27.9	9.46	79.33	5.68	4.46	21.42	1.03	17.02	1.75
天奈科技	34.92		9.82	2.95	0.29	8.12	2.40	-7.90	10.20
莱尔科技	43.6		118.27	0.68	0.80	0.12	-2.37	-28.87	-27.02

表17：风险指标
来源：并购优塾

本文发布于2022年10月10日

第二部分

设备

整线设备产业链

先导智能、利元亨、赢合科技

目前，锂电产业链的行业进展，非常迅速。9月8日，中创新航通过港交所聆讯，募资15亿美元，成为港交所2022年目前规模居首的IPO，2025年，其规划产能500GW，而其2021年装机仅10GW。

而正在此前，8月26日，另一家二线锂电池厂商欣旺达完成80亿元新一轮融资。迅猛的扩产下，到2024年，全球动力电池装机规模有望从GWh时代，迈入TWh时代。动力电池扩产规划到2025年已有3972GWh。

汹涌的扩产大潮背后，直接受益的就是锂电设备，但作为其中的龙头，先导智能2022上半年收入增速为66.73%，这个增速，不如锂电池环节的龙头宁德时代，其收入增速为156.32%。那么，锂电设备行业，在这轮扩产潮中，为何没有出现更高的增长，这是局部现象还是整体现象？

此外，2022年8月，美国市场新能源汽车销量为8.3万台，同比增长70%，渗透率达到7.2%，这意味着，美国市场的新能源汽车生产，也即将进入加速区间。而此背景下，美国也相应调整了对新能源汽车的补贴，鼓励本土供应链扩产。这样的调整，引起了国内预期的波动，那么，这是否会影响锂电产业链后续的扩产？带着上述问题，我们来看锂电设备产业链。

从产业链的角度看，

1）上游：原材料——包括电子元器件，激光器，钢材、铜材、铝材等原材料。

2）中游：锂电设备及生产解决方案——分为前、中、后段，价值量占比大致为40%: 30%: 30%。

a.前段设备，代表企业有金银河、科恒股份、璞泰来、先导智能、赢合科技等；

b.中段设备，代表企业有先导智能、赢合科技、海目星、联赢激光、大族激光等；

c.后段设备，代表企业有杭可科技、利元亨、星云股份、先惠技术、先导智能等。其中，先导智能市场占有率16.4%、赢合科技市场占有率6.6%、利元亨市场占有率5.3%，由于实现了前、中、后段设备的多样化布局，有望受益于设备环节“整线化”的产业趋势。（注：整线产品，是指集成了多个锂电生产工艺环节的设备或产线。）

根据Wind机构一致预期：

Wind预期		2022E		2023E		2024E	
		亿元	同比增速(%)	亿元	同比增速(%)	亿元	同比增速(%)
营业收入（亿元）	先导智能	161.39	60.8	224.3	38.98	281.29	25.4
	赢合科技	85.86	65.07	119.57	39.27	148.4	24.08
	利元亨	45.31	94.39	70.83	56.3	94.57	33.52
归母利润（亿元）	先导智能	26.97	70.21	39.21	45.36	50.56	28.97
	赢合科技	61.6	97.87	101.5	64.77	138.64	36.57
	利元亨	4.91	131.43	8.65	76.12	12.34	42.66
机构预测PE（倍）	先导智能	31.46		21.65		16.78	
	赢合科技	28.16		17.09		12.51	
	利元亨	45.55		25.87		18.13	

表1：Wind机构一致预期
来源：Wind

(一)

动力锂电池的产业化发源于日本——1991年，索尼开始生产18650圆柱电池，主要应用于数码玩具市场，后续在消费电子领域实现规模化。

在2000年以前，日本的锂电池企业占据全球95%以上的市场份额，该市场被松下、三洋电气、东芝等少数日资企业控制。2000年之后，韩系电池厂商LG化学，凭借电动汽车产业变革而快速崛起，成功打入美国通用电动汽车的供应链，并且于2010年在美投资建设电池厂。

此时，日系厂没大力发展动力锂电，与当时丰田等整车厂押注氢能路线有关。

中国的锂电池产业，起步于比亚迪。1998年，比亚迪进入手机锂电池市场，凭借劳动力要素低廉以及对国外技术改造后的成本优势，价格相较于日资企业下降40%，成功实现为摩托罗拉、诺基亚等主流手机厂商供货。

2004到2007年，三洋电机、索尼、松下等日资企业，LG、三星等韩资厂商为了应对价格竞争，分别在中国建厂。自此，中国锂电产业链开始萌芽，并逐步壮大。

据中国化学与物理电源行业协会统计，截至2012年，我国锂电池市场规模达到317亿元，产量占全球锂电池总产量的40%左右。此时，消费锂电池仍是锂电池市场的绝对主流。但2012年之后，新能源汽车产业开始逐步落地，尤其是新能源客车的爆发，改变国内市场的格局。

根据中国汽车工业协会统计，2013年我国新能源汽车销量仅1.76万辆，2014年我国新能源汽车销量增长到7.48万辆，同比增长324%，2015

年销量达到了33.1万辆，是2013年的30多倍。与此同时，2014年，我国动力锂电池产量达到7.1亿只，2015年产量直接达到了29.1亿只，在两年时间里超过消费型锂电池，市场占比达到52%。

随着动力锂电池需求的增长，动力电池产业迎来产能扩张期。

首先，2015年前后，已有动力电池企业如宁德时代、比亚迪等，通过早期融资、定增募资的方式扩大产能。而一些消费锂电池企业（如亿纬锂能）、整车企业（北汽等）开始向动力电池市场延伸。其次，国外锂动力电池巨头也加入扩产大军。2014年前后，三星SDI、LG化学（LG新能源）纷纷在中国成立合资公司，投资动力电池产线，并获得了宇通客车、长城、奇瑞、吉利等客户订单。

不过，由于三元锂电池安全性事件、工信部电池采购白名单，造成了韩资厂商的客户流失，并且延缓了扩产节奏。政策倾斜、产能扩张较快（从2015的约2.6GWh，提升至2017年的17GWh），2017年，本土的宁德时代、比亚迪超越LG，成为了全球头部电池厂商。

2021年，在特斯拉销售放量的带动下，国内新能源车产业开始爆发，动力电池需求开始激增。

在这一背景下，动力电池的产能开始紧缺，此时，动力电池行业，是得产能者为王，2021年，宁德时代的全球市场份额提升至32.6%。动力电池的紧缺，以及宁德时代较高的市场份额，也引发了整车厂对供应链的担忧，二线锂电池厂商，在整车厂的扶持下，也逐步开始大幅扩产。

如大众之于国轩高科，戴姆勒之于孚能，长城之于蜂巢，广汽之于中创新航……本土的二线锂电池厂商，整体呈现较为积极的扩产态势。

从当前产能规划来看，至2025年全球规划产能约为3972GWh，中国产能规划约为2958GWh，占比约为74%。

其中，至2025年新增产能（相比于2021年）较大的电池厂商包括：宁德时代（529GWh）、中航锂电（448GWh）、蜂巢（411GWh）、比亚迪（324GWh）、国轩高科（250GWh）、LG新能源（282GWh）、特斯拉（200GWh）。

那么，龙头、本土二线与海外电池厂，谁的扩产意愿更强？这样的迅猛扩产之下，龙头与追赶者，对于设备的要求，又有何差异？

（二）

我们先看各家的收入结构（2021年年报）：

一、先导智能——2021年收入100.37亿元，69.3%来自锂电池设备（69.56亿元），10.52%来自智能物流系统（10.56亿元），5.8%来自3C智能设备（5.91亿元），5.98%来自光伏自动化生产配套设备（6亿元），8.31%来自其他主营业务（8.34亿元）。

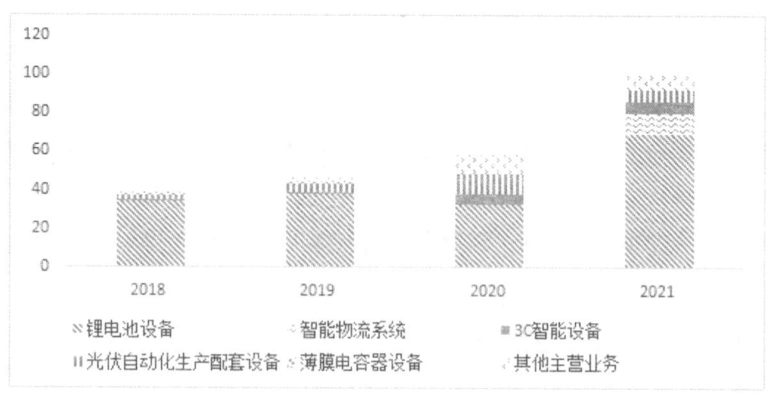

图1：先导智能收入结构（单位：亿元）
来源：并购优塾

二、赢合科技——2021年收入52.02亿元，94.34%来自锂电池专用设备（49.07亿元），5.61%来自其他业务（电子烟ODM业务，2.92亿元）。

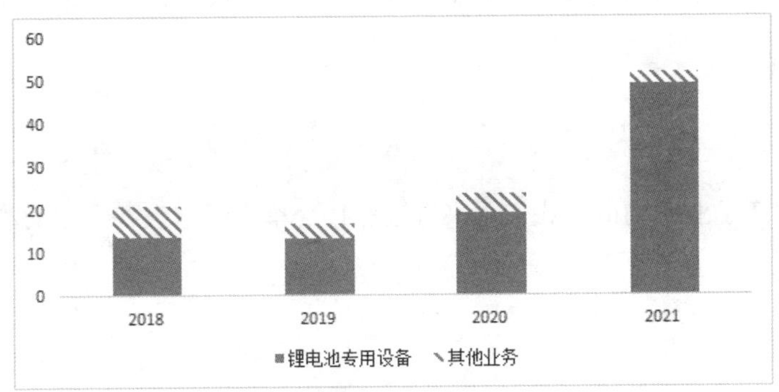

图2：赢合科技收入结构（单位：亿元）
来源：并购优塾

三、利元亨——2021年收入23.31亿元，91.65%来自锂电池制造设备（21.37亿元），3.24%来自配件及服务（0.75亿元），1.62%来自汽车零部件制造设备（0.38亿元），3.23%来自其他领域制造设备（0.75亿元）。

从下游应用领域来看，在2020年，利元亨消费类锂电设备占比仍在90%左右，不过从2021年新签订单来看，动力电池订单占比约为70%。

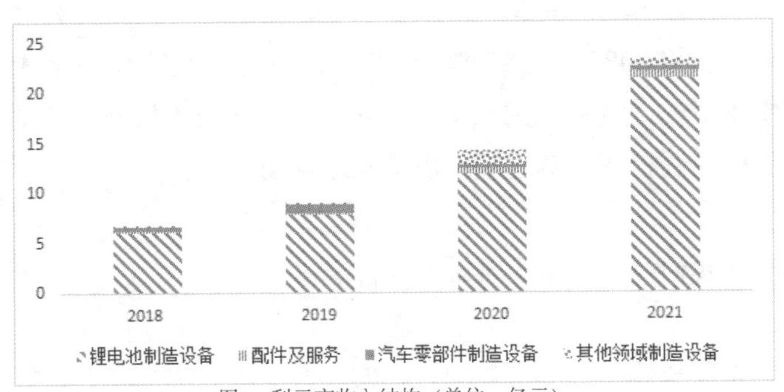

图3：利元亨收入结构（单位：亿元）
来源：并购优塾

综上，从锂电设备收入体量来看，先导智能（69.56亿元）>赢合科技（49.07亿元）>利元亨（21.37亿元）。目前，设备行业龙头的收入规模为电池龙头资本支出的15%，2021年宁德时代的资本支出为437.68亿元。

（三）

理清了业务构成，我们再来看过去10个季度锂电设备领域的利润增长情况。

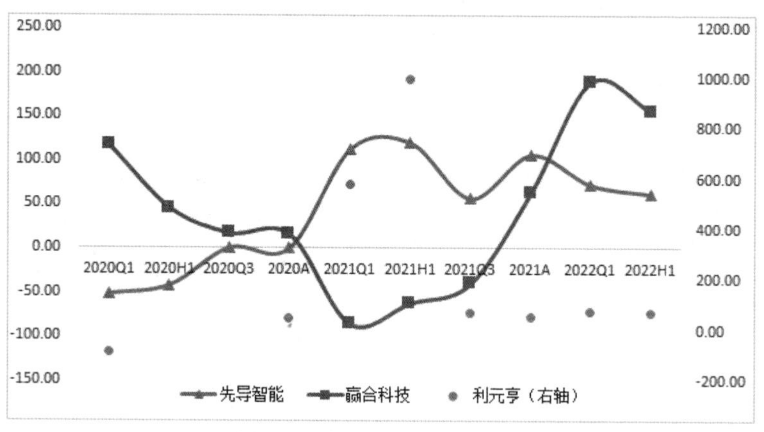

图4：归母净利润增长（单位：%）
来源：并购优塾

赢合科技在2021年Q1到Q3归母净利润下滑，主要原因是成本抬升（毛利率下滑），具体原因包括：材料、人工等成本抬升；订单增长较快但由于供应链扩产节奏迟缓，出货未达预期。

然后，我们拉近视角，看看近期情况：

一、先导智能——2022年中报，实现营业收入54.5亿元，同比增长66.73%；实现归母净利润8.12亿元，同比增长62.11%。2022年Q2，实现收入25.23亿元，同比增长22.41%，环比增长-13.76%；实现归母净利润4.66亿元，同比增长55.17%，环比增长34.56%。上半年新签订单金额达155亿元，比上年同期增长67.84%。

先导智能	2020Q1	2020Q2	2020Q3	2020Q4	2021Q1	2021Q2	2021Q3	2021Q4	2022Q1	2022Q2
归母净利润（亿元）	0.94	1.34	4.11	1.28	2.01	3.00	5.03	5.81	3.46	4.66
归母净利润增速同比（%）	-51.38	-32.72	69.63	-1.73	113.0	124.43	22.17	353.87	72.50	55.17
归母净利润增速环比（%）	-27.61	41.9	207.42	-68.89	57	49.59	67.34	15.58	-40.38	34.56

表2：近8个季度收入、利润增长情况
来源：并购优塾、Wind

二、赢合科技——2022年中报，实现营业收入46.23亿元，同比增长166.33%；实现归母净利润2.6亿元，同比增长155.3%。2022年Q2，实现收入30.7亿元，同比增长160.4%，环比增长97.72%；实现归母净利润2亿元，同比增长146.05%，环比增长209.5%。2022H1实现海外收入1.67亿元，同比增长24.39%，获得来自德国大众、ACC的海外市场订单（未披露具体订单获取总额）。

赢合科技	2020Q1	2020Q2	2020Q3	2020Q4	2021Q1	2021Q2	2021Q3	2021Q4	2022Q1	2022Q2
归母净利润（亿元）	1.53	1.19	0.08	-0.89	0.22	0.81	0.65	1.43	0.65	2.00
归母净利润增速同比（%）	116.53	2.62	-85.22	-20.97	-85.4	-31.74	749.24	260.89	188.92	146.05
归母净利润增速环比（%）	308.3	-22.4	-93.6	-1264.9	125.1	263.4	-20.1	120.7	-54.9	209.5

表3：近10个季度收入、利润增长情况
来源：并购优塾、Wind

三、利元亨——2022年中报，实现营业收入17.43亿元，同比增长66.49%；实现归母净利润1.69亿元，同比增长71.25%。2022年Q2，实现收入9.38亿元，同比增长79.31%，环比增长16.7%；实现归母净利润0.9亿元，同比增长66.65%，环比增长13.33%。截至2022年7月末，在手订单及中标通知金额为93.29亿元，其中锂电设备在手订单及中标通知金额90.27亿元。

利元亨	2020Q1	2020Q2	2020Q3	2020Q4	2021Q1	2021Q2	2021Q3	2021Q4	2022Q1	2022Q2
归母净利润（亿元）	0.07	0.02	0.83	0.49	0.45	0.54	0.58	0.55	0.79	0.90
归母净利润增速同比（%）					580.7	2145.34	-29.86	13.41	76.78	66.65
归母净利润增速环比（%）		-63.55	3329.74	-40.74	-8.12	20.22	7.1	-4.2	43.23	13.33

表4：近8个季度收入、利润增长情况
来源：并购优塾、Wind

增速复盘完后，我们小结一下。第一，先导智能Q2收入环比增速下滑，是一季度确认的智能物流设备销量较高，二季度有所下滑导致；第二，赢合科技收入增速较快，主要是得益于订单增长以及扩产，2021年陆续新投入惠州东江产业园、东莞金科工业园、东莞塘厦工业园3个新制造基地，预计理论满产值将达到130亿元。截至2021年末，员工7230人，较2020年增长104.06%。第三，2022年H1，锂电设备厂增速有所放缓（13家上市公司合计同比增长43%，Q2同比增长31%），主要因收入确认节奏问题。

（四）

收入增速端，与下游的确认相关度较大，那么，设备厂的利润率，是否有提升的可能性？

一、毛利率——先导智能、利元亨（30%到40%）>赢合科技。赢合科技毛利率在2020年以来持续下滑，主要原因包括：1.钢、铜、铝等原材料成本上升；2.订单增长较快，但供应链扩产节奏略迟缓（推测受大客户LG新能源扩产不及预期拖累），导致上半年出货未达预期；3.为新订单进行了较大幅度人员扩张，导致人工成本上升。

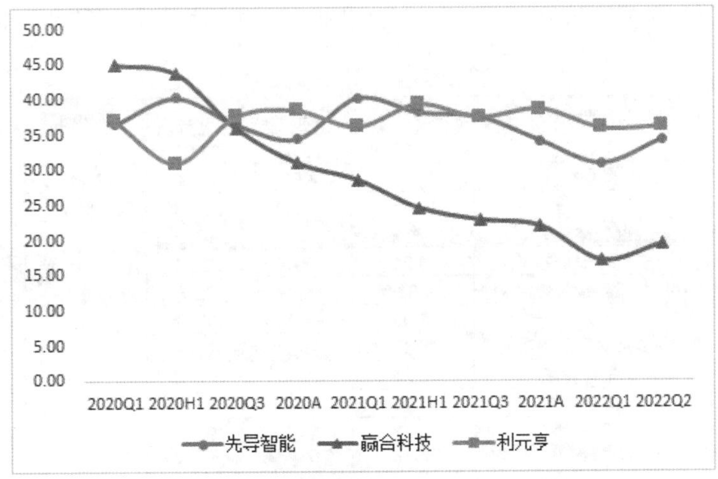

图5：毛利率对比（单位：%）
来源：并购优塾

二、净利率——先导智能净利率高于利元亨，主要原因是其期间费用率（销售、管理、财务）较低。

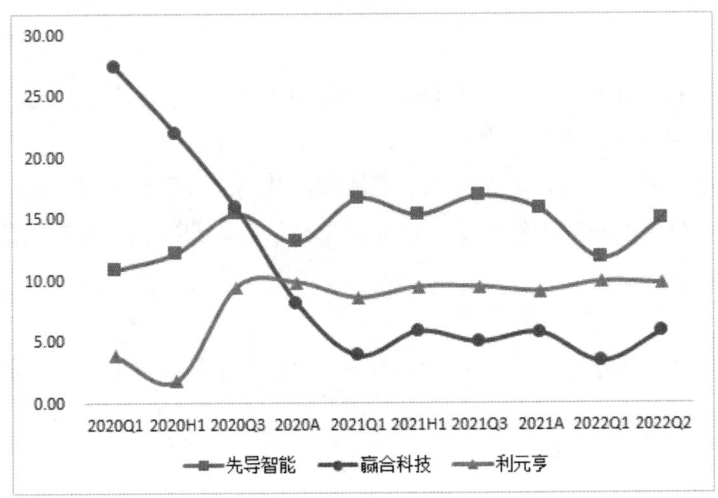

图6：净利率对比（单位：%）
来源：并购优塾

三、投资回报率——先导智能ROE较高，主要原因是净利率较高。

ROE（%）	2019	2020	2021	PB(MRQ)
先导智能	19.82	15.51	21.01	9.03
赢合科技	5.39	4.55	5.78	3.14
利元亨	15.44	16.60	13.94	10.64
ROIC（%）	2019	2020	2021	
先导智能	16.21	13.44	20.21	
赢合科技	5.67	4.25	3.97	
利元亨	13.03	13.30	10.83	
销售净利率（%）	2019	2020	2021	
先导智能	16.34	13.10	15.79	
赢合科技	11.21	8.07	5.69	
利元亨	10.47	9.82	9.11	
总资产周转率（次）	2019	2020	2021	
先导智能	0.52	0.53	0.55	
赢合科技	0.31	0.35	0.50	
利元亨	0.59	0.57	0.52	
权益乘数（倍）	2019	2020	2021	
先导智能	2.32	2.24	2.43	
赢合科技	1.77	1.64	1.93	
利元亨	2.48	2.98	2.97	

表5：投资回报率对比
来源：并购优塾

利润率方面，小结一下：1. 先导的整体净利率较高，且比较稳定，其次是利元亨，净利率也相对稳定；2. 赢合的净利率有反转趋势，主要是前期净利率较低，随着收入快速增长，其期间费用被摊薄；3. 整体来看，在景气度较高的情况下，目前锂电设备公司的净利率能够维持在一个稳定的水平。

那么，接下来，我们要探究的核心问题，还是行业的景气度能持续多久，还有多少成长空间？

（五）

我们将动力电池设备行业增长，拆解成三个因子：动力电池设备=新能源车销量×单车带电量×单位GW设备投资。其中，新能源汽车销量，是驱动电池厂商扩产（进行设备采购）的底层驱动力。

1）新能源车销量

国内情况：根据乘用车市场信息联席会数据，2022年8月，国内新能源汽车销量63.2万辆，同比增长103.9%。今年前8个月累计销量366.2万辆，同比增长119.4%。

从2021年全年数据来看，国内市场新能源汽车销量352万辆，同比增加157.6%。

从全球市场来看：根据CleanTechnica数据，2022年7月全球新能源乘用车销量77.81万辆，同比增长61%，占整体乘用车市场份额约为14%。1—7月，全球累计销量为492.84万辆。

2021年，全球新能源汽车销量达681万辆，同比增长72%。此处，假设2025年中国、全球新能源车渗透率分别为35%、25%（参考比亚迪、安信证券近期预测数据），乘用车整体销量按照GDP增速小幅增长。

那么，2025年中国、全球（含中国）新能源汽车销量将分别达到1035万辆、2279万辆。

2）平均单车带电量

2021年，我国动力电池装车量累计154.5GWh，新能源汽车销量达

352万辆；同期，全球动力电池装机量约296.8GWh，新能源汽车销量681万辆。根据上述数据综合测算，我们计算出2021年中国及海外平均单车带电量为44kWh。

从中长期来看，受续航里程需求驱动，单车带电量预计将以每年3%的比例逐年上升。

1）单位GWh设备投资额

参考宁德时代2021年8月定增项目（江苏溧阳、广东肇庆、福鼎时代三大项目扩建），单位GWh的设备投资额呈现下降趋势，从2017年约3亿元，下降至2亿元。

同时，参考国轩高科、孚能科技单位GWh投资额约为2.4—2.5亿元左右（宁德时代具备规模和技术优势，对设备厂商议价能力较强）。同时，海外市场的单位GWh投资额同样也有下降趋势。2020年的单位GWh设备投资额为2.5亿元，预测到2025年约为2亿元，降幅达20%。

支撑单位GWh设备投资额继续下降的逻辑，有以下几点。

A.动力电池单价仍有下降空间：2021年约为132美元/kWh，与2020年137美元/kWh相比，小幅下滑3.6%（主要受资源涨价影响），但相比于2010年的1100美元/kWh，下滑88%。

根据宁德时代的测算，全球动力电池单位成本将在2030年达到700元/kWh，届时有可能实现与燃油车的平价替换。由此测算，动力电池还有25%的降价空间。

B.随着锂电整线采购模式比例提升，设备整体采购成本将进一步下降。基于以上分析，我们预计2025年之前单位GWh设备采购额将以5%的平均降幅下降。

国内		2021	2022E	2023E	2024E	2025E
新能源车销量（万辆）	乘用车销量（万辆）	2628	2706	2788	2871	2957
	新能源车渗透率(%)	13%	19%	28%	30%	35%
	合计销量（万辆）	342	514	781	861	1035
单车带电量（kWh）	单车带电量（kWh）	44	45	47	48	50
	增速%		3%	3%	3%	3%
	动力电池装机需求量（GWh）	150	233	364	414	513
单GWh设备投资	单GWh设备投资额（亿元）	1.8	1.9	1.8	1.7	1.6
国内动力电池设备投资需求（亿元）		271	443	656	704	821
全球(含中国)		2021	2022E	2023E	2024E	2025E
新能源车销量（万辆）	乘用车销量（万辆）	8100	8343	8593	8851	9117
	新能源车渗透率(%)	8%	13%	17%	21%	25%
	合计销量（万辆）	648	1085	1461	1859	2279
单车带电量（kWh）	单车带电量（kWh）	44	45	47	48	50
	增速（%）		3%	3%	3%	3%
	动力电池装机需求量（GWh）	285	492	681	893	1229
单GWh设备投资	单GWh设备投资额（亿元）	1.8	1.9	1.8	1.7	1.6
全球（含中国）动力电池设备投资需求（亿元）		513	934	1226	1518	1966

表6：动力电池设备规模测算
来源：并购优塾

综上，分析完三个因子后，测算出到2025年全球动力电池设备市场规模为1966亿元，五年复合增速为40%。

其中，可以提炼出两个核心矛盾：

1.锂电设备行业增长，长期来看受新能源汽车销量驱动，但中短期直接受下游电池厂扩产影响。那么，接下来，都是谁在扩产，扩产的高峰期在什么时候？

2.电池厂的单GW设备投资有持续降的趋势，那么，作为设备厂商，如何去顺应这样的行业趋势？这两个问题，我们分别来看。

（七）

先看谁在扩产，从当前产能规划来看，至2025年全球规划产能约为3972GWh，其中国内产能约为2958GWh，占比约为74%。

其中，至2025年新增产能（相比于2021年）较大的电池厂商包括：宁德时代（529GWh）、中航锂电（448GWh）、蜂巢（411GWh）、比亚迪（324GWh）、国轩高科（250GWh）、LG新能源（282GWh）、特斯拉（200GWh）。

电池企业	2020A	2021E	2022E	2023E	2024E	2025E	2025年新增规划产能（相比于2021年）
宁德时代	70	218	348	504	652	747	529
比亚迪	65	76	115	240	330	400	324
亿纬锂能	48	54	72	100	137	207	153
蜂巢	12	39	123	223	330	450	411
中航锂电（中创新航）	40	52	99	175	275	500	448
孚能科技	18	24	40	63	85	105	81
国轩高科	23	50	100	200	250	300	250
欣旺达	4	12	30	56	82	114	102
瑞普能源	6	8	12	24	40	61	53
其他	29	49	85	127	164	199	150
国内合计	320	582	1024	1712	2345	2958	2376
特斯拉	0	0	50	100	150	200	200
LG新能源	120	155	210	340	393	437	282
松下	59	73	97	109	116	116	43
SKI	35	56	72	92	100	130	74
三星SDI	24	34	51	56	58	58	24
Northvolt	4	16	24	32	56	60	44
其他	2	5	6	8	10	13	8
海外厂商合计（GWh）	244	339	510	737	883	1014	675
全球产他合计（GWh）	564	921	1534	2449	3228	3972	3051
国内增速（%）		81.88%	75.95%	67.19%	36.97%	26.14%	
海外增速（%）		38.93%	50.44%	44.51%	19.81%	14.84%	
全球合计增速（%）		63.30%	66.56%	59.65%	31.81%	23.05%	

表7：全球主要锂电池产能规划（截至2022年7月）
来源：新能源产业数据中心、西部证券、并购优塾

从产能规划的同比增速来看：1.至2025年，全球电池产能增速预计回落至20%到30%，国内厂商的扩产意愿整体高于海外厂商；2.从国内厂商来看，新进厂商如蜂巢能源、中航锂电（中创新航）等，受2021年基数较低影响，新增产能幅度较大；3.2022年到2025年，其他厂商（宁德时代之外）产能规划增速较快。

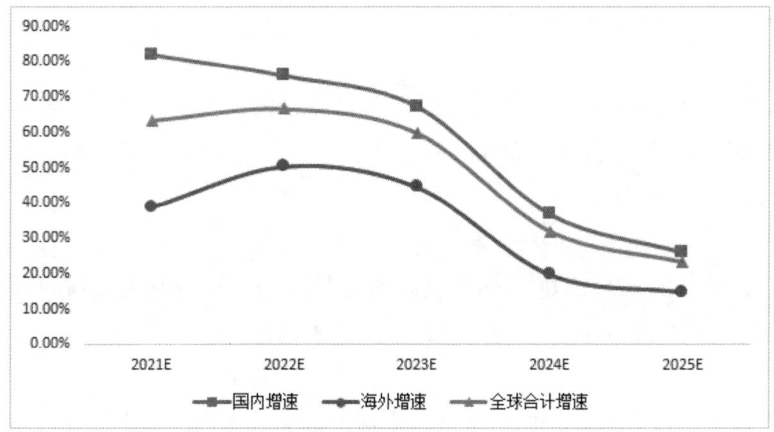

图7：国内VS国外主要锂电池产能规划增速（截至2022年7月）
来源：新能源产业数据中心、西部证券、并购优塾

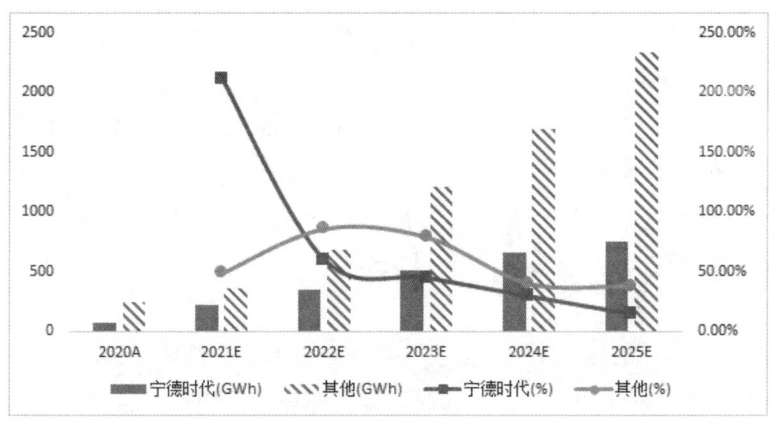

图8：宁德VS非宁德产能规划情况（单位：GWh，截至2022年7月）
来源：并购优塾

结合行业调研情况，以及近期订单信息来看，2022年上半年，锂电设备的订单主要来自于新进厂商及海外市场，而非宁德时代。

根据行业调研情况看，2022年上半年招标主力主要是比亚迪、中航锂电、亿纬锂能，以及海外的大众、SK、NV、LG、AESC等，宁德时代、蜂巢、国轩没有系统性大单。

2022年Q1以来，主要设备招标有亿纬锂能（40GWh）、中航锂电（40GWh）、宝丰能源（20GWh）、宁德时代（10GWh），欣旺达、国轩高科等有零散招标。

此外，2022年海外招标是重要的增长驱动，先导智能、杭可科技2022H1订单完成度较高，与海外订单关系密切。

那么，接下来，我们结合景气度情况，来看国内二线电池厂，是否积极兑现了其扩产规划？同时，海外电池厂的扩产，是否有新规划？

（八）

一、电池厂资本支出——我们选取了宁德时代、国轩高科、亿纬锂能、欣旺达、孚能科技五家头部电池厂商，从近期资本支出情况来看，2021年资本支出扩张力度较大，五家合计资本支出同比增长164%，其中，宁德时代力度较大，占比超过70%。

从2022年上半年情况来看，五家合计资本支出同比增长66.2%，但宁德时代资本支出仅同比增长22%，以亿纬锂能、国轩高科、欣旺达为代表的二线电池厂商CAPEX扩张力度更大，这与我们前述的扩产规划可以相互印证。

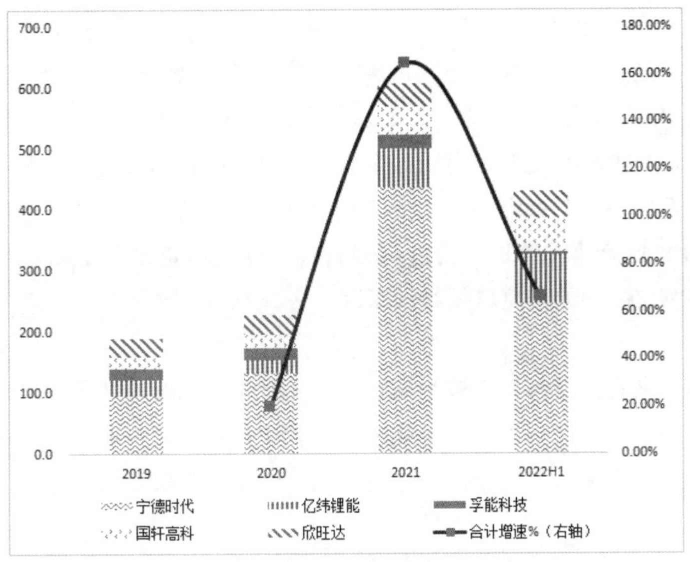

图9：头部电池厂资本支出情况（单位：亿元）
来源：并购优塾

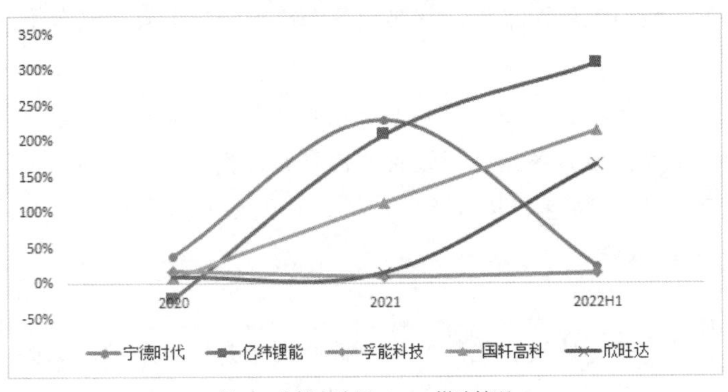

图10：头部电池厂CAPEX增速情况
来源：并购优塾

二、电池厂装机量——从2022年1到7月装机量及增速来看：宁德时代绝对值仍大幅领先，而比亚迪、国轩高科、欣旺达、中创新航、蜂巢能源增速较快。

三、海外电池厂动向——近期，海外新能源车市场发生了一些变化，主要是在美国市场，美国市场8月新能源汽车销量8.3万台，同比增长70%，新能源汽车渗透率为7.2%。其在2022年8月推出的《减少通胀法案》中，对电动车的补贴有所改变，整体来说：在消费者端扩大了补贴范围，但在生产者端缩小了范围。在该补贴政策的助推下，各大电池厂有望加大北美地区的扩产力度，但目前，还没有电池厂有新增规划出现，后续这方面的进度值得继续跟踪。

总体来看，目前扩产较为确定的，还是本土二线电池厂商，一方面确实兑现了其扩产规划，并且爬坡速度较快，实现了快速出货。那么，锂电设备公司中，谁更能得到二线锂电池厂商的青睐呢？

（九）

对于二线电池厂商来说，其对设备的需求与宁德时代略有不同。

龙头（宁德时代）——核心诉求是降低单GW设备投资。倾向于分散化、分段采购，整合各家优势设备，提升整线性能，宁德时代的设备供应商既包括先导智能，也包括海目星、利元亨、赢合科技、大族激光等。

二线（中航、蜂巢、亿纬）——核心诉求是快速爬坡。因此，倾向于采购整线设备，原因是：一方面有利于加速产能落地，保证产线快速投产，降低各个设备之间调试、安装时间，效率大幅提升；另一方面，新兴电池厂缺少锂电设备设计、调试和保养维护的相关经验。

整线产品，是指集成了多个锂电池生产工艺环节的设备或产线，工艺集成度的提升，可以减少整体设备采购量（比如，原来一条产线至少采购15种工艺设备，整线采购可能降低至7种）。根据招商证券调研信息，先导智能经过模块化设计的整线产品，一次合格率可达到95%，并且可节省65%以上操作维护人员。

中标订单可以侧面印证：2022年4月，先导智能公布将为法国ACC的14GWh电池工厂提供锂电装备及解决方案；2022年6月，中标宝丰集团旗下子公司宝丰昱能储能电池生产基地的20GWh锂电整线+模组PACK整体解决方案。

那么，目前整线设备的产品力，如何？

（十）

动力电池生产设备，按照工序划分，可分为前道、中道、后道三大部分，合计15个细分工艺环节。

1）前道工序——价值量占比在40%，作用主要体现在将锂电材料加工成电池极片。具体包括干燥、搅拌、涂布、烘干、辊压、分切、制片等细分环节，对应设备包括搅拌机、涂布机、锟压机、极耳分切机等。

2）中道工序——价值量占比在30%，主要作用体现在将电池极片加工成电芯。具体包括卷绕、叠片、入壳焊接、烘干、注液、超焊盖帽等细分环节，对应设备包括卷绕机、叠片机、入壳焊接机、注液机、焊接机、清洗机等。（注：根据电池结构差异，电芯加工环节工艺有所不同。方形和圆柱电池一般采用卷绕机，而软包和刀片电池一般采用叠片机。）

3）后道工序——价值量占比在30%，主要作用体现在检测电芯的性能及Pack组装。具体包括化成、分容、检测、模组及Pack组装等细分环节，对应设备包括化容机、分层机、检测设备、Pack组装设备等。

对于锂电设备厂商来说，进行整线设备布局的前提，在于其所掌握的设备丰富程度。当前，具备整线生产能力的设备厂商包括先导智能、利元亨、赢合科技三家。

从这个角度来看：先导智能(15个工艺环节实现全覆盖)>利元亨（覆盖93%）>赢合科技（覆盖86.7%）。

其次，从动力电池生产工艺来看，中、后道设备对于电池生产效率、良率影响较大，且非标准化属性更强（需要与电池厂进行共同研发），因此毛利率相对较高。中后段设备毛利率在30%到40%，而前段设备毛利率在20%到30%。

此外，从三家整线布局的设备厂商发展历史来看，均以优势品类起家，逐渐通过“自研+并购”的形式实现整线扩张。

1）先导智能——整线战略较为领先。其以中段卷绕机起家，2017年通过收购泰坦实现后段布局，完成了50%的产线布局；2020年前后实现了前段涂布机等品类的完善。在中段卷绕机技术参数上，先导智能在对齐度、单机产量方面具备领先优势。

2）赢合科技——以前、中段设备起家，2016年收购东莞雅康（拓展分切、卷绕设备）。整体来看，其在涂布机、辊压机等品类具备优势，而后段设备实力稍弱，且未涉及化成分容设备（LG新能源在后段领域同时拥有杭可科技作为供应商）。在前段涂布机技术参数上，赢合科技在连续、间隙涂布速度方面具备领先优势。

3）利元亨——从后段电芯检测设备起家，早期以消费类锂电池为主（大客户为ATL）。2020年发力动力电池业务，基本实现了前、中、后段设备全覆盖。在后段化成分容设备技术参数上，利元亨在压力精度、温控精度方面具备领先优势。

（十一）

对于锂电设备环节来说，竞争逻辑属于“绑定电池厂客户”，如绑定了具备较高资本开支预期的下游客户，则具备增长预期。目前，该领域关键竞争要素在于：1.得“二线电池客户”“整线布局”者得增长；2.得“性价比”者得回报；3.产品力方面主要体现在根据动力电池客户需求定制的生产能力。

一、电池客户绑定关系（增长要素）

动力电池设备技术水平，将直接影响生产环节工艺质量，行业往往采取客户（动力电池生产厂商）与设备生产厂商共同研发与制造的商业模式（这样的好处是能够加深对上下游工艺的理解，以及共同承担研发风险）。因此，绑定了龙头客户的设备厂商，将具备竞争优势。

1）先导智能——绑定宁德时代，在订单、技术研发资源、供应链方面深度合作。此外，宁德时代为其第三大股东，持股比例约为7.29%。从2021年年报数据来看，大客户销售收入占比约为40.92%。

2）赢合科技——绑定LG新能源，双方共享前沿技术成果，已共同开发了七项核心技术专利（赢合科技具备三年的使用权限）。从2021年年报数据来看，大客户销售收入占比约为31.52%。

3）利元亨——大客户为消费电池领域的ATL，2021年大客户销售占比为85.41%。动力电池客户以二线电池厂为主，包括国轩高科、蜂巢能源、欣旺达等，此外也获取了部分宁德时代、比亚迪等一线订单。

综合来看，先导智能由于绑定了下游龙头宁德时代，在收入增长的确定性方面具备优势。对于赢合科技、利元亨来说，主要关注LG能源以及二线电池厂商的实际扩产情况。

二、预收账款、合同负债（增长要素、回报要素）

预收账款、合同负债可以衡量设备厂商的收入增长预期，以及对客户的话语权。

对比2021H1数据，从预收账款+合同负债绝对值来看，先导智能（74.54亿元）＞利元亨（19.69亿元）＞赢合科技（10.6亿元）；

从预收账款和合同负债同比增速看，先导智能（164.52%）＞利元亨（92.9%）＞赢合科技（12.55%），与占收入的比重排序一致。

预收账款（合同负债）绝对值（亿元）	2019	2020	2021	2022H1
先导智能	7.91	19.04	38.63	74.54
赢合科技	2.69	3.03	12.49	10.6
利元亨	2.78	7.01	13.57	19.69
预收款项（合同负债）占收入比例（%）	2019	2020	2021	2022H1
先导智能	17%	33%	38%	137%
赢合科技	16%	13%	24%	23%
利元亨	31%	49%	58%	113%

表8：预收/合同负债
来源：并购优塾

三、海外拓展力度（增长要素）

当前国内市场是锂电生产的主力（2020年全球2/3的锂电池在国内生产），但是，未来欧美可能出于供应链安全的考量，扩大本土产能。因此，国际市场有望成为锂电设备领域的下一个增长点。

1）先导智能——2021年海外收入14.78亿元，占比14.73%，2022年上半年海外收入10.37亿元，占比提升至19.04%。

先导智能在欧洲、美洲、韩国、日本、印度等地成立了子公司，欧洲本土团队已达到100余人，长期固定服务于海外客户的工程师团队1100余人，搭建了成熟的欧洲本地供应链体系，与西门子，ABB，Festo等多家核心供应商形成战略合作。

先后获得了特斯拉、宝马、Northvolt等海外客户订单。根据行业调研情况，先导智能2021年海外订单价值60多亿元，2022年会有将近50多亿元的海外订单。

2）赢合科技——2021年海外收入1.56亿元，收入占比3.76%。2022H1实现海外收入1.67亿元，同比增长24.39%，2022年上半年获得来自德国大众及ACC的海外市场订单。

3）利元亨——2021年海外收入0.35亿元，收入占比1.51%，2022年上半年未披露海外收入规模。目前已在德国、波兰、瑞士等地设立子公司或办事处。2021年中标蜂巢能源欧洲项目，2022年中标某北美动力电池企业整线订单，同时其广东惠州总部获某韩系电池厂现场考察。

从海外拓展情况来看，先导智能在收入增长和订单披露方面均处于领先地位。

四、研发投入、专利情况（增长要素）

从专利数量来看：先导智能（2067个）>利元亨（1879个）>赢合科技（237个）。从研发投入情况来看：先导智能在研发投入绝对值方面领先。

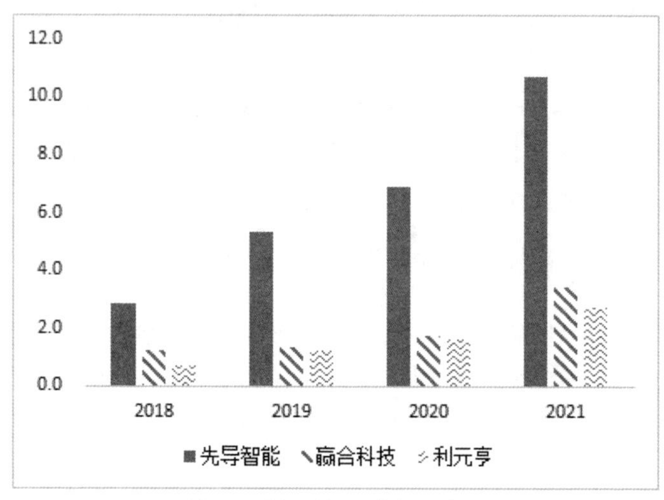

图11：研发投入情况（单位：亿元）
来源：并购优塾

综合来看，先导智能在客户绑定、海外拓展、研发专利方面布局具有前瞻性。此外，在2022上半年二线电池厂扩产更积极的行业背景下，先导智能的预收账款增长领先其他整线厂商，其订单获取能力进一步提升。

（十二）

接下来，我们来回溯行业发展历史。以先导智能为例，其关键经营节点在于2012年踏上锂电池行业。

先导智能成立于2002年，以薄膜电容器设备起家。2009年，受益于光伏行业补贴，以无锡尚德为切入口进入光伏设备领域，开发卷绕机产品。

2012年，其以卷绕机为核心产品，转型锂电设备领域，生产方形卷绕电芯，直至如今，方形电芯仍是锂电池的主流技术路线。其以卷绕机为基点，在终端设备领域持续扩展品类。凭借卷绕机的技术和成本优势，在锂电产业化早期，就与宁德时代有较深的渊源。2012到2014年，先导智能曾为消费电池龙头ATL提供卷绕机，具备合作历史，而宁德时代创始团队出自ATL。

2015年，其进入宁德时代供应链。2017年，其收购泰坦新能源，初步实现了锂电设备领域的多品类布局（较早实现了对于锂电生产工艺的覆盖率超过50%）。2018到2020年，凭借多元化的设备布局，以及与龙头电池厂的长期合作积累的技术经验，先导智能在锂电设备领域的整线拓展基本完成。

2020年9月，宁德时代通过定增的方式投资先导智能25亿元，持股7.29%（成为第三大股东）。2021年，在新能源汽车的拉动下，动力电池行业迎来高景气，先导智能也享受到了2021年全行业扩产的红利。

（十三）

至此，总结一下：

1）增长驱动力——动力电池设备行业增长由三大因子驱动：新能源车销量、单车带电量、单位GW设备投资。2025年全球动力电池设备市场规模为1966亿元，相比于2021年有接近4倍增长空间。

2）关键变化——动力电池产能快速扩张的背景下，下游电池厂商对设备领域的需求随之升级，高效率和低成本成为核心诉求，整线设备需求提升。

3）景气预期——结合2022年上半年下游动力电池厂商的资本支出情况来看，亿纬锂能、欣旺达、蜂巢能源、中创新航等二线电池厂的资本支出扩张幅度较大。

4）生意难点/产品力——面对锂电池厂商工艺需求的共同研发能力、定制化生产能力和售后服务能力。

5）风险：a）技术研发的沉没成本；b）利元亨的现金流较差，目前处于牺牲话语权来抢市场的阶段，不过，其订单相比于收入体量，增量较大。

2021年	人均创收（万元）	人均创利（万元）	人均薪酬（万元）	净利润现金含量（%）	经营活动产生的现金流量净额/带息债务（倍）	净债务/股权价值（%）	应收账款周转率（次）	非营业利润/利润总额(TTM)（%）
先导智能	67.55	10.67	14.72	84.79	7.78	-3.2	2.6	23.3
赢合科技	71.94	4.31	9.38	144.74	3.51	-11.7	1.8	-23.8
利元亨	35.89	3.27	12.89	5.79	0.02	-0.86	4.46	46.75

表9：风险排查

来源：并购优塾、Wind

参考资料：

[1] 招商证券：先导智能：锂电扩产助益设备龙头，强者恒强攻略能源版图.

[2] 安信证券：利元亨，锂电设备后起之秀，平台化布局打开成长天花板.

[3] 36氪：锂电设备二十年进化史.

本文发布于2022年9月15日

激光设备产业链

海目星、联赢激光、大族激光

2022年，动力电池大规模扩产。在快速扩产之下，到2024年，全球动力电池装机规模就有望从GWh时代迈入TWh时代，按照目前规划，到2025年将达到3972GWh。

同样受益于扩产热潮，但锂电激光设备赛道，增速远高于锂电整线赛道。海目星，2022年中报实现营业收入11.95亿元，同比增长116.29%，归母净利润0.94亿元，同比增长189.94%。

此外，除了锂电设备，海目星还拿到了光伏领域订单，其中标晶科能源TOPCon激光设备招标订单10.67亿元，在光伏领域拓展实现突破。而锂电整线设备龙头先导智能，2022上半年收入增速为66.73%。

TOPCon电池片，是当前光伏领域扩产力度较大的细分赛道。根据全球光伏统计数据，截至2022年上半年，晶科能源、中来股份等公司投产的TOPCon量产产能已经超过24GW，预计2022年TOPCon产能将达到76GW。其中，通威股份（15GW）、晶科能源（16GW）、中来股份（16GW）、天合光能（8GW）产能规模较大。

那么，为什么锂电激光设备的增长，相对于整体锂电设备更快？锂电激光设备公司，为什么能够切入光伏TOPCon电池片设备领域？

带着上述问题，我们来研究激光设备产业链。

1）上游——激光器、激光晶体、其他元器件（光学镜片、声光电开关、调节器等）。其中，激光器是决定激光设备性能（功率）的核心环节。从全球市场来看，海外龙头为IPG，国内厂商包括：锐科激光、杰普特、创鑫激光、英诺激光等。

2）中游——激光设备。该环节主要依据下游特定场景的需求定制化研发、生产。该环节参与者较多（且多数聚焦下游特定场景），竞争格局较为分散。

参与者包括大族激光（市占率12.6%）、华工科技（市占率2.8%）、海目星、联赢激光、帝尔激光、邦德激光、亚威股份、先导智能、德国通快等。

3）下游——特定场景客户。如：动力电池加工领域的宁德时代、比亚迪、亿纬锂能、LG新能源等，PCB领域的鹏鼎控股、深南电路、东山精密等，消费电子领域的苹果、三星、小米等。

根据Wind机构对景气度的一致性预测，

Wind预期		2022E		2023E		2024E	
		亿元	同比增速(%)	亿元	同比增速(%)	亿元	同比增速(%)
营业收入（亿元）	海目星	40.86	105.93	69.91	71.09	92.05	31.67
	联赢激光	29.12	108.04	43.8	50.44	55.93	27.68
	大族激光	184.36	12.88	228.01	23.67	278.37	22.08
归母利润（亿元）	海目星	3.57	227.38	7.83	119.33	11.55	47.37
	联赢激光	3.18	245.84	5.56	74.85	7.53	35.44
	大族激光	20.52	2.93	25.45	23.97	31.58	24.11
机构预测PE（倍）	海目星	41.96		19.13		12.98	
	联赢激光	35.86		20.51		15.14	
	大族激光	14.55		11.74		9.46	

表1：Wind景气度一致预期
来源：Wind、并购优塾

(一)

从几家激光公司2021年整体营收体量来看，大族激光（163.32亿元）>海目星（19.84亿元）>联赢激光（14亿元）。

一、海目星——营业收入19.84亿元，其中动力电池激光设备占比56.06%（11.12亿元），3C消费类电子激光及自动化设备占比23.54%（4.67亿元），钣金激光切割设备占比12.95%（2.57亿元）。

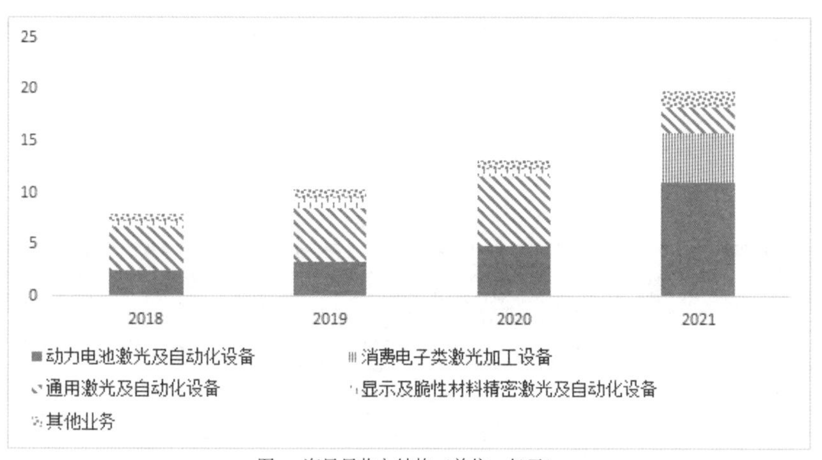

图1：海目星收入结构（单位：亿元）
来源：并购优塾

海目星业务以动力电池定制化激光设备为主，主要包括三大类：高速激光制片机（极耳切割环节）、电芯装配产线（对电芯进行热压、配对、超声波焊接等处理）、电芯装配段产线（电芯干燥）。通用激光设备可分为3C消费类电子类和钣金激光切割两类产品。

二、联赢激光——营业收入14亿元，其中激光焊接设备占比65.78%（9.21亿元），工作台占比11.43%（1.6亿元），激光器、激光焊接机占比14.93%（2.09亿元）。其业务包括：1.激光焊接成套设备：根据特定客户的应用需求，将系统软件（MES）、激光焊接机（激光器+焊接头）、工作台等环节整合成客户解决方案；2.激光器、激光焊接机：激光焊接机由激光器和焊接头组成，激光器是激光焊接机的核心部件。

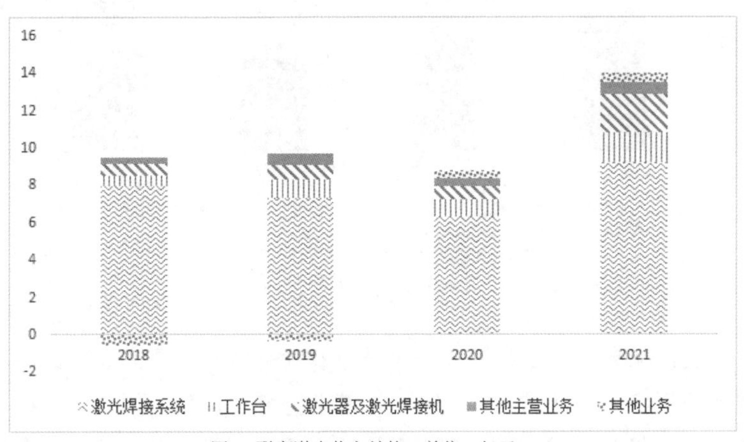

图2：联赢激光收入结构（单位：亿元）
来源：并购优塾

三、大族激光——营业收入163.32亿元，其中激光及自动化配套设备占比68.44%（111.78亿元），PCB及自动化配套设备占比24.98%（40.8亿元）。从激光设备应用场景来看，包含PCB及消费电子、高功率激光加工设备（汽车制造、汽车配件、工程机械、电气等领域）、动力电池行业、泛半导体和光伏行业。

从2021年披露信息来看，各项业务占比分别为：PCB（24.99%）、消费电子（17.96%）、高功率激光加工设备（17.05%）、动力电池（12.14%）、半导体（4.1%）。动力电池行业专用设备（包含激光设备及其他锂电设备）在2021年全年实现了较快增长，全年实现收入19.82亿元，同比增长631.51%，占收入比例提升至12%。其中具体包括电芯、模组、PACK的激光焊接设备，激光极耳切割设备，电芯烘烤设备等，已经具备局部工艺的整线交付能力。

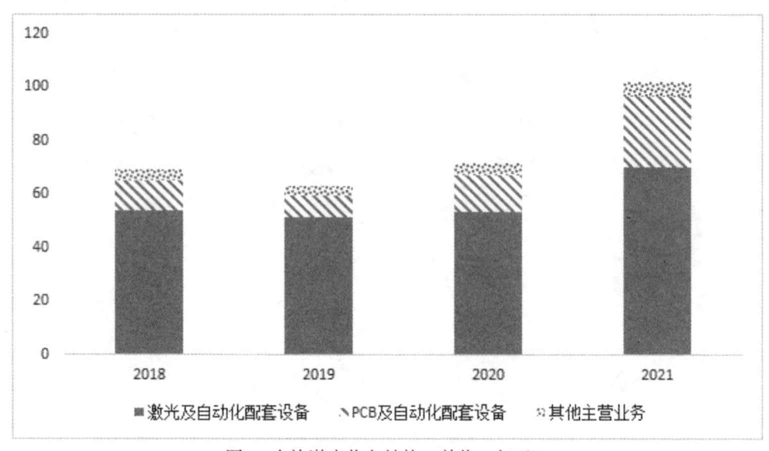

图3：大族激光收入结构（单位：亿元）
来源：并购优塾

综上，从激光设备整体业务体量以及业务丰富程度来看，大族激光赛道布局更广：1.从加工方式来看，其业务涉及切割、焊接、打标等全品类；2.从场景来看，覆盖PCB及消费电子、汽车、工程机械、电气、智能家居、动力电池等多个场景，并且，对上游激光器（超快激光器、光纤激光器等）及元器件（振镜、控制系统、伺服电机）有所布局。

不过，如果从新能源车对增长的拉动来看，海目星和联赢激光增长动力更强。

两家业务较为聚焦动力电池场景，海目星以切割设备为主，而联赢激光以焊接设备为主。从动力电池激光设备体量来看：大族激光（19.82亿元）>海目星（11.12亿元）>联赢激光（9.21亿元）。

(二)

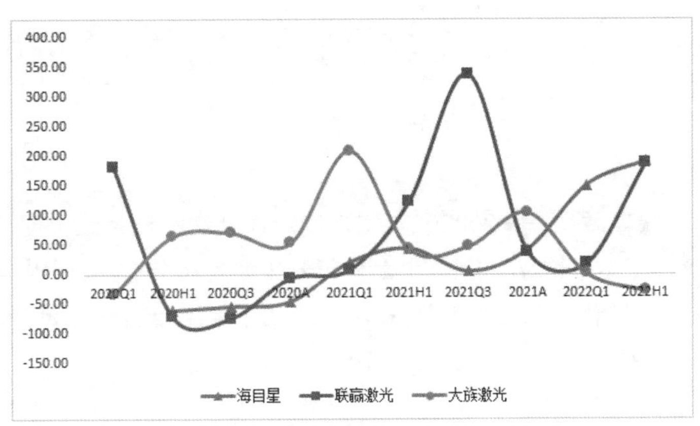

图4：归母净利润增长（单位：%）
来源：并购优塾

对增长态势有所感知后，我们接着再将各家收入和利润拆开，看2022二季度的数据。

一、海目星——2022年Q2，实现归母净利润0.83亿元，同比增长51.06%，环比增长648.91%。

其利润增长主要来自订单兑现，此外收入规模效应显现，使得期间费率下降。从近期在手订单来看，2022年上半年，新签订单约36亿元，在手订单合计约为72亿元。2021年，全年在手订单约为51亿元（同比增长约200%）。此外，2022年4月，海目星中标晶科能源TOPCon激光设备招标订单10.67亿元，在光伏领域拓展，实现突破。

海目星	2020Q1	2020Q2	2020Q3	2020Q4	2021Q1	2021Q2	2021Q3	2021Q4	2022Q1	2022Q2
归母净利润（亿元）	-0.28	0.51	0.12	0.43	-0.23	0.55	0.04	0.73	0.11	0.83
同比增速（%）		-17.76	-33.67	-37.52	20.26	7.93	-68.56	70.82	149.29	51.06
环比增速（%）	-141.39	280.56	-76.66	258.17	-152.82	344.37	-93.20	1845.67	-84.76	648.91

表2：海目星近八个季度归母利润增速
来源：Wind、并购优塾

二、联赢激光——2022Q2，实现归母净利润0.55亿元，同比增长372.96%，环比增长270.03%。其利润增长主要受益于下游动力电池厂商扩产及订单转化。从在手订单来看，2022年上半年新签订单20.45亿元，在手订单44.48亿元。2021年全年在手订单约为35.99亿元。

联赢激光	2020Q1	2020Q2	2020Q3	2020Q4	2021Q1	2021Q2	2021Q3	2021Q4	2022Q1	2022Q2
归母净利润（亿元）	0.12	-0.01	0.02	0.54	0.13	0.12	0.32	0.36	0.15	0.55
同比增速（%）	180.21	-102.39	-84.26	162.30	7.41	1480.85	1605.26	-34.04	16.86	372.96
环比增速（%）	-42.32	-107.11	321.37	2788.44	-76.38	-8.57	173.38	11.73	-58.15	270.03

表3：连赢激光近八个季度归母利润增速
来源：Wind、并购优塾

三、大族激光——2022年Q2，实现归母净利润2.99亿元，同比下滑46.42%，环比下滑10.03%。利润下滑的主要原因是传统业务增长放缓。近期未详细披露订单细节。除动力电池、半导体及MiniLED业务之外，PCB、消费电子、大功率激光器等传统业务，受行业资本开支周期影响，均有所下滑。

大族激光	2020Q1	2020Q2	2020Q3	2020Q4	2021Q1	2021Q2	2021Q3	2021Q4	2022Q1	2022Q2
归母净利润（亿元）	1.07	5.16	3.97	-0.41	3.30	5.58	6.12	4.94	3.32	2.99
同比增速（%）	-33.25	135.86	79.83	-198.39	207.91	8.13	54.23	1295.02	0.67	-46.42
环比增速（%）	155.22	381.30	-23.10	-110.42	898.69	69.03	9.68	-19.29	-32.72	-10.03

表4：近八个季度归母利润增速
来源：Wind、并购优塾

大族激光	2021H（亿元）	2022H（亿元）	同比增长（%）
PCB	19.02	17.25	-9.31
消费电子	17.33	9.86	-43.1
大功率激光设备	13.41	12.11	-9.69
半导体及miniled	3.91	7.17	83.38
动力电池	2.38	8.43	254.2

表5：大族激光分业务增速（单位：%）
来源：并购优塾

（三）

一、经营活动现金额VS资本支出——大族激光现金流能够覆盖资本开支；海目星、联赢激光目前仍处于业务拓展阶段，现金流难以完全覆盖资本开支。

经营活动现金流净额（亿元）	2017年	2018年	2019年	2020年	2021年
大族激光	19.74	7.97	21.23	18.92	13.12
海目星	-1.40	-0.06	1.41	1.96	4.87
联赢激光	-0.51	-1.74	1.04	2.56	-0.10
资本支出（亿元）	2017年	2018年	2019年	2020年	2021年
大族激光	9.89	10.37	12.31	9.21	7.34
海目星	0.49	2.85	2.59	2.83	3.37
联赢激光	0.49	0.17	0.32	0.87	1.98

表6：经营活动现金额VS资本支出
来源：并购优塾

二、净现比——海目星2018年净现比为负，主要是应收账款同比增加和存货大量增加所致。其2021年现金流状况大幅改善，主要原因是合同负债及应付账款增加幅度较大。联赢激光2018年和2021年的净现比为负，主要原因是应收账款、存货提升幅度较大。

净现比（倍）	2018年	2019年	2020年	2021年
大族激光	46.35	330.64	193.25	65.76
海目星	-7.24	97.12	253.74	446.02
联赢激光	-208.73	144.36	382.78	-11.09

表7：净现比
来源：并购优塾

（四）

对比完增长情况，我们再来看利润率、净资产收益率的变化。

一、毛利率——联赢激光和大族激光的毛利率基本接近，维持在30%到40%之间。

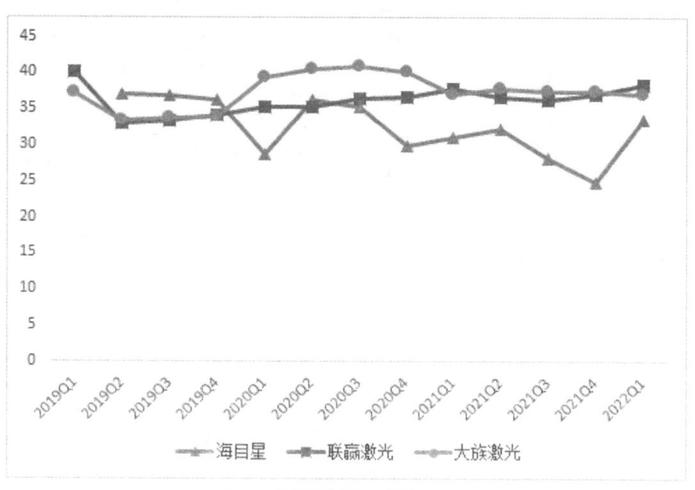

图5：销售毛利率（单位：%）
来源：并购优塾

海目星毛利率略低，在2021年有所下滑。从细分结构来看，动力电池、3C消费电子两大业务毛利率分别下滑5.49%、14.1%。其中，动力电池领域毛利率下滑，主要受人工成本（人员扩张）和制造费用提升影响；而制造费用的提升是生产人员扩张较慢，外协加工金额提高所致。需要注意的是，从2022年上半年数据看，其毛利率已有回升趋势。

二、净利率——净利率主要取决于毛利率的大小，大族激光与联赢激光的净利率波动与其毛利率波动基本一致。海目星净利率呈季节性变化，在2020年Q1与2021年Q1均大幅下滑至亏损状态，与其营业收入下滑、成本和费用开支刚性有关。

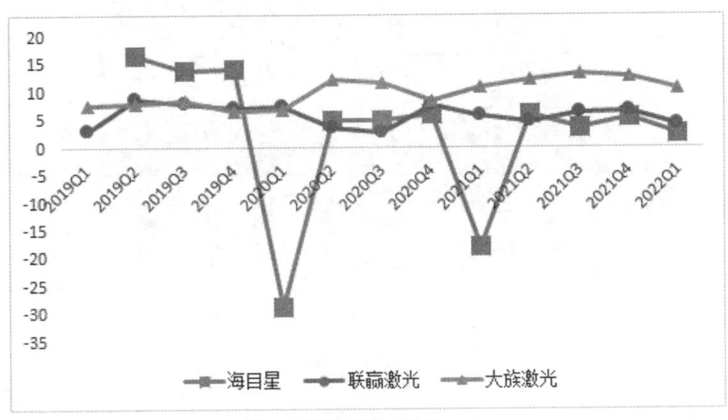

图6：销售净利率（单位：%）
来源：并购优塾

三、净资产收益率——2021年，大族激光的ROE上升相比较多，主要受销售净利率、总资产周转率提升影响。联赢激光的权益乘数提升，主要是合同负债、应付款项提升所致。海目星的ROE下滑，主要是其净利率（毛利率）下降所致。

ROE（%）	2019年	2020年	2021年
大族激光	7.49	10.54	18.67
海目星	25.06	7.6	7.48
联赢激光	8.59	5.78	6.22
ROIC（%）	2019年	2020年	2021年
大族激光	4.98	7.63	13.53
海目星	13.59	4.56	4.99
联赢激光	7.71	5.67	6.14
权益乘数（倍）	2019年	2020年	2021年
大族激光	2.15	2.11	2.27
海目星	3.21	2.84	3.15
联赢激光	1.95	1.79	2.21
总资产周转率（次）	2019年	2020年	2021年
大族激光	0.52	0.61	0.67
海目星	0.55	0.46	0.43
联赢激光	0.62	0.42	0.43
销售净利率（%）	2019年	2020年	2021年
大族激光	6.44	8.32	12.74
海目星	14.1	5.86	5.49
联赢激光	7.13	7.63	6.58

表8：回报分析
来源：并购优塾

（五）

根据《2021年中国激光产业发展报告》，2015到2020年，中国激光设备市场整体销售收入规模从345亿元增长至692亿元，复合增长率12.30%。2021年中国激光设备市场整体销售收入规模约为820亿元，相较2020年度增长18.50%。

由于工业激光设备下游应用场景广阔，包括汽车、通信、医疗、消费电子、工程机械、智能家居、动力电池、光伏等诸多细分场景。从本案三家企业业务来看，主要包括PCB及消费电子、动力电池、光伏三大领域。

从增长预期来看，动力电池>光伏>PCB及消费电子。因此，我们简单梳理PCB及消费电子领域的增长前景，并对于动力电池、光伏领域的激光设备需求进行详细测算。

从全球电子终端需求来看，电子行业未来几年的发展将主要依赖于服务器/数据存储器、5G无线网络设施、消费电子、汽车电子等终端，对细分PCB的需求则主要集中在高频高速高多层板、HDI板、封装基板领域。根据Prismark预测数据，2020—2025年全球PCB需求合计复合增长率在5.8%。

消费电子方面，当前主要由智能手机销售量驱动。根据IDC数据，全球智能手机出货量在2017年达到峰值14.72亿部，之后小幅下滑。

未来行业增长主要来自价值量的提升，预计2023到2025年市场规模的复合增长率在3.5%左右（增长驱动主要包括：通信周期带来的替换需求以及技术创新带来的功能溢价）。

综合来看，至2025年，PCB及消费电子领域市场需求增长在3%到5%的低速增长区间，预计相应设备投资需求将在该增速区间波动。

（六）

动力电池设备行业规模，用公式可以表示为：动力电池激光设备规模=动力电池设备投资需求×激光设备比例。

一、动力电池设备投资规模

在下游新能源汽车渗透率快速提升的驱动下，2025年全球锂电设备投资需求约为1966亿元。

国内		2021	2022E	2023E	2024E	2025E
新能源车销量（万辆）	乘用车销量	2628	2706	2788	2871	2957
	新能源车渗透率（%）	13	26	32	38	44
	合计销量（万辆）	342	704	892	1091	1301
单车带电量（kWh）	单车带电量（kWh）	44	45	47	48	50
	增速（%）		3	3	3	3
	动力电池装机需求量（GWh）	150	319	416	525	644
单GWh设备投资（亿元）	单GWh设备投资额	1.8	1.9	1.8	1.7	1.6
国内动力电池设备投资需求（亿元）		271	606	750	892	1031
全球(含中国)		2021	2022E	2023E	2024E	2025E
新能源车销量（万辆）	乘用车销量	8100	8343	8593	8851	9117
	新能源车渗透率（%）	8	13	17	21	25
	合计销量（万辆）	648	1085	1461	1859	2279
单车带电量（kWh）	单车带电量（kWh）	44	45	47	48	50
	增速（%）		3	3	3	3
	动力电池装机需求量（GWh）	285	492	681	893	1229
单GWh设备投资（亿元）	单GWh设备投资额	1.8	1.9	1.8	1.7	1.6
全球（含中国）动力电池设备投资需求（亿元）		513	934	1226	1518	1966

表9：锂电设备投资额
来源：并购优塾

二、激光设备价值量占比

动力电池生产设备，按照工序划分，可分为前道、中道、后道三大部分，合计15个细分工艺环节。

1. 前道工序——价值量占比在40%，作用主要体现在将锂电材料加工成电池极片。具体包括干燥、搅拌、涂布、烘干、辊压、分切、制片等细分环节，对应设备包括搅拌机、涂布机、烘干机、碾压机、极耳分切机、制片机等。

2. 中道工序——价值量占比在30%，主要作用体现在将电池极片加工成电芯。具体包括卷绕/叠片、入壳焊接、烘干、注液、超焊盖帽等细分环节，对应设备包括卷绕机/叠片机、入壳焊接机、注液机、焊接机、清洗机等。

3. 后道工序——值量占比在30%，主要作用体现在检测电芯的性能及PACK组装。具体包括化成、分容、检测、模组及Pack组装等细分环节，对应设备包括化容机、分层机、检测设备、Pack组装设备等。

动力电池产线对于激光设备的需求，主要体现在前道工序的分切制片环节以及中道工序的焊接封装环节，我们分别来看。

1）激光切割——在前道的极耳分切与制片环节，传统工艺采用步进运动式模具切割，精度低且需要在切割过程中更换模具，而激光制片机可实现在膜卷运动中动态切割极耳，并且切割形状灵活，使得生产效率提升。

从产业趋势来看，在电池组体积和质量受到限制的情况下，为了满足提升续航里程需求，电池能量密度的持续提升成为电池厂商的升级方向。

为了提升能量密度，扩大单体圆柱电池和应用叠片工艺是目前提升能量密度的两种主流方法。作为设备提供商，匹配大单体圆柱（4680）电池极耳切割工艺以及集成叠片工艺成为了技术突破的重点。

比如，海目星进行了相应定制化布局：一方面，升级迭代高速激光制片机，匹配4680电芯极耳切割部分的生产工艺；另一方面，研发切叠一体机，凭借极耳切割优势向中道环节拓展，提升集成度。

2）激光焊接——中道工序涉及大量封装环节，对焊接工艺的要求较高，焊接技术对成本控制、产品一致性和安全性均有较大影响。

激光焊接具有精度高、速度快、变形小等多优点，可大幅提升动力电池的安全性，广泛应用于入壳焊接、盖板防爆阀及安全盖焊接、密封钉焊接、电芯封装焊接等细分工艺环节。

从价值量占比来看，根据联赢激光招股说明书，激光焊接设备在动力电池厂商投入中占比5%～15%，不同电池厂生产线具备较大差异。而根据宁德时代2021年8月定增扩产投资情况来看，激光切割、焊接价值量占比分别为3%、9%。

综合现有信息，激光设备在锂电设备投资中价值量占比均值在12%左右。据此测算，2025年国内、全球锂电激光设备需求分别为124亿元、236亿元。

	2021	2022	2023	2024	2025
国内动力电池设备投资需求（亿元）	271	606	750	892	1031
国内锂电激光设备规模（亿元）	32	73	90	107	124
全球（含中国）动力电池设备投资需求（亿元）	513	934	1226	1518	1966
全球锂电激光设备规模（亿元）	62	112	147	182	236

表10：锂电激光设备投资额
来源：并购优塾

不过需要注意，为了满足电池厂商对于设备集成度的要求，与专业锂电设备厂商类似，激光设备厂商也依托自身优势进行横向拓展，已扩张至非激光领域。比如，大族激光、联赢激光已经打入后道的模组和pack环节，大族激光目前正在研发卷绕设备、叠片设备、化成分容设备，目前卷绕设备已经通过部分客户验证；海目星则有望集成中道的叠片工艺（切叠一体机）。

因此，在降低成本需求驱动下，锂电设备的整线化趋势，未来激光设备厂商在锂电产线中的整体价值量占比还有提升空间。

（七）

激光设备在光伏领域主要用于电池片生产环节，行业空间用公式可以表示为：光伏激光设备=新增产能（GW）×各技术路线预计新增产能比例% ×相应激光设备单GW投资额（亿元/GW）。

一、光伏电池片设备投资需求

从光伏电池片技术迭代路径来看：铝背板BSF（1代）→PERC电池（2代）→TOPCON（2.5代）→HJT电池（3代）→IBC电池（4代）。技术迭代将持续带来设备更新替换需求，当前正处于PERC量产的高峰期（技术红利接近释放完毕），后续逐渐向TOPCon、HJT、IBC技术路线升级。

参考我们在光伏组件产业链报告中的预测逻辑，预计2025年全球新增光伏装机量在380GW到390GW，由此测算2022到2025年新增组件（电池片）产能为94GW、96GW、104GW、84GW。

此外，参考Solar zoom、CIPA预测数据，至2025年，PERC、TOPCon、HJT、IBC的新增产能占比分别为0%、50%、40%、10%。由此测算，2022到2025年，PERC、TOPCon、HJT、IBC设备新增产能如下：

	2021	2022E	2023E	2024E	2025E
行业新增电池片产能（GW）	103	83	112	104	84
PERC					
新增电池中PERC产能占比（%）	85	35	5	0	0
新增PERC产能（GW）	87.9	28.9	5.6	0	0
TOPCon					
新增电池中TOPCon产能占比（%）	10	45	50	50	50
其中由PERC改TOPCon产能（GW）	2.0	10.0	20.0	10.0	0
新增TOPCon产能（含PERC转化）（GW）	12.3	47.1	76	62.2	41.9
HJT					
新增电池中HJT产能占比（%）	5	15	35	40	40
新增HJT产能（GW）	5.2	12.4	39.2	41.8	33.5
IBC					
新增电池中xBC产能占比（%）	0	5	10	10	10
新增xBC产能（GW）	0	4.1	11.2	10.4	8.4

表11：四大技术路线新增产能预测
来源：国信证券、CIPA

二、光伏激光设备需求

光伏电池的具体制作流程包括:硅片——清洗、制绒——扩散——刻蚀（消融）——二次清洗——制备减反射膜——印制电板——烧结——分选测试——检验入库。

其中，部分流程运用了激光技术，可以更高效的产出，包括：激光打孔（清洗和制绒），SE激光掺杂设备（扩散），激光消融设备、激光转印设备（印制电板），激光修复设备、激光无损划片设备等。

此外，不同技术路线对激光设备的需求有所差异：1.PERC电池在打孔、掺杂、消融、转印、修复5个环节会使用激光设备，激光应用广泛；2.三类N型电池(TOPCon、HJT、IBC)，由于整体工序的减少，激光使用量下滑至2个环节：TOPCon电池（涉及掺杂和转印）、HJT电池（当前仅涉及转印，未来预计逐步开发修复工艺，预计2025年渗透率提升至60%）、IBC电池（涉及开槽和转印）；3.此外，在组件环节，激光可以实现电池片半片或多片的自动切割、裂片，预计2022到2025年渗透率逐渐提升至

60%。

综上，参考国信证券、CIPA对于各类激光工艺单GW投资额的预测数据，测算得出2025年光伏行业激光设备为45.37亿元。

四大技术路线新增产能（GW）	2021	2022E	2023E	2024E	2025E
新增PERC产能（GW）		33	4.8	0	0
新增TOPCon产能（GW）		47.1	76.0	62.2	41.9
新增HJT产能（GW）		12.4	39.2	41.8	33.5
新增IBC产能（GW）		4.1	11.2	10.4	8.4
单GW激光设备价值量（亿元）					
perc消融+掺杂		0.11	0.11	0.11	0.11
topcon掺杂		0.23	0.22	0.21	0.2
HJT激光修复			0.3	0.29	0.28
ibc激光消融		0.25	0.24	0.23	0.22
激光转印		0.42	0.41	0.4	0.39
激光划片		0.05	0.05	0.05	0.05
激光设备市场空间（亿元）					
perc消融+掺杂		3.6	0.5	0.0	0.0
topcon掺杂		10.8	16.7	13.1	8.4
HJT激光修复（渗透率0/20%/40%/60%）		0.0	2.4	4.8	5.6
ibc激光消融		1.0	2.7	2.4	1.8
激光转印		7.8	21.7	27.5	26.2
激光划片（渗透率0/20%/40%/60%）		0.9	2.6	3.4	3.4
合计空间（亿元）		24.2	46.6	51.2	45.4

表12：四大技术路线新增产能预测
来源：CIPA、国信证券

综合来看，在锂电池、光伏两大具备高增长预期的领域，各家激光设备厂商的增长逻辑类似，均依托定制化激光设备打入产线，并根据下游客户需求，扩展产品线（锂电领域向卷绕、叠片、pack组装等工艺扩张），或者逐渐增加相应功能（光伏领域的激光修复、划片）。

注意，对于激光设备公司来说，普遍的发展路径是开辟多个下游场景，那么，这是否意味着单一场景拓展的壁垒并不高？

（八）

根据联赢激光招股说明书，激光与物质的作用过程较为复杂，激光焊接效果与激光波长、功率密度大小、焊接时间、焊接头角度、焦点距离、焊件对激光的吸收率及清洁程度、焊件的厚度及导热性能、保护气体类型及流量等数十种因素有关。因此，技术壁垒体现在激光焊接工艺技术人员不断摸索总结，以及实践积累形成的Know-How，而并不在于绝对的生产难度。

此外，从大族激光传统业务——PCB与消费电子领域工艺来看：PCB对激光工艺的需求主要体现在PCB底板及材料的激光焊接、激光成像显影、钻孔，而在消费电子领域，主要体现为显示屏的切割、打标、异形修复，以及后盖板、摄像头保护镜片的打孔、倒边等。这与动力电池领域的极耳切割、入壳焊接，以及光伏领域的电池打孔、掺杂、转印、划片等工艺相比，在加工材料的物理形态、材料性状和目标加工效果方面存在较大差距。

综合来看，我们认为，激光设备环节更贴近“下游场景的具体工艺需求”，核心在于客户需求提炼基础上的定制开发。因此，当激光设备厂商进入一个新的领域，仍然需要一定的时间周期组建技术团队，熟悉客户需求以及进行相应的经验（Know-How）积累。

目前来看，激光设备能够介入的下游主要包括：锂电、光伏、PCB及消费电子、汽车及工程机械等领域，从现有信息估算，预计至2025年，PCB及消费电子仍为较大下游场景。消费电子 > 锂电 > 汽车、工程机械及其他 > 光伏。

PCB及消费电子——2021年大族激光PCB及消费电子业务收入约73亿元，假设其在PCB消费电子领域2021年市占率20%、未来4年行业保持3%

增长计算，2025年PCB及消费电子领域激光设备空间约为410亿元。

汽车、工程机械、智能家居及其他——2021年大族激光高功率激光设备收入约为28亿元，假设其市占率为20%，未来4年行业保持5%（GDP）增长计算，2025年汽车、工程机械等领域激光设备空间约为157亿元。

动力电池、光伏——根据上文测算，2025年动力电池、光伏领域激光设备约为236亿元、45亿元。

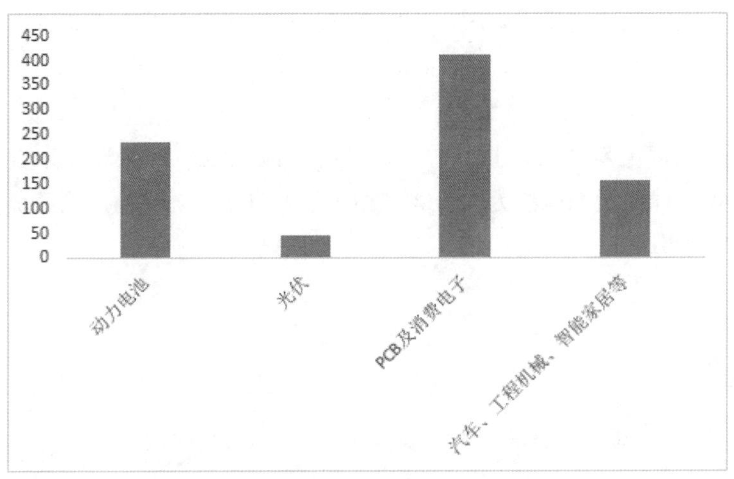

图7：2025年激光设备下游场景空间测算（单位：亿元）
来源：并购优塾

注意，上述空间的测算仅考虑了激光设备，而目前产业链上发生的另一个趋势是——激光设备公司开始向多工艺（整线化）延展。

我们从各家年报信息来看，均有在锂电设备领域进行整线扩张的趋势。如果能够在锂电整线设备领域实现突破，那么，市场就会被显著打开，2025年可触及市场规模约为2000亿元。例如：先导智能（消费电池

→锂电整线→光伏→储能）、利元亨（消费电池→锂电整线→储能）、迈为（光伏→锂电→半导体）、奥特维（光伏→锂电→半导体）等等。

总结一下，对于当前的锂电激光设备公司来说，做锂电整线设备与跨入其他行业做激光设备相比，市场空间显然更大，但其同样重视新兴产业的提前布局。

（九）

行业的竞争思路明确后，我们来看目前激光设备两大下游行业的扩产力度如何？

一、锂电新增扩产规划——从现有主流电池厂产能规划来看，至2025年全球新增产能约为3051GW（相比于2021年）。国内厂商整体扩产力度大于海外厂商，但扩产增速预计在2023年开始放缓。

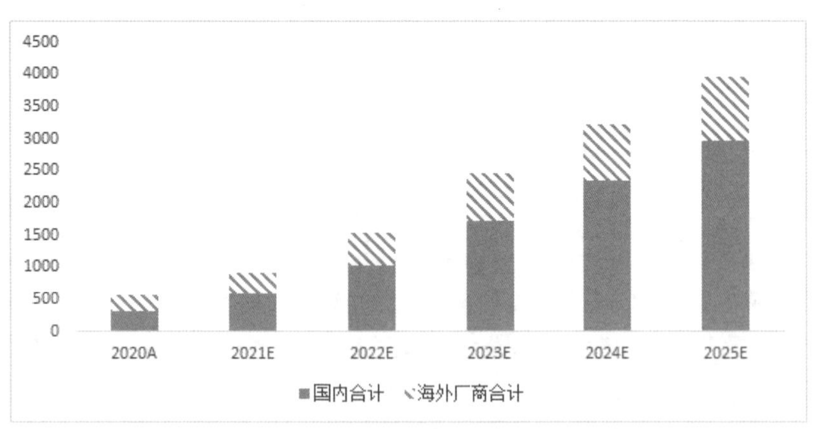

图8：全球锂电产能规划（单位：GW）
来源：西部证券

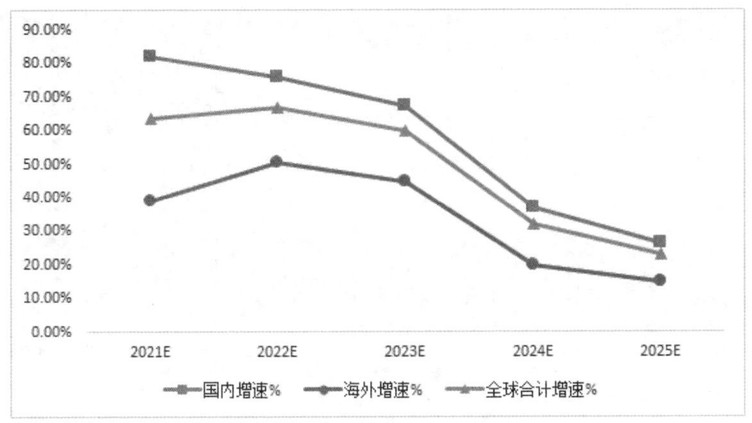

图9：全球锂电产能规划增速（单位：%）
来源：西部证券

二、光伏新增TOPCon电池片扩产规划——从各类N型技术路线电池片扩产规划来看，2022到2023年预计产能增幅较大的是TOPCon，其次是HJT。

根据PV Infolink预测数据，2022年TOPCon、HJT产能分别有望超过40GW、15GW。具体到TOPCon领域，2022年底能够达产的电池片产能约为76GW，相较于2021年新增约50GW，与我们前述测算接近。

从2022年底能够实现的产能来看，传统光伏巨头中，通威股份（15GW）、晶科能源（16GW）、中来股份（16GW）、天合光能（8GW）、钧达股份（8GW）产能规模较大。此外，从新进入者披露的TOPCon产能规划来看，包括：亿晶光电（10GW）、沐邦高科（8GW）、太一光伏（5GW）、大恒能源（5GW）。

整体来看，2022年锂电的扩产力度仍然较强，2023年开始会有所放缓，而TOPCon电池目前由于还在早期阶段，老玩家、新进入者的扩产力度均较强。

公司	2021年产能（GW）	2022年预计产能（GW）	已有产能规划（GW）	备注
晶澳	0.3	6.5	6.5	宁晋1.3GW高效电池项目，建设周期预计7个月；另明年规划 15GW产能，技术路线未完全确定。
晶科	8.9	16	40+	2022年1月4日投产8GW,全年规划16GW;考虑合肥二期、尖山 二期、越南等地规划产能。
钧达		8	16	计划投资112亿用于建设16GW高效电池项目，其中一期8GW于 今年投产；二期视情况而定。
一道	1	6	6	
天合光能	0.5	8	10+	
中来	3.6	16	24	山西项目一期 8GW预计年底投产。
通威		15	15	
合计	-	76	118	

表13：TOPCon产能统计
来源：PV Infolink、浙商证券

（十）

激光设备领域，核心竞争要素在于：1. 得“锂电整线订单、新兴场景”得增长；2. 得“性价比”者得回报；3. 产品力主要体现在对下游客户的需求提炼以及定制化研发能力。

一、锂电订单情况梳理：

从订单披露情况来看，海目星 > 联赢激光 > 大族激光。

1. 海目星：2020到2021年，全年新签订单分别为25亿元、57亿元。2022年上半年，新签订单约36亿元，在手订单合计约为72亿元（相比于2021年全年增长26%）。

客户包括宁德时代、比亚迪、特斯拉、长城汽车、蜂巢能源等。跨赛道拓展方面，2022年4月，海目星中标晶科能源TOPCon激光设备招标订单10.67亿元，在光伏领域拓展，实现突破。

2. 联赢激光：2020到2021年，全年新签订单分别为15.08亿元、35.99亿元。2022年上半年新签订单20.45亿元，在手订单44.48亿元（相比于2021年全年增长23%）。客户包括宁德时代，比亚迪、国轩高科、三星、松下等。

3. 大族激光：2020年与宁德时代新签订单超12亿元。此外，2022年7月，大族激光与中航锂电签订战略合作协议，但未披露具体合作订单金额。披露客户包括宁德时代、中创新航、亿纬锂能、蜂巢能源等。现有研发项目包括卷绕设备、叠片设备、分容化成测试设备等，卷绕设备已经通过部分客户验证。

二、产品力

1. 产品覆盖度：从三家在锂电整线产品的覆盖度来看：大族激光>海目星>联赢科技。三家均涉及焊接与Pack组装环节。大族激光、海目星分别在终端核心设备——卷绕机、叠片机领域处于产品验证状态，锂电设备产品覆盖度更高。

	前道	中道	后道
大族激光	极耳分切（已出货）、搅拌机、涂布机（在研）	焊接、烘干（已出货），卷绕机（验证中），叠片机（在研）	PACK组装（已出货）、化成分容（在研）
海目星	极耳分切（已出货）	焊接、烘干（已出货），切叠一体叠机（验证中）	PACK组装（已出货）
联赢科技		焊接	PACK组装（已出货）

表14：锂电整线产品覆盖度
来源：并购优塾

2. 核心产品：从公开信息来看，海目星（高速激光制片机）、联赢激光（激光焊接设备），均是在2015年前后进入锂电产线（而大族激光于2016年通过并购的方式进入锂电领域）。

2021年，海目星在全球锂电领域高速激光制片机细分市场市占率接近7%。根据联赢激光招股书信息（2020年），其在宁德时代生产线中激光焊接细分领域的市占率超过80%，在焊接细分领域处于“一供”地位。

三、预收账款（合同负债）

从“预收账款+合同负债与营业收入的占比”来看：联赢激光>海目星>大族激光。可以看出，锂电激光设备由于定制化程度较高，预收比例整体较高。

预收总计（亿元）	2018	2019	2020	2021
海目星	1.23	2.44	4.96	14.72
联赢激光	3.93	3.08	4.7	11.69
大族激光	7.43	5.32	7.96	9.69
预收占比（%）	2018	2019	2020	2021
海目星	15.40%	23.69%	37.58%	74.20%
联赢激光	40.06%	30.46%	53.53%	83.50%
大族激光	6.74%	5.56%	6.67%	5.93%

表15：预收及预收占比情况
来源：并购优塾

四、研发投入情况

从研发人员数量、研发人员占比、研发投入绝对值来看，大族激光>联赢激光>海目星，大族激光领先优势明显。从研发支出占营收比例来看，大族激光略高。

研发人员数量（人）	2018	2019	2020	2021
大族激光	4513	4531	4825	5266
联赢激光	527	672	819	1449
海目星		323	352	433
研发人员数量占比（%）	2018	2019	2020	2021
大族激光	34.64	34.84	34.04	34.06
联赢激光	39.24	40.6	43.06	41.2
海目星		15.57	14.96	10.67
研发支出（亿元）	2018	2019	2020	2021
大族激光	9.93	10.47	12.87	14.36
联赢激光	0.51	0.61	0.72	1.03
海目星	0.82	0.88	1.07	1.58
研发支出比例（%）	2018	2019	2020	2021
大族激光	9.00	10.60	10.20	8.54
联赢激光	5.21	6.01	8.23	7.38
海目星	10.30	8.56	8.11	7.96

表16：研发投入情况
来源：并购优塾

从专利数量来看：大族激光（5655个）>海目星（486个）>联赢激光（301个）。

综合来看：

海目星、联赢激光在近期锂电激光设备领域的订单增长情况优于大族激光（同时，订单透明度较高）。此外，二者业务规模小、业务更为聚焦，我们推测在技术资源倾斜、定制化服务方面具备一定优势。

不过，从营业收入体量来看，2021年大族激光在锂电领域规模已经超越海目星，能反映出该领域先发优势并不能带来绝对壁垒。后续，需要关注大族激光与中航锂电的具体订单合作金额。

（十一）

研究至此，几个重要问题，我们小结一下。

1. 增长驱动力——激光设备增长的直接驱动力是下游的CAPEX开支，一旦绑定了下游高增长场景（比如当前的动力电池和光伏），则在短期具备较高增长预期。长期来看，跨赛道扩张，是龙头设备厂商的共同发展趋势。

2. 关键变化——变化的来源在于新能源车的渗透率提升，动力电池对于激光设备的需求增量，大致能达到3年2倍的空间。

3. 渗透替换——新能源车用量提升的核心原因，是需要满足更长的续航，更快捷、更高效地充电需求。激光设备可以提升电池生产环节的加工精度，满足设备集成度提升的需求。

4. 景气预期——目前行业景气度处于上行周期，2025年之前，下游锂电池、光伏电池片规划产能增量空间较大。

5. 生意难点、产品力——对下游客户需求的提炼以及相应的定制化研发；锂电设备的整线布局能力。

6. 风险点——海目星、联赢激光非营业利润占比较高（政府补助）；当前，由于锂电、光伏设备领域存在大量“跨赛道”布局者，未来存在竞争加剧风险。

	经营效率			盈利质量	债务压力		收入/利润质量	
	人均创收（万元）	人均创利（万元）	人均薪酬（万元）	净利润现金含量（%）	经营活动产生的现金流量净额/带息债务（%）	净债务/股权价值（%）	应收账款周转率（%）	非营业利润/利润总额（%）
大族激光	105.64	12.90	21.71	65.76	0.29	-5.51	2.98	8.84
海目星	48.88	2.69	12.53	446.02	0.69	-1.49	3.10	62.43
联赢激光	39.80	2.62	12.29	-11.09	-0.32	-2.06	2.47	44.96

表17：风险清单
来源：并购优塾

本文发布于2022年9月22日

第三部分

电池

软包电池产业链

孚能科技、亿纬锂能、欣旺达

软包动力电池，是动力电池中的一个细分类别。动力电池按电芯的封装结构，可以分为软包、方形及圆柱，三类各有其优缺点。但目前，国内方形动力电池是绝对主力，软包和圆柱的市场均在萎缩，其中，软包萎缩的更多。GGII数据显示，国内2022年Q1，方形、软包、圆柱三者的市场份额分别为89.2%、6.2%、4.5%。

尽管是市场中的一个小众技术路线，但是近期我们关注到，软包动力电池产业链上的代表公司，中报增长却明显快于其他公司。以孚能科技为例，2022年上半年收入增速为495%，行业龙头宁德时代增长156%，其他参与者如亿纬锂能增长127%，国轩高科增长143%，均远低于孚能的增长水平。

并且，除了收入增速快，孚能还发布了新一代的半固态电池产品，量产在即，能量密度能够做到330Wh/kg，注意，行业绝对龙头宁德时代，目前推出的旗舰技术麒麟电池，也只是将能量密度做到255Wh/kg。

同时，行业新锐的电池公司蔚蓝新能源推出的半固态电池，同样也是软包形式。

那么，软包电池公司的高增长从何而来？其所在的软包技术路线，有提升渗透率的可能性吗？为什么半固态电池会选择软包的结构形式？带着上述这些问题，我们来看软包电池这条产业链。

上游——包括设备供应商、资源方、电池材料以及前驱体加工厂。

设备供应商代表企业有先导智能、杭可科技、利元亨等；资源端，主要是锂钴镍磷等资源方以及冶炼厂等；材料加工商，代表企业有容百科技、璞泰来、恩捷股份、天赐材料等。

中游——锂电池生产企业，代表企业有一线龙头宁德时代、LG化学、松下、比亚迪，二线电池代表企业有亿纬锂能、国轩高科、中创新航、孚能科技、欣旺达等。

下游——主要是新能源整车厂。

从机构对产业链景气度的预期情况来看。

	可比厂商	2022年		2023年		2024年	
营业收入（亿元）	孚能科技	160.89	360%	296.03	84%	407.56	38%
	亿纬锂能	355.39	110%	628.30	77%	918.81	46%
	欣旺达	490.57	31%	626.89	28%	759.28	21%
	可比厂商	2021E		2022E		2023E	
净利润（亿元）	孚能科技	3.51	105%	21.46	4123%	38.00	77%
	亿纬锂能	31.08	15%	63.63	90%	95.70	50%
	欣旺达	10.92	32%	24.29	100%	32.02	32%
PE预测（倍）	孚能科技	691.00		16.36		9.00	
	亿纬锂能	55.75		29.00		19.52	
	欣旺达	39.74		19.80		15.04	

表1：机构一致预期增速和行业景气度

来源：Wind、并购优塾

（一）

动力电池按电芯的封装结构，可以分为软包、方形及圆柱，三类各有优势，其发展与各地区动力电池发展历史有关。

国内，早期就以方形电池为主，是为了给新能源商用车配置锂电池。锂电发展初期，新能源补贴政策是从商用车开始，各大电池厂为追逐政策红利，将产能向新能源客车、货车倾斜。商用车对动力电池包的容量要求高，圆柱、软包电池做成模组技术较难，在国内动力电池发展初期，电池厂及车企技术积累不足，便选择了模组难度较低的方形电池。

2014年，在补贴政策的驱动下，国内新能源商用车搭载动力电池的数量占市场总额超过70%，这就直接导致方形电池的爆发。

而海外市场，早期只存在圆柱电池和软包电池两种路线。20世纪90年代，美国、欧洲大部分车型的首选就是能量密度高的软包路线，因为这些车企看重的是续航里程、充放电倍率。特别是其体积和形状的灵活多变性，受到插电式混合动力车型的偏爱，通用、现代、雷诺-日产和沃尔沃旗下的插混车型，无一例外都是采用的软包电池。

至于圆柱形电池，则主要得益于特斯拉的推动——2008年松下因押注等离子电视失败亏损40亿美元，正需要在新的业务方向开辟道路，此时，松下选择了收购三洋电机，开始为特斯拉供应动力电池，而三洋电机选择的动力电池路线就是圆柱电池。从2008年Roadster上的18650圆柱电池，到2017年Model 3上的21700圆柱电池，特斯拉一直在探索提升圆柱电池的性能，下一阶段，即将量产的为46800大圆柱电池。

随着国内动力电池产业突飞猛进的发展，方形电池成为目前市场的绝对主力，圆柱和软包的市场空间都在受到挤压，其中，软包市场份额下降更多，国内份额降至5%以内。

但需要注意的是，由于混动车型中的比亚迪较为特殊，其采用软包电芯+方形外壳，导致统计数据时，将这一部分软包电芯计入了方形电池，如果将这一部分加回，软包电芯的实际渗透率在15%左右，并不是持续萎缩的状态。

那么，软包电池这个技术路线，未来的渗透率会如何变化？产业链上做软包电池的公司，又发生了哪些变化？

（二）

国内软包电池企业以孚能科技为代表。

2002年，王瑀博士（孚能科技董事长）和Keith博士在美国硅谷创立美国孚能，专注于高能量密度动力电池开发，重点科研方向就是400Wh/kg动力电池电芯。2009年，江西省政府赴美考察，邀请王瑀回到江西省设立孚能科技，作为中国研发基地及产业化基地。

2016年，孚能开始向国内整车企业供应软包电池系统，2017年—2019年，孚能的动力电池出货量为0.95GW、1.92GW、2.27GW。而此时，采用软包动力电池的戴姆勒、大众、通用、日产、现代等车企正准备在中国生产电动车，在选择本土供应商时，选择了已有软包技术的孚能科技。

彼时，戴姆勒刚好发布新电动品牌EQ系列，为停售燃油车做准备，其在国内大力扶持孚能科技。

2018年开始，孚能发生了关键变化，其受到了奔驰母公司戴姆勒的大力扶持。2018年11月，孚能与戴姆勒签订了超级大合同，2021—2027年的动力电池供货合同，约定电池规模140GW，平摊下来每年20GW的出货量，孚能在镇江为戴姆勒建设产线。

2019年，戴姆勒出资9亿入股孚能科技。2020年，镇江工厂终于落地，对戴姆勒的大规模出货也就在眼前，同时，其在7月完成IPO，此时，黎明似乎就在孚能眼前。但是，在2020年，却发生了一些意外事件，导致大客户长城、北汽流失。

孚能科技在2016年到2019年之间出货的产品，部分出现一些问题，之后长城和北汽的车辆召回，这导致此前的大客户长城、北汽订单减少。2020年，孚能的出货量大幅下滑，仅有0.6GW，其上市首年，收入就下滑了54%。

看到这，有一个疑问要解决：既然之前出货量下滑，那么像2022年这样的超快速业绩增长，又是如何实现的？

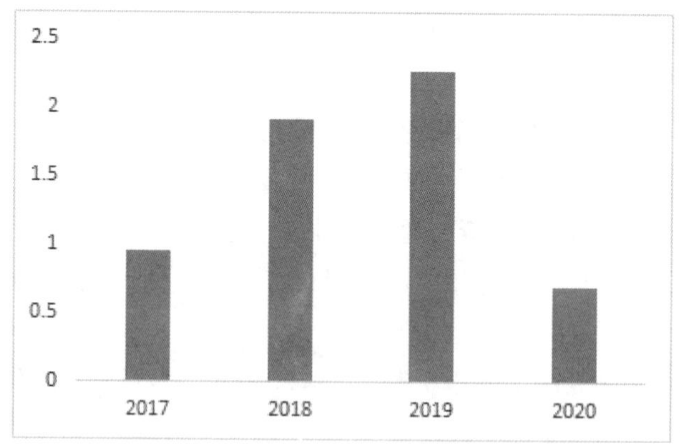

图1：孚能科技出货量（单位：GWh）
来源：并购优塾

(三)

我们将孚能科技与同行业的欣旺达、亿纬锂能对比，从营收规模、收入结构、电池品种（技术）、产能等角度，来看差异。

1）营收规模上看——欣旺达和亿纬锂能的体量要远超孚能科技。2022年H1，欣旺达（217.2亿元）＞亿纬锂能（149.3亿元）＞孚能科技（52.2亿元）。

2）收入结构上看——三家都以锂电池销售为主营业务，但占营收的比重各有高低。

孚能科技：以动力电池系统为主（92.8%），其次是储能系统（0.07%）。

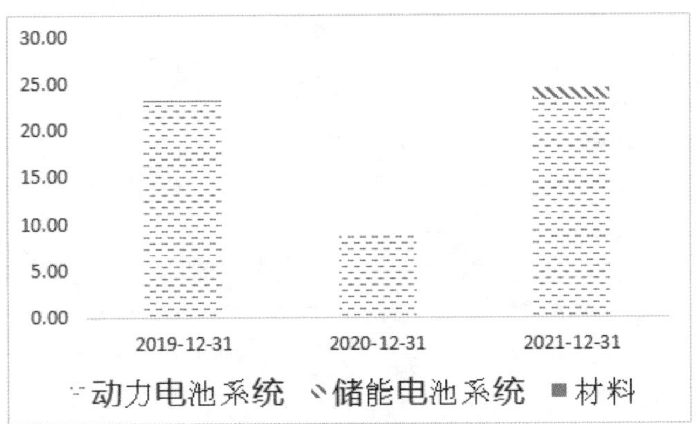

图2：孚能科技收入结构（单位：亿元）
来源：并购优塾

亿纬锂能：以动力电池为主（68.8%），其次是消费电池（23.8%），锂原电池受需求下滑影响占比逐年下降（7.1%）。

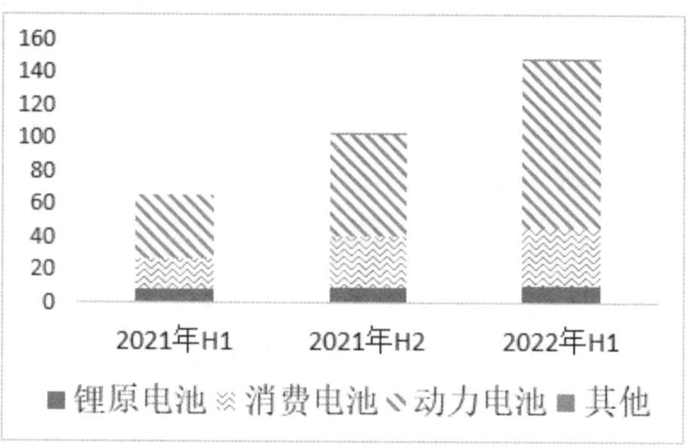

图3：亿纬锂能收入结构（单位：亿元）
来源：并购优塾

欣旺达：消费电池仍是其主营业务（占比59.4%），其次是动力电池（19.34%）、智能硬件（12%）、结构件等（5.87%）。

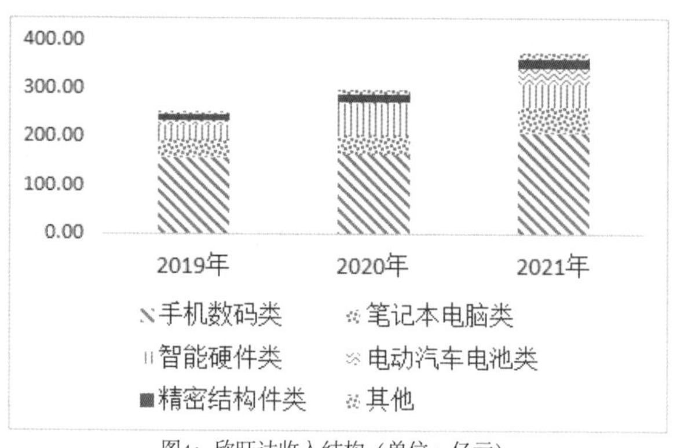

图4：欣旺达收入结构（单位：亿元）
来源：并购优塾

3）动力储能电池结构上看——2022年H1三家电池出货量：亿纬锂能（10到12GWh）＞孚能科技（5.4GWh）＞欣旺达（3.95GWh）

亿纬锂能：约7到8GWh为磷酸铁锂（大部分为储能），约4GWh为三元软包电池。三元方形电池以及大圆柱电池还未放量。

欣旺达：大部分为三元方形电芯，少部分为方形磷酸铁锂。

孚能科技：全部为三元软包电池，三元方形、磷酸铁锂电池还未放量。

可见，孚能科技的业务更集中，基本全部是动力电池业务，亿纬锂能已经实现了从消费电池向动力电池的转型，欣旺达目前仍靠消费电池业务支撑。

总体来看，各家的动力电池业务均受益于行业需求，出现爆发式增长，孚能受新能源车的影响更大。

（四）

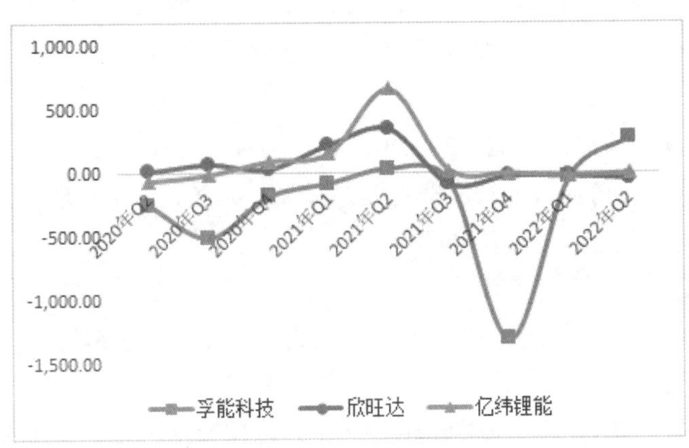

图5：归母净利润增速（单位：%）
来源：并购优塾

从近十个季度的利润增速来看，仅布局动力电池的孚能科技，业绩波动要明显更大。相比2022年Q1，亿纬锂能和孚能科技利润增长出现修复，但欣旺达的动力电池亏损还在拉大。

一、亿纬锂能——2022年中报，营业总收入149.26亿元，同比去年增长127.54%，归母净利润为13.59亿元，同比去年下降9.08%。

上半年净利润下滑，一方面是因为思摩尔国际贡献的利润增速下降，另一方面是因为动力储能电池和锂原电池亏损。

亿纬锂能	2019年Q4	2020年Q1	2020年Q2	2020年Q3	2020年Q4	2021年Q1	2021年Q2	2021年Q3	2021年Q4	2022年Q1	2022年Q2
归母净利润（亿元）	3.63	2.52	1.11	5.83	7.06	6.47	8.48	7.21	6.90	5.21	8.38
同比增速（%）	89.24	26.05	-63.1	-11.44	94.32	156.22	665.37	23.7	-2.25	-19.43	-1.18
环比增速（%）	-44.83	-30.58	-55.95	425.23	21.1	-8.36	31.07	-14.9	-4.3	-24.49	60.84

表2：单季度业绩
来源：并购优塾

考虑到亿纬锂能业务多元化，其利润变动跟踪可以拆解为以下4个方面。

1）思摩尔国际。2022年H1思摩尔带来投资收益约3.92亿元，同比下降56.87%，主要是深圳新冠疫情导致运营受到影响。

2）动力及储能电池。2022年H1累计销量约为10到12GWh（大部分是储能电池），对应收入102.62亿元，亏损4.04亿元。Q2实现扭亏，根据机构调研情况来看，Q2盈利约1亿元。

3）消费电池。上半年实现收入约25.6亿元，净利润约2亿元。

4）锂原电池。带来营收46.2亿元，锂原电池亏损，主要原因是下游消费需求偏弱，碳酸锂带来的电池涨价很难传导至下游。

因此，各业务对利润的贡献程度：消费电池＞思摩尔国际＞动力电池（扭亏）≈锂原电池（亏）。

二、欣旺达——2022年中报营业总收入217.18亿元，同比去年增长38.49%，归母净利润为3.72亿元，同比去年下降39.72%。

2022年H1，动力电池实现收入42.00亿元，同比增长631.92%，净亏损5.05亿元。

动力电池出货量3.95GWh，其中东风、雷诺、吉利等贡献主要增量。

欣旺达	2019年Q4	2020年Q1	2020年Q2	2020年Q3	2020年Q4	2021年Q1	2021年Q2	2021年Q3	2021年Q4	2022年Q1	2022年Q2
归母净利润（亿元）	2.49	-1.03	1.09	4.66	3.30	1.28	4.89	0.52	2.46	0.95	2.77
同比增速（%）	-8.6	-176.8	14.2	70.6	32.5	225.2	350.3	-88.8	-25.3	-26.1	-43.3
环比增速（%）	-8.79	-141.37	-205.83	327.52	-29.18	-61.21	282.03	-89.37	373.08	-61.38	191.58

表3：单季度业绩（单位：亿元）
来源：并购优塾

欣旺达的利润分为动力电池和消费电池两个方面。

1）动力电池。根据行业调研纪要，其Q1动力电池出货量约1.9到2GWh，亏损2.5到2.6亿元；测算出Q2出货量约2GWh，亏损2.5—2.6亿元，与Q1基本持平。

2）消费电池。2022年上半年收入129.00亿元，同比增长11.38%，毛利率15.78%，同比下降1.51%，毛利率下降主要是因为原材料成本提升而需求较弱，产品涨价滞后。

可见，其动力电池还未盈利，且消费电池的盈利能力受上游影响在逐渐减弱。

三、孚能科技——上半年实现营业收入52.23亿元，较上年同期增长495.48%；归母净亏损为1.59亿元，同比增长25.59%。Q2归母净利润

0.85亿元，实现扭亏为盈。Q1、Q2出货量分别约为2.4GWh和3GWh，预计全年出货13GWh。对比来看，2021年全年出货量3.47GWh。

孚能科技连续两年亏损后扭亏为盈，主要还是软包三元放量，在奔驰的电动车型上装载，实现量价齐升。动力电池价格上涨，从Q2开始顺利传导至下游，原材料涨价导致利润受损。

孚能科技	2019年Q4	2020年Q1	2020年Q2	2020年Q3	2020年Q4	2021年Q1	2021年Q2	2021年Q3	2021年Q4	2022年Q1	2022年Q2
归母净利润（亿元）	0.48	-0.98	-0.77	-1.18	-0.38	-1.76	-0.50	-1.94	-5.33	-2.44	0.85
同比增速（%）		-5991.7	-246.5	-502.0	-179.3	-79.2	34.6	-64.2	-1304.1	-38.6	268.9
环比增速（%）	65.52	-304.17	-21.43	53.25	-67.80	363.16	-71.59	288.00	174.74	-54.22	134.84

表4：单季度业绩
来源：并购优塾

综上可见，亿纬锂能扭亏靠的是储能电池，孚能科技扭亏靠的是产能爬坡，而欣旺达的亏损可能来自于其持续快速扩产。孚能科技的快速增长以及扭亏，主要依靠其大客户戴姆勒。

（五）

接下来，我们来看现金流情况。

一、净现比——欣旺达净现比在2021年有明显提升，主要是应收账款回收，以及持有的公允价值变动，损失减少。孚能科技经营活动现金流为负数，主要是大客户依赖，导致存货及应收账款周转率低于同行业企业。不过整体来看，电池和锂矿在产业链中净现比高于电池材料环节，差异的原因主要在于产业链的紧缺程度以及产业链话语权。

净现比（倍）	2017年	2018年	2019年	2020年	2021年	2022年中报
正极	-342.08	13.91	86.19	164.22	7.63	-94.91
电解液	16.61	171.83	79.25	129.69	69.00	92.96
负极	14.57	237.93	192.31	111.79	-30.15	-128.54
隔膜	167.64	204.71	-25.13	195.81	106.78	-1546.34
电池	-151.15	268.85	61.00	536.23	858.32	525.05
锂矿	65.93	-7.24	173.36	263.76	121.74	202.89

表5：产业链各环节净现比
来源：并购优塾

二、经营现金流VS资本支出——电池环节单位GWh投资额较高，属于重资产投资环节。电池环节单位GWh投资额仍在3亿元以上，显著高于其他环节。

我们简单算笔账，一条8GWh的产线，投资成本高达35亿元以上，若产线折旧8年，那么每年的折旧成本就高达3.5亿元。若产线转固，原材料不涨价，满产满销8GWh能带来8亿元利润。但产能爬坡期不仅产能利用率不足，还有残次品，一条新产线几乎不可能实现盈利。

三家的CAPEX都远高于经营活动现金流，欣旺达、亿纬锂能2022年H1的资本支出高于2021年全年，说明产能扩建仍在快速提升，而孚能科技有明显降速。假设单位GWH投资成本是3.5亿元，那么2021年欣旺达、亿纬锂能、孚能科技的资本支出对应产能分别是11GWh、18GHh、6.6GWh。

欣旺达2022年H1在建工程主要增加的是工业园房屋装修和设备采购，说明新产线处于投建阶段；亿纬锂能的多个项目都在建设中，包括动力电池、高性能圆柱电池、储能电池、TWS耳机电池、年产10万吨碳酸锂等，导致整体CAPEX较高；孚能科技的镇江二期项目已经落地，三期还未开始，资本支出有所下降。

资本性支出（亿元）	2017年	2018年	2019年	2020年	2021年	2022年H1
孚能科技	1.94	4.06	18.15	21.36	23.31	5.30
亿纬锂能	13.90	8.06	26.19	20.38	62.70	79.04
欣旺达	15.92	20.91	30.79	33.60	38.60	42.95
经营活动产生的现金流量净额（亿元）	2017年	2018年	2019年	2020年	2021年	2022年H1
孚能科技	-1.48	-4.38	4.84	-9.44	2.33	-8.42
亿纬锂能	0.81	4.34	11.39	15.48	18.63	18.10
欣旺达	-1.50	11.01	7.44	2.44	16.34	13.65

表6：经营现金流VS资本支出
来源：并购优塾

注意，从资本支出来看，整条动力电池产业链仍在加速扩张，大家都是用CAPEX换增长，但孚能科技的资本支出却在2022上半年大幅下降，这可能与其经营性现金流较差有关。但注意，这仍是需要通过调研解决的一个重大问题，探究为何其阶段性放缓扩张。

（六）

看完现金流情况后，我们再来看电池环节二季度的盈利情况。电池制造的定价模式在2022年发生了剧变，从电池厂统一定价，变成了金属价格联动机制，标志着电池厂开始有了一定的价格传导能力。从Q2开始，这种定价模式也一定程度缓解了各家成本压力。

一、毛利率

很明显，2022年Q1，因为原材料涨价，电池企业盈利能力处于历史低位，Q2毛利率有明显恢复，原因就是金属价格联动后，成本压力成功转嫁给下游整车厂。金属价格联动，即锚定锂电池的主要金属价格（不包括电解液、负极材料），三元电池是以锂钴镍锰来联动，磷酸铁锂电池则就是锂价格的联动。

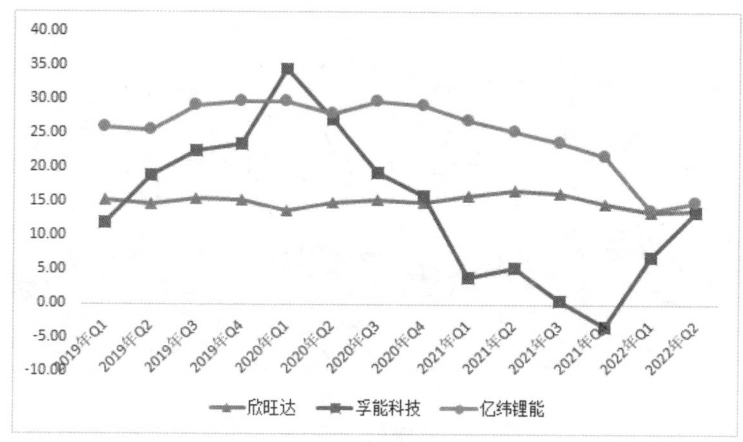

图6：毛利率（单位：%）
来源：并购优塾

动力电池的生产模式由自主生产逐步转向来料加工，其定价模式发生变化，原因主要在于：1）技术差异小；2）原材料占成本比重高。

我们可以预计，电池生产环节“上下斡旋”的空间缩小，通过规模效应赚取超额收益的概率减小，各家未来主要通过“以量换价”，而整个锂电池产业链的价值链条将会向上游资源端、下游整车端流动。

二、净利率

净利率方面，仅看动力电池业务，亿纬锂能和孚能科技基本处于盈亏边缘，主要是前期为了进入客户供应链，承受了较多的原材料成本压力。考虑到后期定价模式改变，而且基本已经各自绑定了整车客户，预计三家盈利能力差异不大。

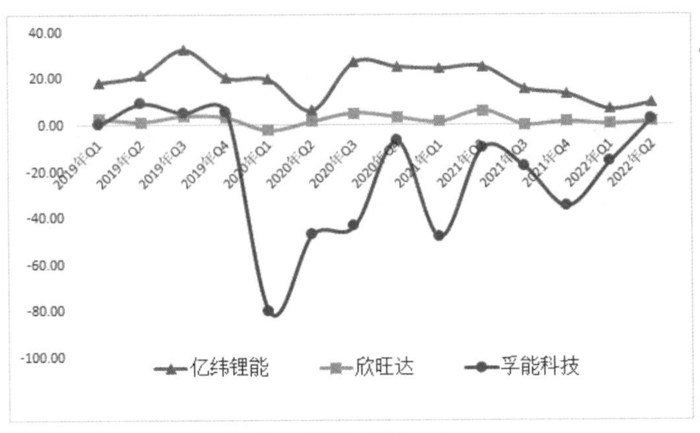

图7：净利率 (单位：%)
来源：并购优塾

三、ROE

由于动力电池仍处于投入期，多元化布局的企业盈利能力更强，回报也相对更高。但由于动力电池增速较快，多元化企业会面临增速低于纯动力电池厂的问题。

ROE（%）	2019年	2020年	2021年
亿纬锂能	27.39	15.07	17.99
孚能科技	1.91	-3.85	-9.85
欣旺达	13.50	12.74	9.23
权益乘数（倍）	2019年	2020年	2021年
亿纬锂能	2.37	1.92	2.17
孚能科技	1.50	1.58	1.88
欣旺达	3.80	4.31	3.69
总资产周转率（次）	2019年	2020年	2021年
亿纬锂能	0.49	0.39	0.48
孚能科技	0.24	0.08	0.19
欣旺达	1.19	1.09	1.02
净利润率（%）	2019年	2020年	2021年
亿纬锂能	24.16	20.60	18.64
孚能科技	5.36	-29.56	-27.22
欣旺达	2.97	2.70	2.29

表7：ROE
来源：并购优塾

整个产业链的价格从锂价格→正极厂→电池厂→整车厂→消费者传导顺利打通，那么，未来锂电池产业链受资源涨价的影响将逐渐减弱。

（七）

我们自下而上将软包动力电池的市场空间进行拆分，可以用这个公式表达：动力电池出货量=汽车销量×新能源汽车渗透率×单车带电量×软包渗透率。根据公式可以看出，新能源汽车渗透率、消费及储能电池出货量、电池单价是影响市场空间的核心变量，而市场份额则是电池企业竞争实力的体现。

根据我们的测算，预计全球新能源汽车销量将达到1700万—1800万辆，锂电池需求量（包括储能及消费）在1.2TWh左右。

一、新能源汽车渗透率

据Marklines数据，2022年H1全球新能源车累计销量420.39万辆，同比增长68.34%，累计销量渗透率达12.30%，相较于去年同期的6.6%，增加5.66%。欧洲市场渗透率16.8%，美国市场渗透率6.8%，中国市场渗透率25%，中国新能源车发展进度明显快于全球发展。

二、软包渗透率

锂电池，从封装工艺划分可分为软包、方形和圆柱；从电池正极材料分为三元、和磷酸铁锂等。GGII数据显示，国内2022年Q1，方形、软包、圆柱三者的市场份额分别为89.2%、6.2%、4.5%。

软包电池，指的是采用铝塑膜作为外壳封装的锂电池，而圆柱和方形电池主要采用钢壳或铝壳作为外壳。软包、圆柱、方形内部的电芯（正负极）材料没有差异，都可以采用磷酸铁锂或三元材料，主要差异在于：1）结构件；2）封装工艺。

1）结构件：软包电池采用铝塑膜用作电池外包，铝塑膜是一种用尼龙和铝箔粘合而成的薄膜，厚度大约100μm，其相对于圆形和方形电池的铝壳材料质轻，这导致软包电池的整体质量要比方形硬壳轻30%以上，比圆柱轻20%以上，这导致在同等材料条件下，能量密度（Wh/kg）提升了10%～15%。

做个简单的比喻，软包可以比作保鲜膜，而方形和圆柱可以分别比作方形保鲜盒、圆柱形保鲜盒，单位重量下哪个装的电池材料更多一目了然，这就是软包能量密度更高的主要原因。

2）封装工艺：软包一般采用叠片封装工艺，而方形和圆柱电池多采用卷绕工艺。叠片相对于卷绕电池更能利用有效空间，能量密度会增加5%、循环寿命增加10%。

做个比喻，叠片工艺是将正负极切成小片，与隔膜一层层堆叠，叠片工艺类似千层蛋糕，两个蛋糕片之间夹一层奶油叠片，卷绕工艺则类似夹着奶油层的蛋糕卷，蛋糕卷的四个角空间完全浪费。软包电池叠片式工艺等价于多极片并联，内阻较其他形状电池显著减小，能够明显降低电池自耗电，并且使得电池拥有了良好的循环寿命和倍率特性。

综上，软包电池是通过精简结构件，充分利用空间，来提升能量密度，单个电芯能量密度上软包具备优势。举例来说，作为行业二线厂商的孚能科技，三元软包电芯能量密度至多能达到285kW/kg，而行业龙头宁德时代的三元方形电池，能量密度仅仅为240kW/kg，亿纬锂能为204kW/kg。

梳理完上面的技术细节，我们能够发现，软包路线在能量密度、充放电倍率上，优势是非常显著的，那么，为什么渗透率不高？

（八）

答案：单体软包电芯虽然优势明显，但做成大电池包后能量密度大幅下降。

电池包普遍采用电芯→模组→PACK（cell-module-pack）的三级结构，即电池放在托盘里再装箱。一辆新能源车上的电池，都是一个完整的电池包，由上百个电芯组成。

宁德时代的麒麟电池模组能量密度达到255Wh/kg，4680大圆柱电池能量密度达到217Wh/kg，孚能科技此前同样材料体系的软包电芯，虽然单体能量密度至多能达到285Wh/kg，但成模组后至多能达到220Wh/kg。

那么，为什么会这样呢？

电池想要提升能量密度，一个重要的改进方向是减少结构件用量，将省出来的空间和质量腾给电芯。在减少结构件用量方面，方形、圆柱、软包中，目前只有软包无法大幅减少结构件的使用。

我们把电芯比作鸡蛋，来看电芯→模组→PACK（cell-module-pack）的三级结构。目前方形和圆柱电芯的做法是，把鸡蛋托盘（模组件）去掉，直接装箱，这就是CTP体系。接下来，还有更加先进的技术路线，是将托盘、纸箱全部取消，直接装到车上，这就是所谓的CTC体系。

想要去掉托盘和纸箱，而不让鸡蛋碎，那么鸡蛋壳就得足够硬。在这点上，方形和圆柱电芯的钢制与铝制外壳有优势，都具备一定的结构刚性，并且排列紧密，在受到冲击时不容易变形。但软包电池用的是铝塑膜，其自身强度不够，因此，当下无法去除掉托盘，还是需要电芯→模组→PACK的流程。

目前，整个软包电池模组内部类似抽屉式结构，电芯外面需要装塑料支架，浪费空间，成组效率比较低。方形电池系统成组效率约为70％，大圆柱电池约为65%，软包电池约为60%（成组效率=电芯单体的能量密度/电池系统的能量密度）。

那么，软包电池组这样的劣势，在何种情境下会发生改变吗？

（九）

1）混动新能源车

混动系统的电池与纯电车型就材料来说，并没有什么差异，混动车型电池因为需要更快更多地进行充放电，因此在相同的功率需求下，对充放电倍率的要求更高。

软包尺寸小，在相同体积下串联数量更多电池，电压功率越大，更适合做混动电池。

比亚迪DMI混动车型正是采用的软包电芯+外部铝壳的“二次封装方案”，蜂巢能源预计也将采用此类封装方式应用于短刀片电池。“硬壳+软包”的封装模式模糊了软包电池边界。

但注意，这种软包+方形的方式在装机的时候按方形算，所以，软包电池的渗透率实际上并没有这么低，如果把这部分加上，软包渗透率在14%左右。2022年7月，插电混动车型占新能源车比重提升至23%，高于2021年的18%，预计全年达到25%。

2）固态/半固态电池

电池技术的下一个重大迭代就是逐步向半固态、固态演进。半固态电池的电解质为固态电解质+液态电解质，其电解质是一种固液混合态（电解液含量低于10%），因此也称为半固态电池，固态电池在能量密度上远高于液态电池。

那么，为什么半固态/固态电池更适合软包？

原因是：电解质从液态转变为固态/半固态后，电池更加安全，电芯本身安全素质过硬，就不需要再依赖外部结构件保护。

液态电解质，由高纯度的有机溶剂、电解质锂盐配比而成。有机溶剂是易燃易挥发的不稳定物质，易分解产生气泡，如果受到冲击或者短路很容易发生爆炸。为了避免爆炸，圆柱和方形电池都会在电池壳顶部安装防爆阀，而固态/半固态电池电解液占比降到10%以下，理论上不易燃不易爆，所以可以不用防爆阀。而不用防爆阀后，铝壳对电芯来说就不再是刚需，硬质铝壳电池需要多出好几道激光焊接工序，设备昂贵，制造费用昂贵。

混合固态电池，外壳基本上都是采用软包形式，用铝塑膜来代替铝壳以及钢壳等结构件。除了孚能科技外，蔚来半固态电池供应商卫蓝新能源等均采用软包。可见，接下来受固态电池产业化驱动，软包的渗透率可能会有所提升。

2022年以来，蔚来ET7推出半固态电池车型，续航里程达到1000千米，并预计将于今年四季度交付。除蔚来外，吉利、北汽蓝谷，东风、奔驰等车企也发布了相关的半固态电池上车计划。孚能科技的首代固态电池已经完成客户送样，等待量产。

2022年8月28日，继推出钠离子电池、麒麟电池等新产品之后，宁德时代计划在2023年推出新一代电池电芯：凝聚态电池（即半固态）。

目前，孚能科技330Wh/kg半固态软包技术方案已通过国标电芯安全测试。首代半固态电池预计今年9月量产，同时公司已储备350Wh/kg能量密度的电池，并且正在开发400Wh/kg的电池。

可见，电池厂和整车厂预计2023年开始，半固态电池将逐渐商业化。综上，我们小结一下。

1）软包电池，目前成组能量密度低的劣势仍然明显，但随着两个变化的发生，渗透率还有提升空间，至少能够从目前的14%，提升到17.5%。

2）混动车型中，2022年软包（外部套方形外壳）的渗透率有望从9%提升到11.5%。考虑到2022年混动车型销量占比已经达到23%，而混动车型中，采用软包电芯车型占比约50%（代表为比亚迪DMI）。

3）纯电车型中，软包当前的渗透率为5%，我们暂时假定维持不变。半固态/固态电池下，软包的劣势不再明显，成组能量密度还有较大提升空间，按成组能量密度下降30%算，400Wh/kg能量密度的电芯成组后能够达到280Wh/kg。而方形电池，目前已经逼近优化极限（255Wh/kg），因此，如果后续半固态电池量产，也能够提升软包的渗透率。

（十）

软包动力电池的竞争，是得“产能+客户”者得增长及回报，得多技术布局得产品力。

1）产能

整体产能增速，欣旺达较快；软包产能增速，孚能科技更快，亿纬锂能不新增软包产能，欣旺达无软包技术布局。

孚能科技——相比欣旺达及亿纬锂能，产能增幅相对较小，未来4年产能规划增幅大约4倍。今年预计出货14GW，同比增长303%。

短期内，其产能主要看镇江二期、三期产能陆续释放，中期主要看吉利汽车合资厂以及新定增募投项目投产。

单位：GWh	规划产能（GWh）	2021E	2022E	2023E	2024E	2025E
江西赣州	5	5	5	5	5	5
镇江一期	8	8	8	8	8	8
镇江二期	8	4	8	8	8	8
镇江三期	8			8	8	8
安徽芜湖	12				12	12
吉利合资厂	120			20	20	20
合计	161	17	21	49	61	61

表8：孚能科技产能
来源：并购优塾

欣旺达——2021年底动力电池产能约10GWh，2022年南昌一期8GWh逐步投产、山东枣庄4GWh与南京二期3GWh产能预计于下半年陆续投产，2022年底产能达40GWh左右，2025年产能规划超100GWh。

整体产能规划将在4年内提升9倍，今年预计出货15GW左右，同比增长326%。

独资	规划产能(GWh)	2020A	2021A	2022E	2023E	2024E	2025E
南京	8	2	6	8	8	8	8
南京二期	10			3	10	10	10
南京三期	12					12	12
南京HEV	单位：万套	30	30	90	90	90	90
惠州	4	4	4	4	4	4	4
珠海	30					10	20
四川	20						
合计	84	6	10	15	22	44	54
合资	规划产能(GWh)	2020A	2021A	2022E	2023E	2024E	2025E
南昌一期				8	8	8	8
南昌二期				10	10	10	10
南昌三期				3	16	16	16
南昌四期						10	20
吉利欣旺达（山东）				4	4	4	4
吉利欣旺达（HEV）	单位：万套				60	80	80
合计	58	0	0	25	38	48	58
共计	142	6	10	40	60	92	112

表9：欣旺达产能
来源：并购优塾

亿纬锂能——2021年动力电池出货量约13GWh，预计到2025年总体产能达到250GWh，增幅也很大。预计2022年出货27GW，增长108%。主要增加的是圆柱和方形电池，软包不新增产能。

主要扩产的是磷酸铁锂、大圆柱和方形三元电池。1）磷酸铁锂：预计2022年底产能达到80GWh，储能和动力电池各一半。2）4680电池：4680电池20GWh产能将于2023年H2建成释放。3）三元方形电池：已建成12.5GWh的三元方形电池产能，预计到2025年达到38GWh。

2）整车厂客户

短期内，下游整车销量直接影响电池厂装机量。

孚能科技——短期内，主要看欧洲奔驰新能源车、埃安V PLUS/LXOLUS销量，截至2022年上半年，奔驰纯电车型共销售4.5万辆，累计同比增速134%。2022年7月，广汽埃安V销量5028辆，相比2021年同比增长130%（其中包括埃安V PLUS）。

亿纬锂能——2022年出货主要驱动力是储能电池，大部分供给华为；动力电池主要是小鹏P7/G3，2021年以来小鹏汽车逐步引入多家电池供应商，目前宁德时代仍是小鹏汽车的铁锂一供，亿纬锂能是其铁锂二供；三元电池的一供逐步由宁德时代过渡至中创新航，三元的二供同样为亿纬锂能。

欣旺达——目前主要是东风柳州凌志CM5装机，未来可能会成为小鹏P9主供。

从客户绑定来看，亿纬锂能和孚能科技相对较优。

电池厂	电池	车企	车型
亿纬锂能	三元软包	戴姆勒、现代起亚、小鹏	戴姆勒混动车型EQA/小鹏P7/G3
	三元方形	宝马	华晨宝马
	磷酸铁锂	金龙客车、吉利商用车、吉利自主	
孚能科技	三元软包	戴姆勒	EQS/EQE/EQS(GLS)/EQE(GLE)
		广汽埃安	Aion V
		北汽	EC180/EX350/EX360/EC5/EU400/
		长城	欧拉IQ
		江铃	E100/E200
欣旺达	三元方形	小鹏、东风、吉利	小鹏P5/东风柳汽菱智CM5EV/吉利帝豪EV

表10：欣旺达客户
来源：并购优塾

3）产品布局

锂电池的封装技术正在多元化发展，因为任何一种封装都有其优势及应用场景。大圆柱电池更适合大规模生产，方形电池成本低，软包电池能量密度高。因此，多元化技术布局不仅能抵抗单项技术替代风险，且能够加强客户黏性。

多元化布局方面，各自情况如下。

孚能科技——以软包电池为主，半固态电池已经量产。其磷酸铁锂、方形三元、钠离子电池正逐步进入产业化。

亿纬锂能——以大圆柱和方形为主，软包为辅，三种电池均实现量产。

欣旺达——主要是三元和磷酸铁锂方形电池，正在投入钠离子电池、磷酸锰铁锂电池的研发。

对比下来，亿纬锂能多元化布局较优，孚能科技其次。

软包电池技术方面，各自情况如下。

从软包性能技术来看，孚能科技较优，电池的工作电压范围及能量密度均高于亿纬锂能。亿纬锂能的软包技术主要来自韩国SK，并通过LG化学进入戴姆勒供应链。

（十一）

研究至此，几个重要问题，我们小结一下。

1. 增长驱动力——电池厂目前还是资本支出换增长的模式，未来增长重点在份额的竞争上，核心看差异化技术路线（半固态电池产业化），以及供应客户车型销量。

2. 关键变化——a. 电池制造环节采用金属价格联动机制，未来电池厂盈利能力将维持稳定；b. 混动车的动力电池技术仍在快速迭代，未来可能采用软包+方壳电池技术，如果混动车辆占比提升，软包渗透率会有提升；c. 半固态电池预计将在2023年产业化，当半固态电池能量密度达到400Wh/kg时，软包成组的性能将明显优于方形。

3. 渗透替换——新能源（纯电+混动）汽车替代燃油汽车。

4. 景气预期——新能源汽车整体偏景气，不过龙头产能扩张速度减慢，电池设备招标进度减缓，未来动力电池产能可能过剩。

5. 生意难点——电池的技术仍在快速进步，龙头电池厂基本每年都会有新技术推出，二线电池厂目前很难做出差异，难点是如何在技术和成本两个维度与龙头竞争。

6. 产品力——多技术布局，包括圆柱、方形、软包者更优，未来技术发展路径仍未完全确定，电池行业大概率将多元化发展，因此多种技术路径均有优势的企业更强。

7. 风险点——三家企业净债务远高于现金流，说明三家均是资金渴求型企业。企业自由现金流为负数，说明扩产幅度远超过自身造血能力，其中孚能由于大客户依赖，经营性现金流较差。

2021年	存货占成本比重(%)	应收账款占收入比重(%)	企业自由现金流量FCFF(亿元)	经营活动产生的现金流量净额/带息债务(倍)	资产减值损失/营业利润(%)	净债务/经营活动现金流（倍）	净债务(亿元)	经营活动产生的现金流量净额(亿元)	净债务/股权价值(%)
孚能科技	79	42	-8.77	0.09	-16.18	441	10.29	2.33	-6.40
亿纬锂能	29	30	-13.98	0.19	-1.59	187	34.87	18.63	1.49
欣旺达	24	23	-13.29	0.14	-16.67	345	56.34	16.34	7.31

表11：财务风险排查
来源：并购优塾

本文发布于2022年9月7日

动力电池加储能产业链

宁德时代、国轩高科、中创新航

2022年1到9月，动力电池装机量累计同比增速达到110.46%。从装机量的市场份额来看，宁德时代、比亚迪、中航锂电位居前三。不过，相比2021年，宁德时代和国轩高科两家老牌动力电池龙头市场份额持稳，同时新二线厂商包括中航锂电、亿纬锂能等正在快速崛起（整车厂扶持二线厂商，以提升供应链话语权）。

动力电池装机量市占率(%)	宁德时代	国轩高科	中航锂电	孚能科技	比亚迪	亿纬锂能
2021年	52.1	5.19	5.86	1.59	16.22	1.89
2022-01	50.2	5.81	7.41	2.1	20.95	2.29
2022-02	49.2	5.49	7.87	1.81	21.06	2.08
2022-03	49.8	5.01	8.17	1.83	20.3	2.13
2022-04	47.4	5.07	7.89	1.86	22.74	2.14
2022-05	47	5.04	8.1	1.95	22.58	2.26
2022-06	47.7	5.01	7.58	1.92	21.59	2.22
2022-07	47.6	4.96	7.31	1.88	22.25	2.25
2022-08	47.5	4.92	7.02	1.96	22.19	2.27
2022-09	47.5	4.83	6.88	1.9	22.23	2.28

表1：装机量市占率

来源：并购优塾

这条产业链的各个环节，包括以下几方面。

上游——设备供应商、资源方、电池材料以及前驱体加工厂。设备供应商代表企业有：先导智能、杭可科技、利元亨等；资源端，主要是锂钴镍磷等资源方以及冶炼厂等；材料加工商，代表企业有容百科技、璞泰来、恩捷股份、天赐材料等。

中游——锂电池生产企业，代表企业有一线龙头：宁德时代、LG化学、松下、比亚迪，二线电池代表企业有亿纬锂能、国轩高科、中创新航、孚能科技、欣旺达等。

下游——主要是新能源整车厂。

从产业链上的参与者近期的增长情况来看，

宁德时代——2022年前三季度，实现收入2103.40亿元，同比增长186.72%；归母净利润为175.92亿元，同比增长126.95%。

国轩高科——2022年前三季度，实现收入144.26亿元，同比增长152.00%；归母净利润为1.50亿元，同比增长121.40%。

从机构对产业链景气度的预期情况来看，

	2022年		2023年		2024年	
	收入（亿元）	同比增长（%）	收入（亿元）	同比增长（%）	收入（亿元）	同比增长（%）
中创新航	242.07	255	473.01	95	625.32	32
国轩高科	287.77	178	453.05	57	588.15	30
宁德时代	3216.38	147	4433.59	38	5644.86	27
	净利润（亿元）	同比增长（%）	净利润（亿元）	同比增长（%）	净利润（亿元）	同比增长（%）
中创新航	4.85	247	22.57	365	35.20	56
国轩高科	6.00	489	19.98	233	29.02	45
宁德时代	278.11	75	437.64	57	585.74	34
	2022年预测PE（倍）		2023年预测PE（倍）		2024年预测PE（倍）	
中创新航	115.56		24.83		15.92	
国轩高科	94.71		28.44		19.58	
宁德时代	35.45		22.53		16.83	

表2：wind机构一致预期增长和景气度情况
来源：并购优塾

(一)

从收入构成看，

一、中创新航——90%为动力电池，储能系统占比7%。其出货以三元电池为主，主打单晶高压三元电池，2021年占比达到82%。2021年电池实现销量10.46GWh。其中动力电池业务销量为9.31GWh，占比89%，单位售价0.65元/Wh；销量为0.67GWh，单位售价为0.67元/Wh。

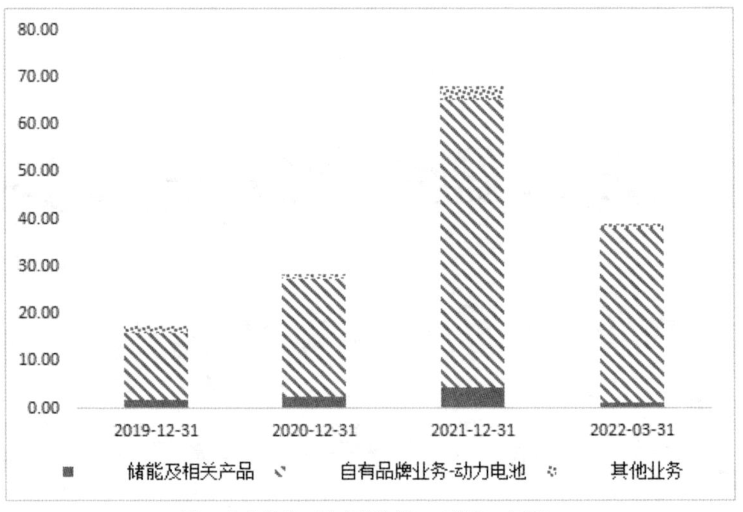

图1：收入结构（按产品类别）（单位：亿元）
来源：并购优塾

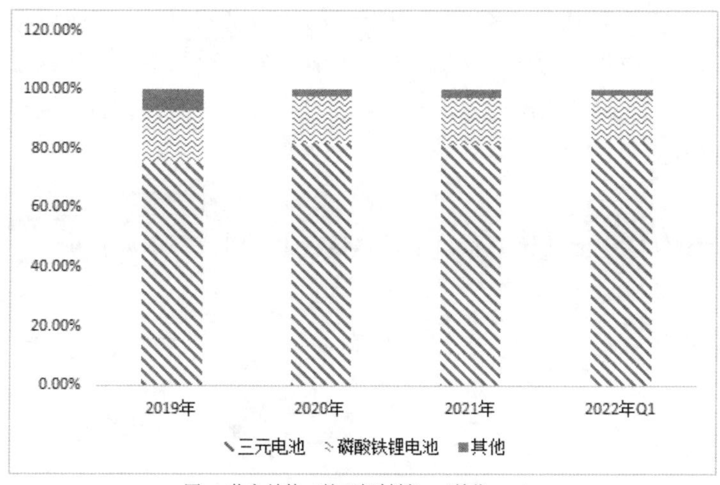

图2：收入结构（按正极材料）（单位：%）
来源：并购优塾

二、国轩高科——2022年中报，动力电池占比76.5%，储能占比14.8%。2022年中报开始单列公布储能电池业绩数据，并单独成立储能部门，加大储能电池开发。

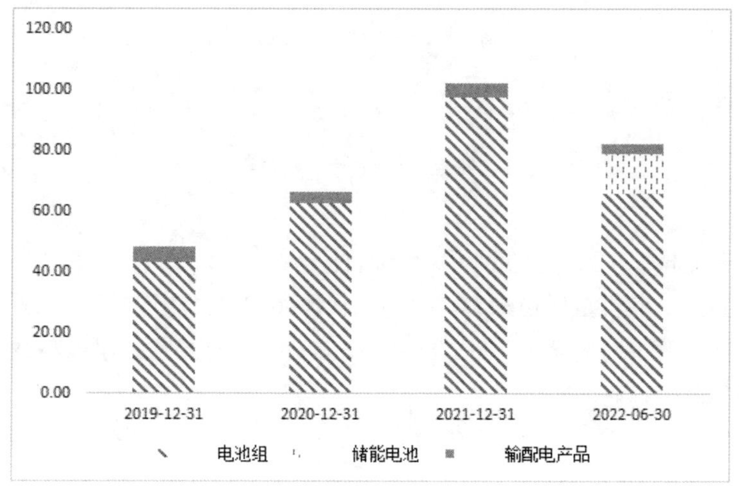

图3：收入结构（单位：亿元）
来源：并购优塾

三、宁德时代——2022年中报，动力电池占70%，储能电池占比11.27%，锂电材料占比12.1%。储能电池业务增速较快，占比从2020年的3.86%，提升至11%；锂电池材料由子公司湖南邦普经营，主要销售三元前驱体。

单从储能电池占比来看，国轩高科＞宁德时代＞中创新航。

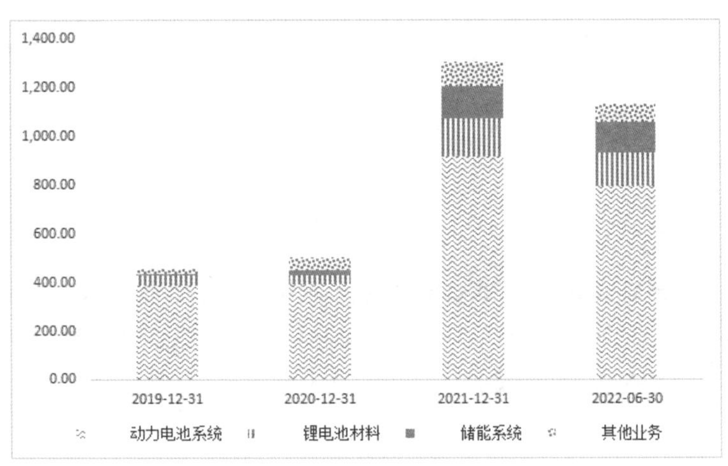

图4：收入结构（单位：亿元）
来源：并购优塾

（二）

在分析三家前三季度业绩前，我们先看2022年1到9月各家动力电池装机量。从装机量增速来看，宁德时代（96.67%）和国轩高科（98%）低于新能源车销量增速（112.5%），比亚迪、中创新航、孚能科技、亿纬锂能高于行业增速。

装机量增速（%）	中航锂电	孚能科技	宁德时代	比亚迪	LG化学	亿纬锂能	国轩高科	新能源汽车累计同比
2021-11	171.74	200.00	163.72	186.44	30.73	197.70	178.48	164.00
2021-12	154.93	188.24	153.26	164.35	51.33	147.46	141.57	155.00
2022-01	144.90	-15.00	75.97	200.00	-73.81		147.37	145.60
2022-02	183.13	28.57	90.91	234.57	-51.04	287.50	173.33	150.50
2022-03	197.16	80.77	108.76	247.00	-34.03	179.49	144.76	140.80
2022-04	132.42	96.72	90.71	247.04	-49.04	126.23	99.39	112.70
2022-05	130.48	237.50	92.42	217.60	-62.50	154.05	96.71	111.70
2022-06	130.03	170.51	103.80	210.85	-33.47	155.21	100.00	111.20
2022-07	123.18	155.56	103.41	212.88	-35.77	143.55	97.04	110.70
2022-08	127.60	143.85	102.90	202.18	-26.94	162.86	94.63	110.10
2022-09	136.35	146.98	96.67	192.33	-11.02	160.00	98.09	112.50

表3：装机量增速
来源：并购优塾

从客户配套关系来看，宁德时代在小鹏的占比从2021年的80%降到2022年前三季度的48%；广汽埃安的供应比例从13%降到了2%，长安汽车供应比例从40%降到了25%。

中航锂电对广汽埃安、小鹏汽车、上汽通用五菱、长安的配套比例有所提升。国轩高科的客户比较稳定，上汽通用五菱、长安和奇瑞供应比例相对稳定，零跑的供应比例从30%降至22.6%。

储能系统出货量方面，GGII储能项目库数据显示，2022年H1新型储能新增装机量达到12.7GW，是2021年全年3.4GW的3.7倍。

从2022H1储能锂电池总出货量来看，宁德时代居首位，比亚迪、鹏辉能源、亿纬锂能并列第三，第四名为瑞浦兰钧，第五名为中创新航。接下来，我们将近期季度的收入和利润增长情况放在一起，来感知增长趋势：

归母净利润增速情况如下，

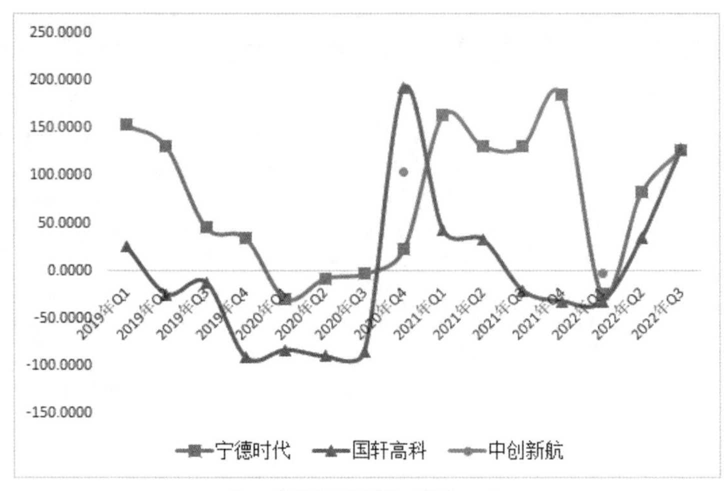

图5：归母净利润增速（单位：%）
来源：并购优塾

可以发现，除了宁德时代之外，三家净利润增速都出现明显下滑，国轩高科甚至出现负增长。主要是因为电池原材料价格暴涨，而电池厂基本承担了前三季度电池涨价的压力，Q4才开始逐渐涨价传导给整车厂。

一、国轩高科——2022年前三季度，归母净利润在1.47亿元到1.62亿元之间，同比增长116.7%到138.6%。2022年Q3归母净利润在0.82亿元到0.97亿元之间，同比增长318.9%到394.4%，环比增长154.0到199.8%。从2022年Q3业绩来看，扣除非经常性收益后，企业仍处于亏损状态。

国轩高科	2019年Q4	2020年Q1	2020年Q2	2020年Q3	2020年Q4	2021年Q1	2021年Q2	2021年Q3	2021年Q4	2022年Q1	2022年Q2	2022年Q3
归母净利润（亿元）	-5.27	0.34	0.03	0.49	0.64	0.48	0.003	0.20	0.34	0.32	0.32	0.90
同比增速（%）	-570.01	-83.31	-98.33	-78.34	112.22	42.49	-89.91	-59.98	-47.12	-32.79	12703.1	349
环比增速（%）	-332.16	-106.45	-91.18	1533.33	30.61	-25	-99.37	6555.67	70	-5.88	0	180.62
	2019年Q5	2020年Q1	2020年Q2	2020年Q3	2020年Q4	2021年Q1	2021年Q2	2021年Q3	2021年Q4	2022年Q1	2022年Q2	2022年Q3
扣非归母净利润（亿元）	-5.27	0.34	0.03	-1.05	-0.43	0.04	-1.17	-0.60	-1.69	0.10	-1.83	
同比增速（%）	-94.3	-129.59	-84.02	-189.38	94.27	106.07	-372.21	43.06	-291.91	154.69	56.26	
环比增速（%）	2019年Q5	2020年Q1	2020年Q2	320	-59.05	-109.3	-3025	-48.72	181.67	-105.92	-193	

表4：国轩高科近8个季度利润及增长情况
来源：并购优塾

量方面，前三季度装机量约9.35GWH，累计同比增长98.1%，以磷酸铁锂为主。前三季度装机车企，主要供给的车企还是通用五菱MINI、奇瑞、江淮等A00级别车，其大股东大众的ID系列并未采用国轩高科的磷酸铁锂电池，仍由宁德时代100%供应。海外出货量大幅提高，主要是出口给印度塔塔汽车。

价方面，由于碳酸锂Q2涨价，其磷酸铁锂电池仍未全部完成顺价。

从历史业绩来看，2020到2021年，国轩基本在盈亏线附近，收入快速增长，但盈利较低。出现这一情况一方面是由于国轩高科的客户结构以A00级车厂商为主（五菱宏光MINI），这部分汽车对于成本控制要求较高，本身盈利空间较小，导致利润较低；另一方面是由于上游原材料成本一直处于上升通道，挤压了盈利空间。

宜春碳酸锂项目正在有序推进中，目前碳酸锂产能逐步释放，8月底随着国轩科丰另一条产线投产，碳酸锂产出将会稳步增长。2022年碳酸锂预计产出8000吨左右，2023年预计实现产出2.5万吨左右，2025年预计实现碳酸锂满产产能12万吨。

二、宁德时代——2022年前三季度，实现营业收入733.6亿元（同比增长133%），归母净利润77.5亿元（同比增长131%）。

Q3单季度实现营业收入974亿元，同环比增长232%、51%；归母净利94亿元，同环比增长188%、41%，扣非净利90亿元，同环比增长235%、48%。

量方面，Q3电池出货量约90GWh，80%为动力电池，20%为储能电池。Q3储能出货预计16GWh，同比增速约600%，以大型表前储能为主，户用较少。

价方面：Q3单位GWh利润约0.7亿元，比Q2下滑约0.02亿元/GWh，主要原因系部分上游原材料价格上涨导致成本增加。

宁德时代	2019年Q4	2020年Q1	2020年Q2	2020年Q3	2020年Q4	2021年Q1	2021年Q2	2021年Q3	2021年Q4	2022年Q1	2022年Q2	2022年Q3
归母净利润（亿元）	10.96	7.42	11.95	14.20	22.26	19.54	25.29	32.67	81.80	14.93	66.75	94.24
同比增速（%）	8.67	-29.14	13.27	4.24	103.14	163.38	111.62	130.16	259.9	-15.72	158.1	160.8
环比增速（%）	-19.53	-32.3	61.05	18.83	56.76	-12.22	29.42	29.18	150.38	-81.75	347.09	41.18

表5：宁德时代近8个季度归母净利润及增长情况
来源：并购优塾

三、中创新航——前三季度动力电池累计出货13.33GWH，累计同比146.98%，增速仍快于行业。中创新航动力电池装机量快速增长，一方面是因为配套车型AIONY畅销，另一方面是因为其在小鹏的供应比例逐渐增长（不过，广汽埃安宣布自建电池产能，其未来两大主要供应商中创新航、孚能科技可能受到影响）。

中创新航	2021年Q1	2022年Q1
归母净利润（亿元）	10.63	38.97
同比增速（%）		266.55
环比增速（%）		266.6

表6：近8个季度归母净利润及增长情况
来源：并购优塾

（三）

一、现金流质量——从净现比来看，中游电池龙头企业的现金流均好于净利润，说明企业在产业链的话语权偏高，净现比较差的环节是正极、结构件等材料供应商。

净现比（倍）	2019年	2020年	2021年	2022年中报
宁德时代	2.69	3.02	2.40	1.93
国轩高科	-14.14	4.66	13.76	1.18
中创新航	3.28	-105.97	14.22	

表7：净现比
来源：并购优塾

二、现金流VS资本支出——电池企业的扩张仍相对较大，2022年宁德的扩张速度在放缓，国轩和中创新航（上市后）扩产速度加快。

资本性支出（亿元）	2019年	2020年	2021年	2022年中报
宁德时代	96.27	133.02	437.68	247.00
国轩高科	19.70	20.94	44.50	55.92
中创新航	14.81	32.62	109.18	
经营活动现金流（亿元）	2019年	2020年	2021年	2022年中报
宁德时代	134.72	184.30	429.08	186.82
国轩高科	-6.83	6.85	10.58	0.92
中创新航	-5.14	19.42	15.86	

表8：经营活动现金流&资本支出
来源：并购优塾

（四）

对比完增长情况，我们再来看利润率、费用率的变动情况。

一、毛利率——磷酸铁锂占比越高，单位材料成本越低。中创新航以三元电池为主，2021年单位电池成本高于以磷酸铁锂电池为主要产品的国轩高科，其单位成本和宁德时代基本接近。

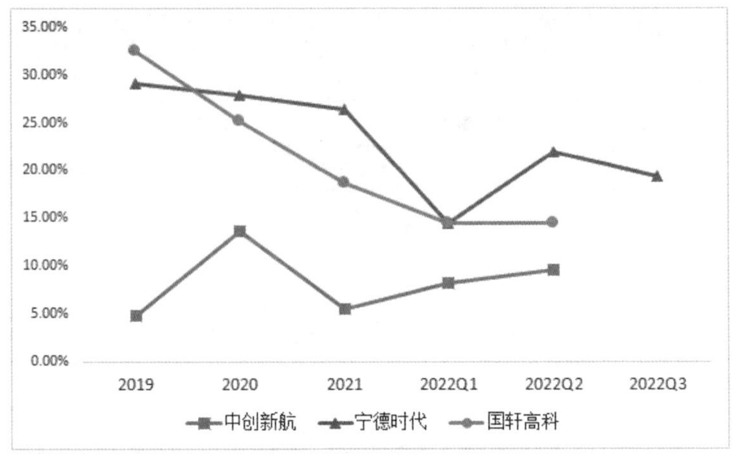

图6：单季度综合毛利率（单位：%）
来源：并购优塾

从售价策略来看，中航创新采取了以价换量的策略。我们仅看三家动力电池单位Wh售价：宁德时代（0.78元/Wh）＞国轩高科（0.66元/Wh）＞中创新航（0.65元/Wh）。

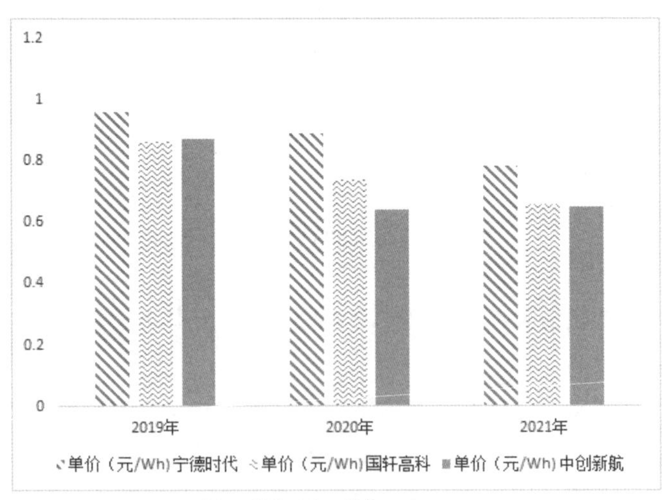

图7：单价对比（单位：元/Wh）
来源：并购优塾

近三年，中创新航定价基本比龙头宁德时代低0.1—0.12元/Wh，以换取市场份额快速增长。而从三家龙头电池厂单位毛利来看，受到竞争加剧、上游材料涨价影响，毛利水平均有所下降。

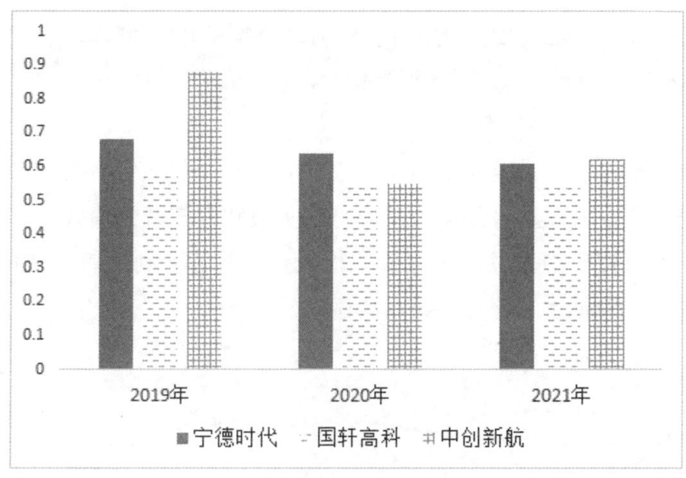

图8：成本对比（单位：元/Wh）
来源：并购优塾

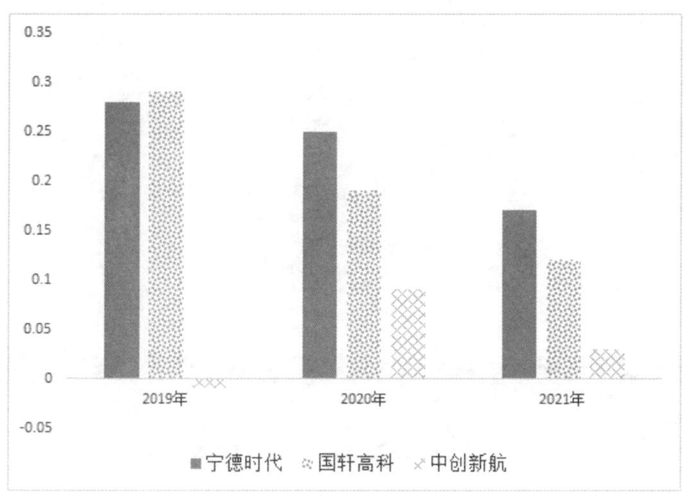

图9：毛利对比（单位：%）
来源：并购优塾

从产品维度来看，储能电池毛利率低于动力电池，原因是储能电池上游原材料价格居高不下，叠加储能项目下游客户话语权较强，不好进行价格传导等，储能电池毛利率下跌明显。

宁德时代2022年H1动力/储能毛利率分别是15%、6.43%，国轩高科2022年H1动力/储能毛利率分别是12.47%、10.24%。

二、净利率——导致中创新航亏损的是其通过低价换取市场的经营策略，而导致国轩高科亏损的原因是高负债和资产减值损失。2021年、2022年中报资产减值及信用减值的损失金额是营业利润的13.9倍、1.3倍，主要是账面上大量的坏账以及存货。

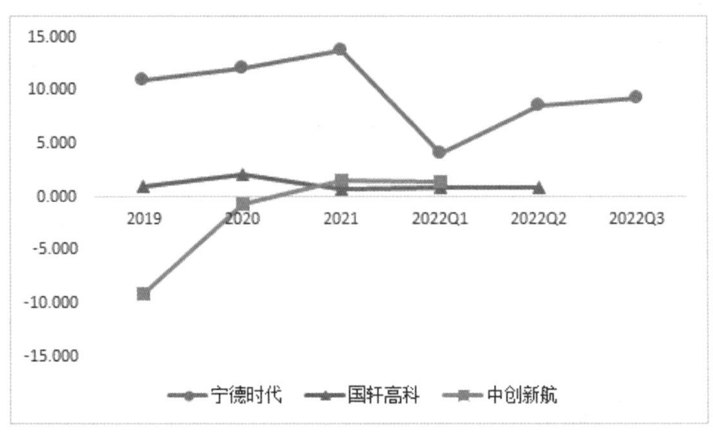

图10：净利率（单位：%）
来源：并购优塾

国轩高科	2022-06-30	2022-03-31	2021-12-31	2021-06-30	2021-03-31	2020-12-31	2020-06-30	2020-03-31	2019-12-31
营业利润（亿元）	0.53	0.38	0.39	0.58	0.42	1.68	0.42	0.37	0.59
资产减值+信用减值损失（亿元）	-0.69	-0.16	-5.41	-0.60	0.03	-4.71	-1.07	-0.28	-5.43
占比（%）	-130	-42	-138	-103	7	-280	-255	-76	-920

表9：资产减值占比
来源：并购优塾

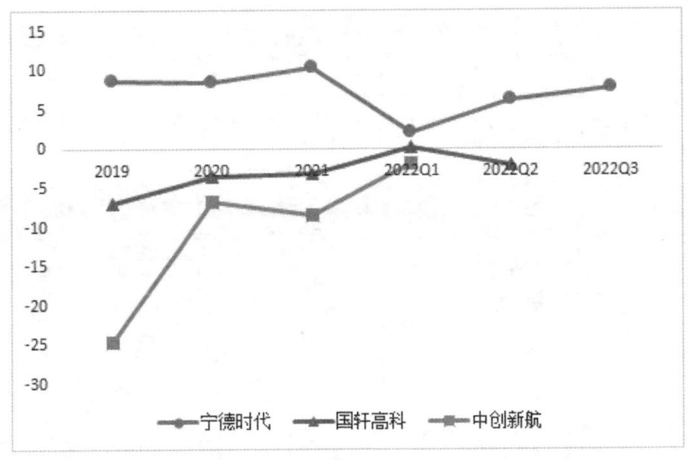

图11：扣非净利率（单位：%）
来源：并购优塾

考虑到监管层七月份的警示规定，我们来测算其2022年或有的资产减值情况：国轩高科账面仍有9亿元逾期未收回的应收账款，根据逾期年限保守假设有4.5亿元坏账损失，叠加1亿元左右存货减值损失，预计2022年大约仍有5亿元左右资产减值损失。

（五）

锂电池主要用于动力、消费、储能三大应用场景。锂电池需求的市场规模，可以按照量、价进行拆分。锂电池市场规模=（动力电池装机量+消费力电池出货量+储能电池出货量）×单位GWh价格。

根据前期测算，预计全球新能源汽车销量将达到1700万到1800万辆，锂电池需求量接近1TWh左右。

国内需求		2020	2021	2022E	2023E	2024E	2025E
	汽车销量（万辆）	2531.00	2751.20	2833.73	2918.74	3006.31	3096.50
	yoy		*8.7%*	*3.0%*	*3.0%*	*3.0%*	*3.0%*
	新能源渗透率（%）	5.4	11.5	22	24.46	28.33	30
中国	新能源车销量（万辆）	136.67	316.39	623.42	714.00	851.69	928.9
	平均单车带电量(kWh)	46.5	46.5	47.9	49.3	50.8	52.3
	yoy		0%	3%	3%	3%	3%
	国内动力锂电池需求量(GWh)	63.6	147.1	298.6	352.2	432.8	486.2
海外需求		2020	2021	2022E	2023E	2024E	2025E
	汽车销量（万辆）	1196	1279.72	1302.75	1326.20	1350.08	1374.38
欧洲	*yoy*		*7.0%*	*1.8%*	*1.8%*	*1.8%*	*1.8%*
	新能源渗透率（%）	11.62	17.22	21.58	25.93	30.29	34.65
	新能源车销量（万辆）	139.0	220.4	281.1	343.9	408.9	476.2
	汽车销量（万辆）	1460	1576.80	1605.18	1634.08	1663.49	1693.43
美国	*yoy*		*8.0%*	*1.8%*	*1.8%*	*1.8%*	*1.8%*
	新能源渗透率（%）	2.2	7	11.8	16.5	21.3	25
	新能源车销量（万辆）	32.33	110.26	188.95	270.44	354.80	423.36
	汽车	2200.0	2244.0	2288.9	2334.7	2381.4	2429.0
	yoy		*8.0%*	*1.8%*	*1.8%*	*1.8%*	*1.8%*
	新能源渗透率（%）	0.47	1.37	2.28	3.19	4.09	5
其他国家	新能源车销量（万辆）	10.23	30.79	52.16	74.38	97.47	121.45
	海外新能源车合计销量（万辆）	181.56	361.45	522.21	688.72	861.17	1021.01
	平均单车带电量(kWh)	43.0	43.0	44.3	45.6	47.0	48.4
	yoy		*0.0%*	*3.0%*	*3.0%*	*3.0%*	*3.0%*
	全球动力电池需求量(GWh)	***141.62***	***302.53***	***529.87***	***666.43***	***837.47***	***980.30***

表10：市场规模预测
来源：并购优塾

（六）

接下来，我们重点来看储能电池。

2021年全球新型储能新增装机为10.2GW，同比增加117%，其中，90%为锂电池储能系统。从国家维度来看，主要市场依次是美国、中国和欧洲，分别占比34%、24%、22%。

2022年H1，国内锂电池储能电芯出货达到30GWh，出货量已超过2021年全年。需求驱动力主要得益于国内+海外需求激增。

国内方面：风光配储需求持续增长，中广核、华能集团等国内头部投资业持续加大对储能电芯及系统的采购规模。

海外方面：美国退税补贴、能源危机下储能项目经济性进一步提升。海关数据显示，2022年1到8月，我国锂离子储能电池累计出口299.26亿美元，同比增长了82.97%。前期通过海外客户验证的宁德时代、亿纬锂能、比亚迪及派能等，储能电池出口量快速增长。

从储能需求驱动力，我们分为三大主要经济体进行分析：

（七）

一、欧洲市场——高电价刺激下，欧洲户用储能需求大涨。

根据机构预测，2022年欧洲户用储能装机量预计达到4—5GWh，同比增长超150%。户用储能大部分是搭配户用分布式光伏使用，本次欧洲市场储能的快速增长，主要得益于：1.家庭分布式光伏装机的快速发展；2.高电价使得储能经济性提升。2022年以来，全球储能市场景气度居首的是欧洲市场，预计2022年同比增长超过1倍。

欧洲储能需求景气度传导链条为：天然气缺口→电价→储能需求。电价与储能需求呈反向变化，欧洲市场化电价昂贵且因地缘冲突导致价格逐年攀升。

2022年8月份欧洲电价达到峰值后开始下降，每年11月到次年3月为天然气需求高峰，预计到11后价格仍有上涨压力。

2008年以来欧洲居民电价平均维持在0.33欧元/kWh，远超我国。受地缘冲突影响，2021年7月以来，天然气价格飙升助推欧洲电价继续上行，高点价格达到同期价格的2到4倍。

而当居民电价达到0.33欧元/kWh时，户储的投资IRR达到15%以上，6年投资能收回成本电价。高电价压力下储能系统的经济性显现，居民在未来电价仍维持高水平的预期下，户用储能储能接受度将逐步提升。

此处，我们参考欧盟预测，预计至2031年欧洲储能市场新增部署容量将实现78GW/168GWh，预计2025年新增储能装机量为70GWh，复合增速69%。

欧洲	2021年	2022年	2023年	2024年	2025年
新增储能需求(GWh)	5	21.3	37.6	53.9	70.2

表11：欧洲新增储能需求
来源：并购优塾

（八）

二、美国市场——2022年8月，美国储能政策发生了新的边际变化，将加快储能渗透率提升。

2021年美国大储新增3.5GW/9.7GWh，同比增长300%/424%，全球大型储能装机量排名居首。2021年平均配储时长为2.6h，高于中国的1.9h。

美国市场与中国类似，以大型供电、电网侧储能项目为主。美国储能项目也以政策驱动为主，区别是：国内强制配储，美国税收抵免。

从驱动力来看，《通胀缩减法案》（下称IRA）将刺激美国储能项目快速发展。IRA出台前，储能必须搭配光伏才能享受补贴，IRA之后，独立储能纳入税收抵免补贴范围。2022年8月IRA落地，不仅降低了储能装机对光伏的依赖性，也为表前储能市场带来2大边际变化：

1. 商用独立储能（5kWh以上）可直接享受ITC税收抵免（IRA之前，光伏配储中储能系统的能源至少75%来自太阳能的发电才享受补贴）；

2. 对于满足一定条件的大储项目，2023年起的税收抵免比例由IRA出台前的22%增至30%，且补贴期限延长10年，至2033年开始退坡（上一版本中，2024年起补贴退坡至10%）。

3. 全部使用美国制造产品、并满足国产原材料占比40%，抵免税率增长2%（基础抵免6%）或增长10%（基础抵免30%）。（注意这一点仅适用表前市场，户用市场无额外抵免。）

根据机构测算，税收减免后储能的经济性提升，新能源配储项目以基础抵免2023年30%计算，储能单位成本将由现行版的86美元/MWh（补贴22%）下降至78美元/MWh（补贴30%），接近天然气发电成本。

由于经济性的提升，储能系统市场化竞争下将会驱动储能装机的快速增长。受到税收减免刺激，美国储能市场到2030年可能会达到600GWH，占全球储能市场的50%以上。整体测算下来，预计2022—2025年美国储能市场总需求为从8.37GWh提升至149.3GWh，复合增速约为80%。

	2021	2022E	2023E	2024E	2025E
集中式光伏新增（GW）	14.3	16.9	22.5	43.2	54.6
分布式光伏新增（GW）	5.6	6.6	7.5	16.8	23.4
风电新增装机（GW）	16.4	13.4	14.7	16.5	18.7
配储时长(h)	2.8	2.8	2.9	3	3.1
配储比例(%)	4	1.1	17	24	30
增量装机储能需求（GWh）	4.1	10.8	22.0	53.9	89.9
存量光伏及风电装机（GWh）	51.3	66.5	92.6	121.6	171.3
存量储能渗透率(%)	3	5	7	8	10
存量储能需求（GWh）	4.3	8.8	17.5	30.1	53.1
储能需求合计（GWh）	8.37	19.69	39.49	84.03	143.03

表12：美国储能市场规模预测
来源：并购优塾、东吴证券

（九）

三、国内市场

GGII储能项目库数据显示，2022年H1新型储能新增装机量达到12.7GW，是2021年全年3.4GW的3.7倍。国内储能装机将高速增长的主要原因有以下几点。

1.2021年储能项目开始施工，在2022年上半年释放，以及2022年上半年光伏及风电装机仍维持较高景气度。

2.整县推进、分布式光伏爆发叠加华东、华南地区部分省市对储能项目的补贴政策刺激，工商业储能项目投资上半年迎来建设高峰期。按照储能系统的使用场景，可分为发电端、电网端和用户端三大类。

在我国，发电侧仍是主导，其次是电网侧。其驱动因素为政策强制要求，装机占比约在60%以上，其次是电网侧占比约20%。国内储能装机量高增长，主要是作为新基建项目，其增长驱动力仍以“强制配储”为主。

根据能源局相关规定，各省市强制要求风光集中式电站达到一定储能比例才能并网。通常按照10%比例，储能时长为2小时以上。

在2021年国内各省发布的风电、光伏项目竞争性配置规则中，储能已基本成为新能源项目“标配”。因此，国内储能市场规模的增长驱动力是：集中式风光电的装机功率、配储比例、平均储能时长。其规模测算公式为：国内储能装机市场规模=（集中式光伏装机功率+风电装机功率）×配储比例×储能时长。

光伏及风电装机功率主要跟随光伏及风电增速，而配储比例和时长是主要核心变量。

首先，供电侧为什么要配置储能？

光伏和风电具有天然波动性和不可预测性，而需求侧相对稳定，供需不平衡造成了浪费。储能系统可以将不能消纳的多余电量存储起来。所以，发电侧的收益模式为存储弃风弃光发电量增量上网。

那么，仅靠弃风弃光增量上网的收入能覆盖成本吗？

答案，不能。仅靠回收弃电不可能抵消成本，我们做个简单测算。

收益端：假设一个1GW光伏电站，每年发电量约14亿度电，每年弃光率为2%，中国上网电价平均0.3元/kWh，那储能电站每年节约收入是800万元（14kWh×0.3×5%=800万元）。

成本端：建设一个储能电站单位成本是1.8元/Wh（18亿元/GWh），那么1GW光伏电站按10%的配储比例算，储能成本是1.8亿元，即使不考虑运营费用和银行贷款利率，回收成本也需要20年。

靠节约储能系统并不具备经济性，而目前国内新能源配套储能并没有明确收益模式，储能电站的投资者更多把配套储能作为额外的成本项进行考虑，因此，短期来看，配储比例和时长主要靠政策驱动。

未来，有没有别的收益模式？目前，国内正在向几大收费模式进行尝试。

1. 共享储能

共享储能，即一个储能电站服务多个供电侧，收益点主要为租赁费。在共享储能模式下，业主无需承担建设储能电站成本，只需每年支付租赁费，有利于减少一次性投入的资本开支，缓解资金压力。据调查，租金约每年200元/度电，按照1GWh配备10%储能电站来算，每年有2000万元的租金收入——由此来算，投资回报期能缩短一半（10年）。

目前来看，共享储能是强制配储政策下，更节约投资成本的解决方案。2021年，共享储能开始兴起。据统计，2022年上半年，共享储能招标项目供给67个，招标容量约1.3GWh。

项目名称	参与单位	装机功率（MW）	储能容量（MWh）
华润仙桃66MW/132MWh集中(共享)式储能项目	华润新能源（仙桃）有限公司	66	132
蔚县同兴垣集团共享储能电站	兴垣集团	100	200
大唐中宁县共享储能项目-1	大唐中宁	100	400
大唐中宁县共享储能项目-2	大唐中宁	100	400
宁夏新渠变100MW1200MWh新型电化学储能电站（共享型）	宁夏无储科技有限公司	100	200
如东共享储能电站	中天科技	500	1000
华能山丹东乐北滩光伏及共享储能电站项目	华能集团	250	1000
河北黄骅灵活性共享储能		1000	2000
河北邢台隆尧新型共享储能项目	河北国顺集团	500	1000
民乐县共享储能电站项目一期	锦世羊湖滩光伏发电有限公司	350	700
民乐县共享储能电站项目二期	锦世羊湖滩光伏发电有限公司	150	300
安徽省天长市共享储能电站项目	龙源电力	500	1000
中广核沈丘200MW/400MWh共享储能电站项目		200	400
朔州市华朔新能（朔州市朔城区）技术有限公司朔城区400MW/800MWh共享储能项目	华朔新能源技术有限公司	400	800
平高集团汝州220kV沛阳变电网侧共享储能电站项目	平高集团	100	200
代县建安储能科技有限公司工业园区200MW/400MWh共享储能电站项目	代县建安储能科技有限公司	200	400
候桥330变电站电网侧共享储能示范项目	候桥能源科技有限公司	200	400
吴忠市太阳山国润绿色能源泉眼330kV变电站200MW/400MWh共享储能示范项目	国润绿色能源	200	400
宁储利通区板桥100兆瓦/200兆瓦时共享储能电站	宁夏储能技术服务有限公司	100	200
郏县220kV茨芭变电网侧共享储能电站	河南平顶山郏县供电公司	-	-
220kV冠上变电网侧共享储能项目		-	-
奥能瑞拉钠盐共享储能电站项目一期	奥能瑞拉科技有限公司	40	80
奥能瑞拉钠盐共享储能电站项目二期	奥能瑞拉科技有限公司	60	120
华润海原县华润变（330kV）一期100MW/200MWh新能源共享储能电站	华润电力	100	200
玖方古交共享储能示范站项目一期-1	山西盛弘玖方新能源有限公司	100	200
玖方古交共享储能示范站项目一期-2	山西盛弘玖方新能源有限公司	5	1.25
应城高投应城110MW/220MWh集中（共享）式储能电站	应城高投	110	220
烟台市福山区100MW/200MWh集中式（共享）储能电站		100	200
安塞共享储能-1期	陕西延宁时代储能科技有限公司	0.05	0.1
安塞共享储能-2期		0.1	0.2
吴起共享储能-1期		0.06	0.12
吴起共享储能-2期		0.1	0.2
黄龙共享储能-1期		0.05	0.1

表13：共享储能招标统计
来源：并购优塾

但共享储能还是会降低新能源项目的IRR，根据券商测算，对风电、光伏而言，项目IRR排序均为：不配储能>共享租赁>自建配储。

2. 调峰调频辅助服务费

调峰调频收入，即发电侧的储能设备帮助电网侧进行削峰填谷，以赚取辅助服务费，然后通过参与电力现货交易市场，尤其是与工商业企业达成购电合作，实现峰谷价差盈利。简单来说，就是将服务费转嫁给消费者。

根据广东省发改委执行的《电网企业代理购电方案》，提出从电源及用电侧对电力系统建设加以引导，包括探索建立市场化的容量电价保障长效机制、完善分时电价政策（划分峰谷时段、拉大峰谷价差、季节性尖峰电价）。

从方案来看，主要将储能成本转嫁给工业用户。

按照公式，改革前的电价=平均上网价格+电网利润改革后的电价=平均上网价格+辅助服务费+电网利润。现在我国的电价很明显，收取辅助服务费本质是为电网及供电侧的调峰调频费用转嫁提供了出口，为整个储能产业链的盈利提供可能性。

我国70%的用电在于工商业，30%用于居民，若提高工业用电比例无疑会在很大程度上增加企业成本，而这与当下降低中小企业生产成本的趋势相违背。

未来如何在降低企业用电成本的同时，提高储能的经济效应才是国内储能渗透率提升的核心。

3. 分布式光伏+强制配储

目前，国内主要是集中式光伏、风电场站按政策配建储能，目的是为了拿到发电项目的并网指标，而分布式光伏并未做强制要求。

2022年随着分布式光伏需求爆发，各地开始发布分布式光伏配储方案，并予以一定补贴。地方层面，据北极星太阳能光伏网统计，截至目前，已有浙江、江苏、山东、河北、宁夏、重庆、四川、安徽等15省市区发布分布式光伏配储政策。

综上，我们预测未来五年国内仍以大储为主，2025年需求预计到110GWh。

	2021	2022E	2023E	2024E	2025E
风储新增装机（GW）	72.1	47.6	58.2	68	78
集中式光伏储能新增装机（GW）	32.7	23.7	40	70	93.6
配储时长(h)	1.7	2.05	2.4	2.75	3.1
集中式光伏储能新增装机（GW）	178.16	146.165	235.68	379.5	531.96
配储比例(%)	5	9	13	16	20
储能需求合计（GWh）	8.91	12.79	29.46	61.67	106.39
光伏风电累计装机（GWh）	57.28	156.84	221.90	307.83	423.40
存量储能渗透率(%)	20	0.4	0.6	0.8	1
存量储能需求（GWh）	0.11	0.63	1.33	2.46	4.23
储能需求合计（GWh）	9.02	13.42	30.79	64.13	110.63

表14：国内储能需求测算
来源：并购优塾

分析完三个经济体，我们做一下总结：从需求景气度来看，欧洲＞美国＞中国。价格敏感度上，欧洲＜美国＜国内，户用＜大型工商业与地面电站。

根据伍德麦肯兹(Wood Mackenzie)咨询测算，到2031年，欧洲、中国、美国的储能规模分别达到159GWh、422GWh、600GWh，占比分别达到13%、35.7%、50.5%。

（十）

四、储能系统单价

储能电池系统的招标价格在1.3元/Wh—1.8元/Wh之间，储能集装箱系统主要结构包括电池、BMS、EMS、PCS等，主要成本仍然是电芯。

	Wh	典型值	占比（%）	代表公司	代表公司
电芯	0.5-0.8	0.83	40	宁德、比亚迪、亿纬、派能、国轩	宁德、比亚迪、亿纬、户用派能、国轩
逆变器	0.2-0.7	0.2	10	阳光、锦浪、固德威、德业；科士达、盛弘、易事特	阳光、锦浪、固德威、德业；科士达、盛弘、易事特
BMS	0.16	0.16	8	阳光、固德威、宁德、派能	阳光、固德威、宁德、派能
EMS	0.2	0.15	7	阳光、固德威、宁德、派能	阳光、固德威、宁德、派能
热管理	0.05-0.1	0.07	3	英维克、奥特佳、申菱、高澜、同飞、黑盾	英维克、奥特佳、申菱、高澜、同飞、黑盾
电气开关电缆	0.1	0.1	5		
消防	0.03	0.03	1	青鸟消防、国安达	青鸟消防、国安达
设计施工EPC	0.5-0.6	0.3	14		
基建电缆	0.2-0.4	0.15	7		
其他服务费用	0.2-0.5	0.1	5		
合计		2.09	100		

表15：单价测算
来源：并购优塾

动力电池与储能电池存在一定差异。

1. 储能电池更看重大容量、长循环寿命、安全性能，动力电池更重视高能量密度、快充。循环寿命长、安全性能更高的磷酸铁锂电池成为大型储能系统的首选。2019年国内电化学储能中有80%为磷酸铁锂电池，美国大型储能也在加大磷酸铁锂电池招标力度。

2. 储能电池温控系统重要性提升。与动力电池系统相比，储能系统装载的电池数量更多，同时电池的容量也更大，当大量的电池紧密排列在一起时，运行工况将更为复杂多变，容易造成产热不均匀、温度分布不均匀、电池间温差过大等问题，从而影响电池一致性，导致温度控制重要性提升。温控技术层面存在较大的共性，车用热管理厂商在技术上具备切入储能温控领域的条件。

（十一）

竞争格局方面，我们来看：

一、储能竞争格局

全球储能电池出货市场，与动力电池市场格局存在一定差异。储能市场韩国三星SDI、LG化学为行业龙头，CR2市占率超过50%。其次是国内的宁德时代、比亚迪、中航锂电。

美国方面——美国表前市场以独立发电厂（IPP）为主，其中VISTRA、LS POWER、NEE、AES、Ventura占据前五名，市占率分别在15%、14%、11%、9%、5%。五大电池储能电站运营方所选择的电池供应商主要是LG化学、宁德时代、三星SDI，其中LG占比高。

因此，对美国本土集成商已形成供货的企业，有望受益于美国表前储能的持续增长。拿下北美储能电池订单的有：亿纬锂能、宁德时代、比亚迪、国轩高科。

	电池供应商	逆变器供应商	系统集成商	项目安装商	运营商
大型项目	CATL	阳光电源	CATL	CATL	EDF
	比亚迪	华为	Fluence Energy	Fluence Energy	E.On
	亿纬	上能电气	阳光电源	阳光电源	NextEra
	LG CHEM	科士达	比亚迪	比亚迪	GE Power
	三星				
	国轩高科				
	中航锂电				
户用项目	派能科技	阳光电源	Segen	Segen	Sunrun
	比亚迪	固德威	Sonnen	Sonnen	Vivint
	LG CHEM	锦浪科技	阳光电源	Sunrun	
	ATL	特斯拉	固德威	Sunpower	
	鹏辉能源		LG CHEM	Vivint	
	松下		比亚迪	特斯拉	
	亿纬锂能		特斯拉		
	沃太（alpha）		沃太（alpha）		

表16：美国储能供应链企业
来源：并购优塾

	电池厂	美国集成商	订单
2022年9月	亿纬锂能	PowinEnergy	为期两年的总供应协议，亿纬锂能将成为Powin电池储能系统（BESS）项目的电池供应商。供应1GWh的LFP电池
2019年	宁德时代	PowinEnergy	签订了1.85GWh储能电池合同，为其供应磷酸铁锂电芯，拥有20年的保证使用寿命而无需任何更换
2022年9月	宁德时代	Primergy Solar LLC	部署690 MWac/966 MWdc太阳能电池板和1.416GWh（吉瓦时）储能系统
2015年	比亚迪	Invenergy LLC	31MW储能系统
2021年11月	南都电源	美国德克萨斯州	提供130MKW磷酸铁锂电芯
2022/11月	国轩高科	Invenergy	美国西弗吉利亚72MW/72MWh储能调频项目供应储能电池

表17：北美订单
来源：并购优塾

欧洲方面——德国占据户储70%比例，德国市场来看，TOP5企业分别为比亚迪、Sonnen（派能）、E3/D3、SENEC等，占比分别为23%、20%、17%、15%。拿下欧洲户储电池订单较多的是派能科技、比亚迪。

国内方面——国内储能系统以大储为主，电池出货量中宁德居首，份额在提升的是鹏辉能源、比亚迪、亿纬锂能。

二、动力电池市场格局

2021年锂电池的竞争格局中，宁德时代一家独大，几乎是所有畅销车型的一供。多家车企极度依赖宁德的局面，也造成了动力电池产能结构性不足，出现“电池荒”现象。

车企出于自身掌握电池核心技术的需求、确保电池供应稳定以及引入价格竞争推进电池降本等三大需求，与电池企业的整零关系逐渐从单一转向多元，除主供外，还引入二供、三供。

从2022年H1电池厂格局来看，龙头宁德时代的市场份额有所松动，二线电池厂中航、蜂巢能源两家爆发较快，表现出较强发展潜力，亿纬锂能和欣旺达从传统的消费类电池业务布局汽车动力电池业务，装机量也在稳步提升。

国轩高科一直较稳定，能够跟随市场发展。

（十二）

储能电池方面，海外储能是得“定点+订单”者得天下，国内储能是得产能者得天下。

一、储能订单

国轩高科——2022年电池出货量目标为40GWh，其中储能电池达到

6Wh。其中华为基站4GWh，国内户储1GWh，海外业务1GWh，预计全年储能出货占比15%。其国内储能大客户主要是华为，美国储能客户有Invenergy。2022年供电侧新签署储能订单约800MWh（0.8GWh），与华为从2019年开始合作，订单未公布具体体量。

客户	销售种类	销售量	签署时间
中国电力	储能电池预制舱2	600MWh	2022/10/20
国家电网	储能电池组	9.6MWh	2022.5
皖能股份	储能电池组	103MW/206MWh	2022.1
晶科能源	储能电池组	-	2021.7
南瑞继保&国家电网	储能电池组	40MW/40MWh	2020.6
华为	储能电池组		2019.6
美国客户	储能电池组	72MWh	2019
国家电网	储能电池组	8MW	2018.4
许继集团	储能电池组	600MWh	2018
淮北光储充项目	储能电池组	13MWh	2018
南通经济技术开发区	储能电池组	-	2017.1
北京福威斯	储能电池组	200MW	2017.2

表18：国轩高科订单（单位：MWh）
来源：并购优塾

宁德时代——2022年前三季度储能电池出货量约29GWh（上半年13GWh，Q3出货16GWh），储能占总体出货量比重为16%到20%，预计全年储能出货占总体比重达到20%左右。2022年其在美国获得了Primergy、FlexGen、Mango Power、Powin等多个集成商的储能订单，订单体量高达15GWh。

客户	销售种类	销售量	签署时间	备注
南方电网	储能电池组	5560MWh	2022/8/18	南网2022-2024年储能电池单体框架协议采购。宁德时代、亿纬锂能、力神新能源海辰新能源、中创新航中标
Primergy Solar LLC (Primergy)	储能电池组	1.416GWh	2022.10	
FlexGen	储能电池组	三年供应10GWh储能	2022.09	
Mango Power	储能电池组	-	2022.09	
Broad Reach Power	储能电池组	900MWh	2022.04	
Powin	储能电池组	1.85GW	2022.04	

表19：宁德时代订单
来源：并购优塾

中创新航——2022年Q1储能电池出货量0.15GWh，全年装机预计1.3GWh，占比10%。

储能累计项目储备30MWh，以国内大型储能项目为主，包括其中集装箱储能的典型应用案例有安顺集装箱式储能电站项目140kWh、南方电网移动电源车储能项目500kWh、北麂岛集装箱式储能项目800kWh、山东长岛集装箱式储能项目1MWh。

单看储能的布局，宁德时代＞国轩高科＞中创新航。储能业务看完后，我们来看三家电池厂商的综合布局。

（十三）

二、总体产能——仅从产能增速来看，二线电池厂扩厂速度明显更加迅猛，中创新航11倍、国轩高科6.7倍，宁德时代3倍。

由于动力电池与储能电池基本可以共线，所以电池厂并未单独列出储能电池的产能规划。

中创新航——2022年有效产能25GWh，2023年达到55GWh，25年规划300GWh，产能增加11倍。

基地	规划产能(GWh)	2021A	2022E	2023E	2024E	2025E
洛阳	10	10	10	10	10	10
常州一期	2.5	2.5	2.5	2.5	2.5	2.5
常州二期	6	6	6	6	6	6
常州三期	22	10	10	10	22	22
常州四期	25	5	25	25	25	25
厦门一期	20	10	20	20	20	20
厦门二期	30		10	30	30	30
武汉一期	20			10	20	20
武汉二期	30				10	30
合肥一期	20			10	20	20
合肥二期	30				10	30
广州	50				20	30
江门	50				20	30
眉山	20			10	20	20
成都	50				10	20
合计(GWh)	386	44	84	134	246	316

表20：中创新航产能统计（单位：GWh）
来源：东吴证券、并购优塾

国轩高科——2021年产能约39GWh，2022年全年出货目标40GWh，预计到2023年达到80GWh，增幅约为167%，其规划到2025年产能达到300GWh，产能增加约7倍。

基地	规划产能(GWh)	2021A	2022E	2023E
合肥一期	2	2	2	2
合肥新站一期		5	5	5
合肥新站二期		16	16	16
唐山	10	10	10	10
青岛	3	3	3	3
庐江	7	7	7	7
南京一二三期	7	7	7	7
南京四期	10		5	10
经开区一期	1		1	1
经开区二期	4	4	4	4
经开区三期	16	4	16	16
南通一期	8	8	8	8
柳州一期	10		10	10
柳州二期	10			10
宜春一期	15		5	15
桐城一期	10			10
桐城一期	10			10
合肥大众项目	20			10
德国	16			1
美国	16			
合计(GWh)	191	66	99	155

表21：国轩高科产能统计（单位：GWh）
来源：东吴证券、并购优塾

宁德时代——2022年前三季度出货量约197GWh，全年目标400GWh，根据其产能规划，预计到2025年达到814GWh，产能增加三倍。

	持股	基地	规划产能(GWh)	2020	2021	2022E	2023E	2024E	2025E
宁德时代	独资	宁德东桥	1	1	1	1	1	1	1
		宁德湖东M区	7	7	7	7	7	7	7
		宁德湖东N区	18	18	18	18	18	18	18
		宁德湖东E区	12	8	12	12	12	12	12
		宁德湖西一期	11	11	11	11	11	11	11
		宁德湖西二期	14	14	14	14	14	14	14
		宁德湖西三期	12	8	12	12	12	12	12
		宁德湖西四期	18	12	18	18	18	18	18
		宁德湖西扩建二期	2		2	2	2	2	2
		溧阳一期	4	4	4	4	4	4	4
		溧阳二期	6	6	6	6	6	6	6
		溧阳三期	24	6	24	24	24	24	24
		溧阳四期	30	8	16	30	30	30	
		青海时代	15	5	15	15	15	15	15
		德国图林根一二期			100	14	40	50	100
		四川时代一二期	33	10	30	33	33	33	
		四川时代三四期	33	10	30	33	33		
		四川时代五六期	40	20	40	40	40		
		四川时代七至十期	80	20	40	80	80		
		宁德车里湾基地	15	15	15	15	15	15	
		宁德福鼎基地	60	10	30	45	60	60	
		广东肇庆一期	30	15	30	30	30		
		宜春新型锂电池生产基地	50	20	40	50	50		
		厦门基地	40	40	40				
		贵州一期	30	15	30	30	30		
		济宁基地	40	40					
		匈牙利基地	100	10	50				
		洛阳基地	40	40					
		合计(GWh)	864	99	186	348	516	644	814
	合资	时代上汽	36	18	22	28	36	36	36
		时代广汽	10	5	10	10	10	10	
		时代东风	10	5	10	10	10	10	
		时代吉利	5	5	5	5	5		
		时代一汽	15	10	15	15	15		
		时代一汽二期	17	10	17				
		合计	93	18	32	63	76	86	93
		独资+合资合计(GWh)	957	117	218	411	592	730	907

表22：宁德时代产能规划（单位：GWh）
来源：东吴证券

三、供应链体系及资源布局——碳酸锂布局方面，国轩高科和宁德时代较有优势。

宁德时代——2023年碳酸锂实际产量有望达到3万吨以上，24年有望达10万吨。

国轩高科——2022年Q4，碳酸锂月度产能可达1000吨；2023年Q2，碳酸锂月度产能有望达2000吨，全年有望达到3万吨。

中创新航——主要通过战略合作方式保证锂盐供应。其相继与天齐锂业、川发龙蟒等达成战略合作，在锂盐共同投资开发。

四、动力出货、份额

2022年1到9月，动力电池累计装车量统计，宁德时代、国轩高科、中航锂电分别累计装机92.02GWh、9.35GWh、13.33GWh，市场份额分别为47.5%、4.83%、6.88%。相比2021年，宁德时代市场份额从52%降至47.5%，国轩高科从5.19%降至4.83%，中航锂电从5.86%提升至5.88%。

动力电池装机量市占率(%)	宁德时代	国轩高科	中航锂电
2021年	52.1	5.19	5.86
2022-01	50.2	5.81	7.41
2022-02	49.2	5.49	7.87
2022-03	49.8	5.01	8.17
2022-04	47.4	5.07	7.89
2022-05	47.0	5.04	8.10
2022-06	47.7	5.01	7.58
2022-07	47.6	4.96	7.31
2022-08	47.5	4.92	7.02
2022-09	47.5	4.83	6.88

表23：市场份额
来源：Wind

动力电池装机量累计(GWh)	宁德时代	国轩高科	中航锂电
2021-12	80.51	8.02	9.05
2022-01	8.13	0.94	1.2
2022-02	14.7	1.64	2.35
2022-03	25.51	2.57	4.19
2022-04	30.59	3.27	5.09
2022-05	39.1	4.19	6.73
2022-06	52.5	5.52	8.35
2022-07	63.91	6.66	9.82
2022-08	76.9	7.98	11.38
2022-09	92.02	9.35	13.33

表24：装车量（单位：GWh）
来源：Wind

五、单位收入/成本

从单位毛利来看，中创新航的以价换量的策略基本不能盈利。单位电池售价：宁德时代＞国轩高科＞中创新航，单位电池成本：中创新航＞宁德时代＞国轩高科。（磷酸铁锂单位成本更低。）

单位电池毛利：宁德时代（0.17元/Wh）＞国轩高科（0.15元/Wh）＞中创新航（0.03元/Wh）

		2019年	2020年	2021年
单价（元/Wh）	宁德时代	0.96	0.89	0.78
	国轩高科	0.86	0.74	0.66
	中创新航	0.87	0.64	0.65
		2019年	2020年	2021年
成本（元/Wh）	宁德时代	0.68	0.64	0.61
	国轩高科	0.57	0.55	0.54
	中创新航	0.88	0.55	0.62
		2019年	2020年	2021年
毛利（元/Wh）	宁德时代	0.28	0.25	0.17
	国轩高科	0.29	0.19	0.12
	中创新航	-0.01	0.09	0.03

表25：单价及成本
来源：并购优塾

综上，总结一下：1. 中创新航凭借低价策略，在动力电池领域抢占了一部分宁德时代、国轩高科的份额，其在动力电池赛道发展较为迅猛，但其在海外储能方面布局略晚；2. 国轩高科的动力电池客户结构一直稳定，但五菱、零跑的份额出现变化，其未来的看点在于碳酸锂自供和储能业务放量；3. 宁德时代在动力电池领域的竞争优势略有下滑，但储能电池布局仍然领先较多。

（十四）

总结一下，

1）生意本质（刚需）：新能源对传统能源的替代；

2）增长驱动：海外储能渗透率提升是高电价及高补贴带来的储能经济性；

3）生意难点：储能招标数量、储能电池出口量；

4）生意难点/产品力：动力电池和储能电池都是一种生产资料，其不具备消费属性，成本优势才是主要竞争力；

5）风险：中航创新和国轩高科的盈利能力较低，非营业利润占比远高于利润总额。

2021年	经营活动产生的现金流量净额（亿元）	净利润（亿元）	净现比（倍）	应收款项合计（亿元）	非营业利润/利润总额(TTM)（%）	扣除非经常损益后的净利润/净利润（%）
宁德时代	429.08	159.31	2.69	347.99	28.27	99.60
国轩高科	10.58	1.02	10.39	73.78	1,000.45	91.66
中创新航	15.86	1.40	11.33	62.85	1,038.40	-409.49

表26：风险排查

来源：并购优塾、Wind

本文发布于2022年10月31日

第四部分

整车

整车产业链：比亚迪

比亚迪、长城汽车、广汽集团

今天，我们对国产整车产业链近期的增长情况做跟踪。本次跟踪，重点对比从传统整车厂向新能源车转型的几家竞争者，来观察新能源产业的进化历程，以及对传统整车厂的冲击情况。

这条产业链的各个环节，包括以下几方面。

上游——零部件供应商，包括电池、结构件、内外饰等，代表企业有福耀玻璃、宁德时代。

中游——整车厂，代表企业有比亚迪、长城汽车、广汽集团等。

下游——汽车经销商或汽车运营商等。

从产业链上的参与者近期的增长情况来看，

比亚迪——2022年一季报，实现营收668.25亿元，同比增长63.02%，实现归母净利润8.08亿元，同比增长240.59%。

长城汽车——2022年一季报，实现营收336.2亿元，同比增长8.0%，归母净利润为16.3亿元，同比下降0.3%，环比下降8.3%。

广汽集团——2022年一季报，实现营业收入231.45亿元，同比增长45.67%；归母净利润30.09亿元，同比分别增长27.17%。投资净收益42.27亿元，同比分别增长22.78%。

从机构对产业链景气度的预期情况来看：

项目	公司	PE-TTM	2022年		2023年		2024年	
预期营业收入	比亚迪	242.33	3493.79	61.64%	4615.83	32.12%	5894.99	27.71%
	长城汽车	48.83	1832.33	34.33%	2389.04	30.38%	2945.55	23.29%
	广汽集团	21.13	970.26	29.18%	1160.22	19.58%	1356.36	16.91%
预期归母净利润	比亚迪		76.26	92.23%	123.58	62.04%	190.16	53.88%
	长城汽车		90.38	34.39%	127.13	40.67%	164.73	29.58%
	广汽集团		100.74	36.30%	121.06	20.17%	143.15	18.25%
预期PE-TTM	比亚迪		115.00		70.97		46.18	
	长城汽车		36.34		25.83		19.94	
	广汽集团		16.73		13.93		11.78	

表1：wind机构一致预期增长和景气度情况

来源：并购优塾

看到这里，有几个值得思考的问题，

1）行业近期的增长变化有什么异同点，背后体现出怎样的经营逻辑？

2）从关键经营数据看，什么样的业务布局，能在中长期更加具备竞争优势？

(一)

首先，我们先从收入体量和业务结构对三家公司有一个大致了解。以2021年收入为例，比亚迪（2161.42亿元）＞长城汽车（1364.05亿元）＞广汽集团（751.1亿元）；从整车销量来看，长城汽车（128万辆）＞比亚迪（72.1万辆）＞广汽集团（44.5万辆）（广汽不包括广汽本田及广汽丰田）。

从收入构成看，

长城汽车——以整车销售为主，占比89.43%，零配件销售占比4.98%，提供劳务占比2.61%。

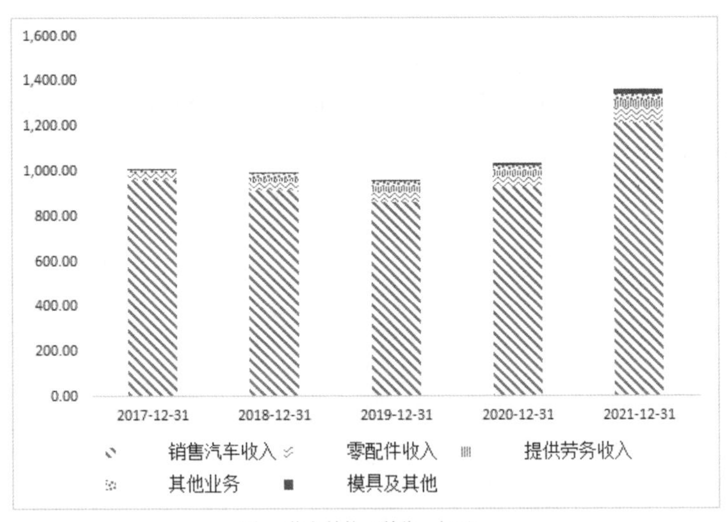

图1：收入结构（单位：亿元）
来源：并购优塾

从车型结构来看，长城有五大品牌阵营：哈弗、WEY、皮卡、欧拉等。2021年传统品牌哈弗、WEY两大主要品牌销量及占比下降，新能源车品牌欧拉等品牌销量占比明显上升。2021年，欧拉销量达13.5万辆、同比增长140%。

从新能源车来看，2021年长城新能源汽车占比12.33%，高于2020年的5.27%，可见新能源汽车渗透率有明显提升。

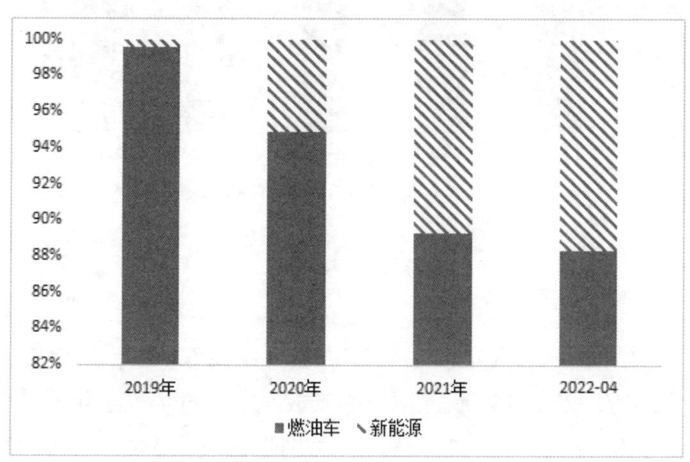

图2：新能源车渗透率（单位：%）
来源：并购优塾

广汽集团——收入来自整车销售，27.9%来自商贸。整车销售收入中，主要来自传祺乘用车与埃安新能源车两大品牌，广汽本田和广汽丰田为合资企业，不计入广汽集团收入。广汽埃安是广汽集团孵化的智能电动车品牌，作为广汽新能源汽车品牌单列运营，预计2022年完成混改，未来择机上市。

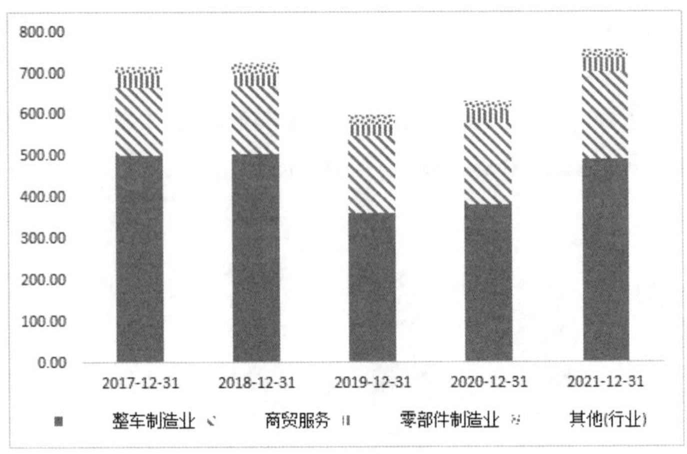

图3：收入结构（单位：亿元）
来源：并购优塾

从车型来看，广汽集团主要有传祺（乘用车SUV）和埃安（新能源）两大品牌。2021年，新能源车埃安放量。广汽埃安全年累计总销量达12.02万辆，同比增长101.8%，占总销量比重达27%。从新能源车来看，广汽的新能源渗透率增速较快，从2020年的17%提升至2021年的27%，主要依靠的是埃安品牌驱动。

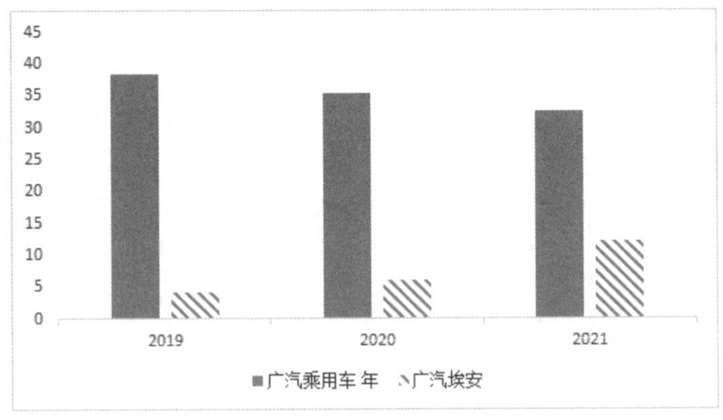

图4：车型销量（单位：万辆）
来源：并购优塾

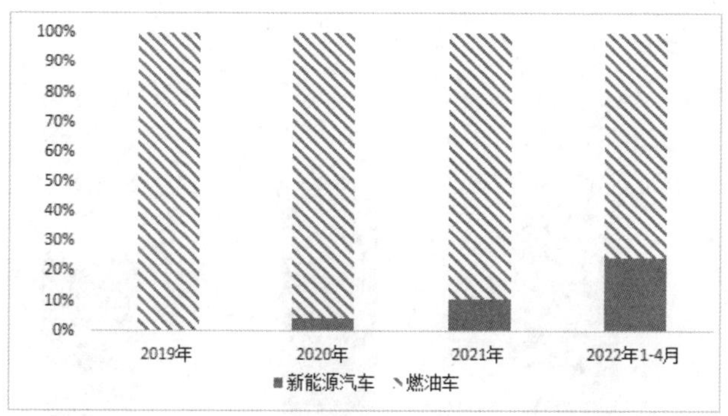

图5：新能源车渗透率（单位：%）
来源：并购优塾

比亚迪——52%来自汽车，40%来自手机部件组装，其次是二次充电电池，占比7.6%。

从车型来看，销量及占比明显提升的是插电混动车型，2021年同比增长437%，占比约46%。插混代表车型主要是秦、宋DMi系列。从新能源车来看，比亚迪的新能源车进度很快，2021年新能源汽车渗透率已经高达97.6%，远高于2020年的44.43%。可见，比亚迪2022年宣布停产燃油车，其实对其影响不大，到2022年4月，其新能源车销量占比达到98.73%，燃油车占比不到2%。

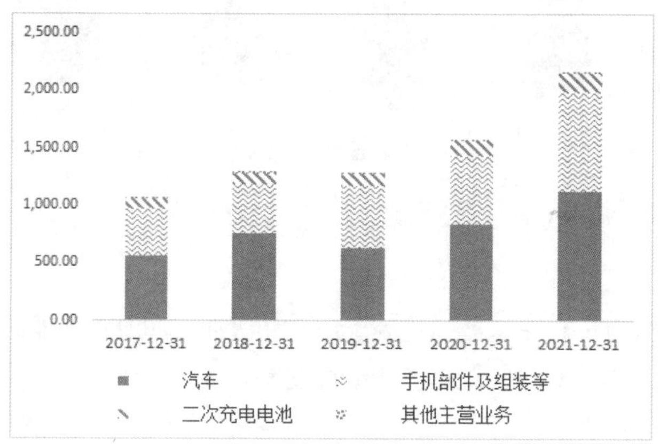

图6：收入结构（单位：亿元）
来源：并购优塾

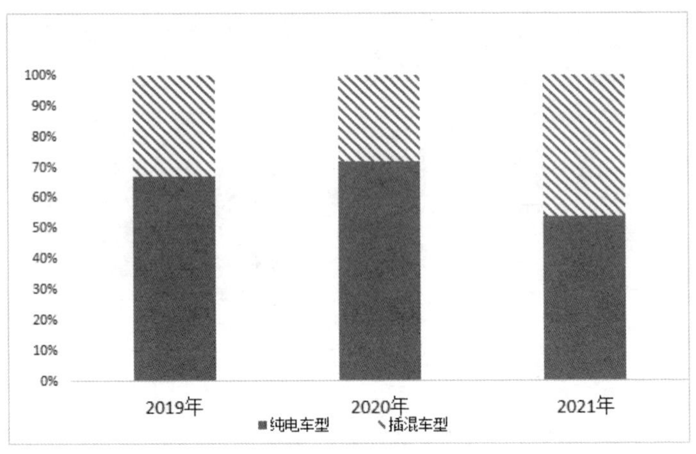

图7：车型销量比例（单位：%）
来源：并购优塾

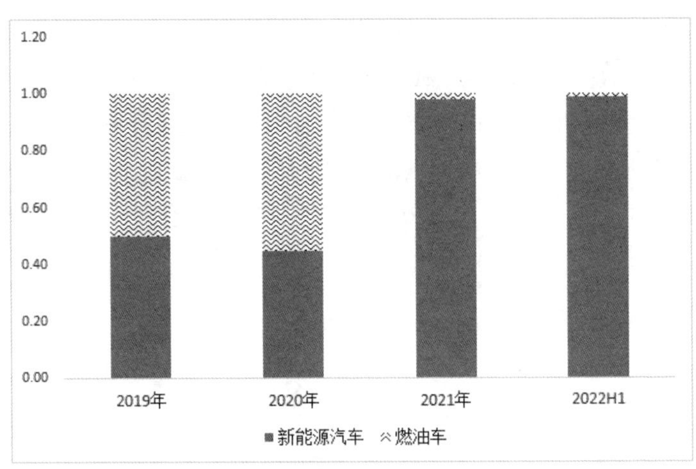

图8：新能源车占比（单位：%）
来源：并购优塾

综上来看：1. 三家产品均处于结构升级期，2021年新能源车占比明显高于2020年；2. 新能源车渗透率进度差异较大，比亚迪已经完成电动化，远快于长城汽车和广汽集团；3. 新能源汽车渗透率由高至低依次是：比亚迪（97%）>广汽集团（27%）>长城汽车（12.33%）。

（二）

一、收入增长

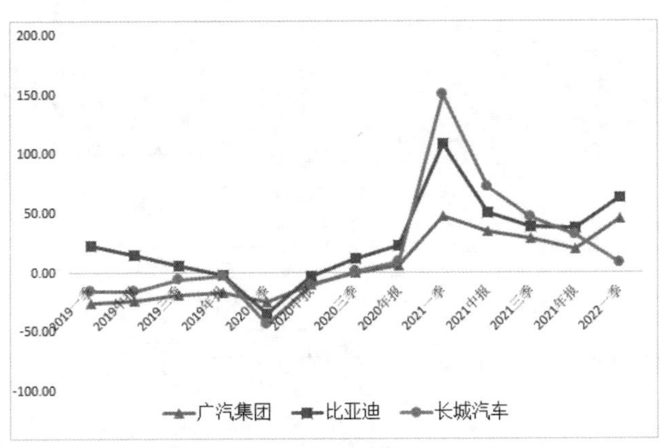

图9：季度收入增速（单位：%）
来源：并购优塾

根据收入公式，整车销售收入=整车销量×单车价值量ASP。所以，收入增速取决于整车销量增速和单车价值量。我们将各家汽车销量及增速对应至销售额上，趋势大致一样。

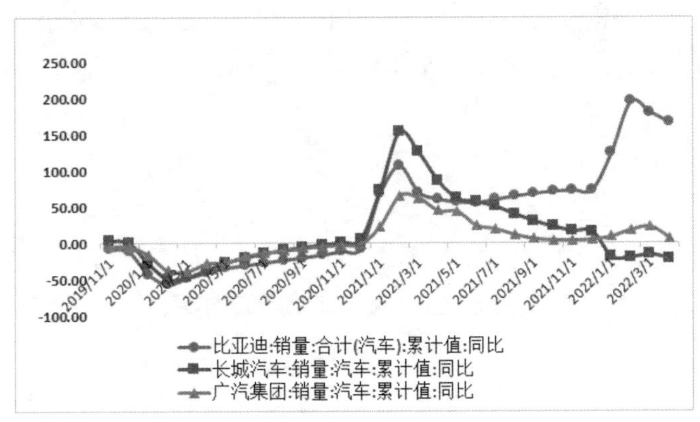

图10：汽车销量同比增速（单位：%）
来源：并购优塾

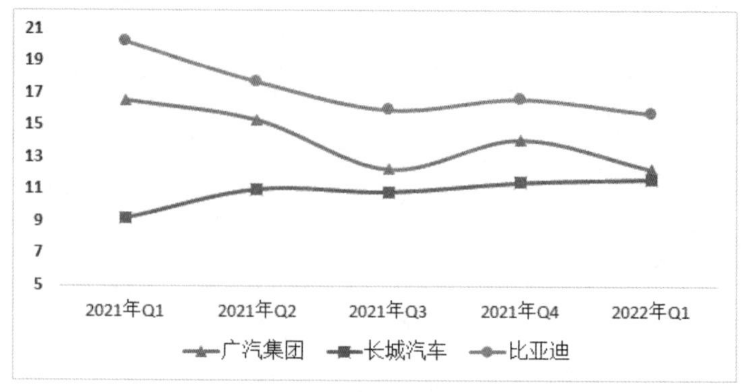

图11：汽车单价（单位：万元）
来源：并购优塾

整车销量增速，比亚迪＞长城汽车＞广汽集团。

比亚迪增速远快于长城汽车及广汽集团，主要原因是近期有多款爆款车型，销量大幅增长。从2021年全国新能源车销量排名来看，其有三款车型排名前十。其中，2021年推出的混动DMI车型凭借高性价比，整体增速高达400%以上。

2021年，比亚迪陆续推出了几款搭载DM-i技术的主力车型，秦、宋PLUS DM-i其凭借在价格以及油耗方面的优势，迅速成为爆款车型。其中，秦PLUS DM-i表现较好，全年售出19.4万辆，全球销量排名第五。

混动DMI成为爆款车型，原因可以总结为以下几点。

1）混动性能优化。解决了过去混动亏电油耗高的问题；热效率达到43%，高于丰田IMMD油电混动41%，有效降低油耗。

2）高性价比。刀片电池缓解了部分电池成本压力，且产业链纵向一体化模式下带来了成本优势。

3）错位竞争。选择新能源车型较少的10—15万元价格区间。该价格区间以自主品牌长城、长安、吉利日系燃油车为主，而我国新能源车品牌则主要集中在10万以下，20—25万价格带。

以秦DMI为例，价格区间定位在15万以内：10—15万元细分市场消费者较为关注油耗经济性能等性价比指标，从百公里油耗来看，秦PLUS要远低于其他国产车型领克、哈弗H6及长安CS75等。

此外，由于其混动车型占比提升，导致2021年平均ASP同比下降8.26%。混动车型由于平均带电量低于纯电动车型，因此整车价格也相对较低。从其官网来看，同一款车型宋PLUS混动DM-i售价低于纯电动EV售价约2000元。

长城汽车，2021年收入增速明显提升，主要还是欧拉等系列爆款车型带动。2021年，其新能源车欧拉销量13.5万辆，同比增速达到137%，2021年推出的全新系列越野车系列全年分别销量达到8.5万辆，2020年销量为0。

越野系列均价在20万元以上，单车价值量远高于哈弗、WEY等主打系列，带动其单车均价同比增长15%，为三家中唯一一家单车均价上升的车企。

广汽集团，2021年收入增速略低于其他两家，其收入增长主要靠广汽埃安驱动。广汽埃安起初核心是AION S，主打运营车。由于这款车销量过于依赖B端出租车和网约车市场，抑制了C端消费。2021年其相继推出AIONY、V系列，主打潮流设计，凭借大后座空间、弹夹电池等卖点打开C端市场，成为其2021年销量增长主力。

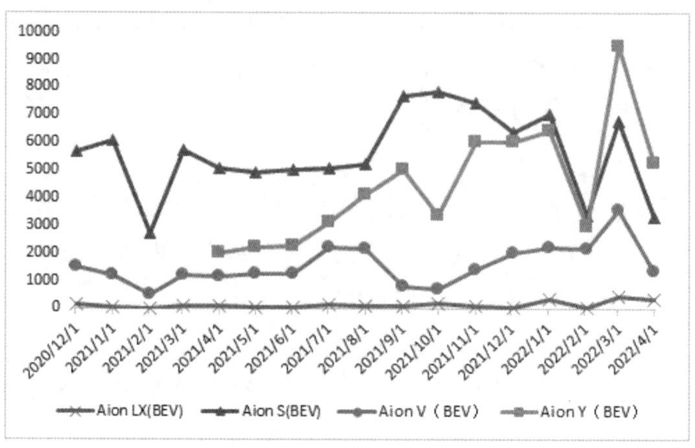

图12：埃安车型销量（单位：辆）
来源：并购优塾

综上可见，收入增长驱动主要靠爆款车。其中，比亚迪爆款车型较多，所以增速更快；长城有欧拉和越野车型驱动，增速其次；广汽主要靠埃安驱动，增速低于其他两家。

二、归母净利润增长

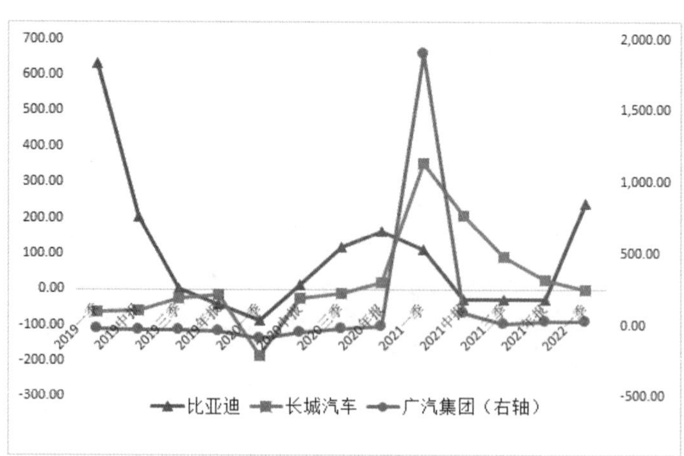

图13：归母净利润增速（单位：%）
来源：并购优塾

广汽集团2021Q1归母净利润同比增长1896.7%，远高于当期收入增速47.3%，主要是实现投资收益大幅增长导致。其Q1投资净收益34.4亿元，同比增长263.0%。其投资收益增长，主要来自两家日系合资车企业绩修复。其中，广汽本田2021Q1销量为18.2万辆，同比增长77.2%，广汽丰田销量为20.0万辆，同比增长63.2%。

从广汽集团净利润结构来看，其盈利全部来自投资收益，自主业务仍处于亏损状态。从2017年—2021年，投资净收益占净利润比重从77%提升至160%。投资收益主要来自两家日系车合资公司广汽丰田和广汽本田，两家分别贡献利润57亿元（占净利润比重50%）、42.09亿元（占比36.9%）。

广汽集团	2017年	2018年	2019年	2019年Q1	2020年	2021年	2021年	2022年Q1
投资净收益（亿元）	83.28	90.03	96.26	9.48	99.11	34.43	118.14	42.27
净利润（亿元）	108.22	109.46	67.11	1.12	60.51	23.49	73.91	29.95
投资收益占净利润比例（%）	77	82	143	846	164	147	160	141

表2：投资净收益
来源：并购优塾

从财务数据来看，如果剔除了合资板块，在自主上的亏损还在加大。据财报，广汽集团的自主板块亏损额为44.8亿元，同比扩大13.5%。

三、现金流质量

从净现比来看，广汽集团经营性现金流为负，和其合资模式造成的投资收益相关，投资收益不显示在经营活动现金流中，因而此处数据不具备参考性。

净现比（倍）	2017年	2018年	2019年	2020年	2021年
广汽集团	1.40	-0.12	-0.06	-0.48	-0.76
比亚迪	1.30	3.52	6.96	7.55	16.50
长城汽车	-0.21	3.75	3.08	0.97	5.25

表3：净现比
来源：并购优塾

(三)

对增长态势有感知后，我们接着再将各家公司的收入和利润情况拆开，看近期财报数据。

一、广汽集团——2022年Q1，实现营业总收入232.68亿元，同比增长45.21%；归母净利润30.09亿元，同比分别增长27.17%。投资净收益42.27亿元，同比分别增长22.78%。

1）从单季度利润增速来看，环比增速不及收入，原因是自主销量环比下降以及电池等原材料上涨。

从自主品牌车型销量来看，2022年Q1广汽传祺销量9.04万辆，同环比分别增长21.80%、下降12.22%；广汽埃安销量4.49万辆，同环比分别增长154.85%、8.35%。广汽埃安仍表现出较高增速，传祺整体销量仍保持低速增长。

广汽集团	2019年Q4	2020年Q1	2020年Q2	2020年Q3	2020年Q4	2021年Q1	2021年Q2	2021年Q3	2021年Q4	2022年Q1
营业总收入（亿元）	166.73	108.78	147.64	175.07	200.08	160.24	185.48	209.41	201.63	232.68
同比增速（%）	-11.65	-24.33	5.63	19.26	20	47.31	25.63	19.61	0.77	45.21
环比增速（%）	13.58	-34.76	35.72	18.58	14.28	-19.91	15.75	12.9	-3.72	15.4
	2019年Q4	2020年Q1	2020年Q2	2020年Q3	2020年Q4	2021年Q1	2021年Q2	2021年Q3	2021年Q4	2022年Q1
归母净利润（亿元）	2.83	1.18	22.00	26.84	9.64	23.66	19.71	9.47	20.51	30.09
同比增速（%）	-72.9	-95.73	2.74	89.51	241.19	1895.65	-10.41	-64.71	112.81	27.17
环比增速（%）	-80.01	-58.3	1764.41	22	-61.08	145.44	-16.69	-51.95	116.58	46.71

表4：单季度收入及归母净利润
来源：并购优塾

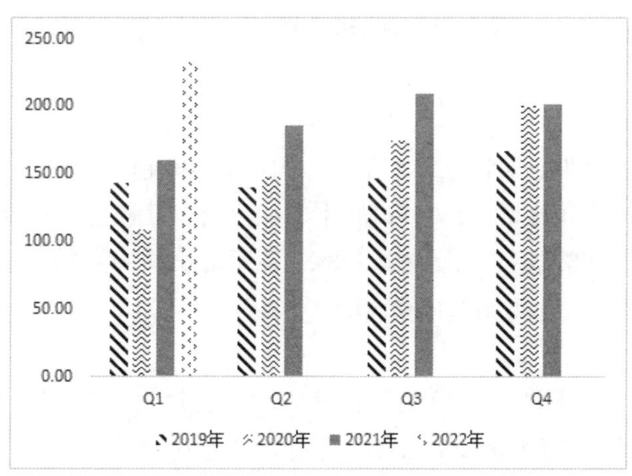

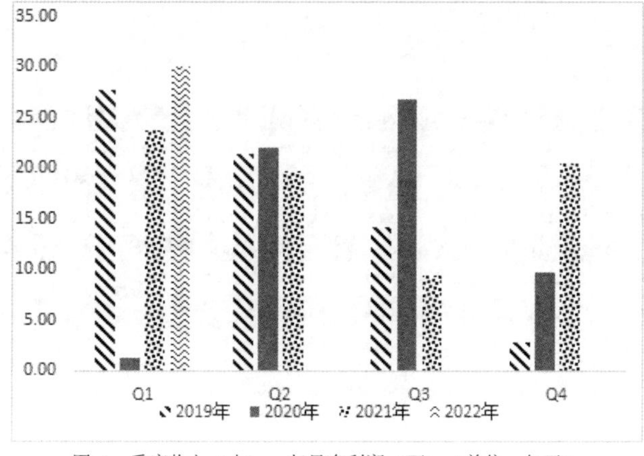

图14：季度收入（上）、归母净利润（下）（单位：亿元）
来源：并购优塾

2）从历史业绩来看，

广汽集团净利润变化与收入增速变化存在较大差异。核心原因是，其收入来自自主车型销量，即广汽传祺和广汽埃安；但利润是由两大合资车企贡献，即广汽本田及广汽丰田。由于收入驱动力和利润驱动力差异，导致了二者趋势变化不同。

二、比亚迪——2022年Q1实现营收668.25亿元，同比增长63.02%，环比下降5.81%，实现归母净利润8.08亿元，同比增长240.59%，环比增长34.42%。

从单季度业绩来看，2022年Q1，比亚迪汽车销量为29.14万辆，同比增长180%，环比增长1.39%；其中新能源汽车贡献主要增量，2022年Q1销量为28.63万辆，同比增长423%，环比增长8%，主要受益于DM-i车型及纯电宋、元车型销量持续高增。

不过，其手机电子板块盈利承压，比亚迪电子2022Q1实现营收209.33亿元，同比增长5.24%，实现归母净利润1.8亿元，同比下降77.71%，拉低整体利润增速。

比亚迪	2019年Q4	2020年Q1	2020年Q2	2020年Q3	2020年Q4	2021年Q1	2021年Q2	2021年Q3	2021年Q4	2022年Q1
营业总收入（亿元）	339.17	196.79	408.24	445.20	515.75	409.92	498.94	543.07	709.50	668.25
同比增速（%）	-17.42	-35.06	28.06	40.72	52.06	108.31	22.21	21.98	37.57	63.02
环比增速（%）	7.2	-41.98	107.45	9.05	15.85	-20.52	21.72	8.84	30.65	-5.81
	2019年Q4	2020年Q1	2020年Q2	2020年Q3	2020年Q4	2021年Q1	2021年Q2	2021年Q3	2021年Q4	2022年Q1
归母净利润（亿元）	0.40	1.13	15.50	17.51	8.21	2.37	9.36	12.70	6.02	8.08
同比增速（%）	-96.8	-84.98	119.88	1362.66	1943.87	110.73	-39.59	-27.5	-26.64	240.59
环比增速（%）	-66.67	182.5	1271.68	12.97	-53.11	-71.13	294.94	35.68	-52.6	34.22

表5：单季度收入及归母净利润
来源：并购优塾

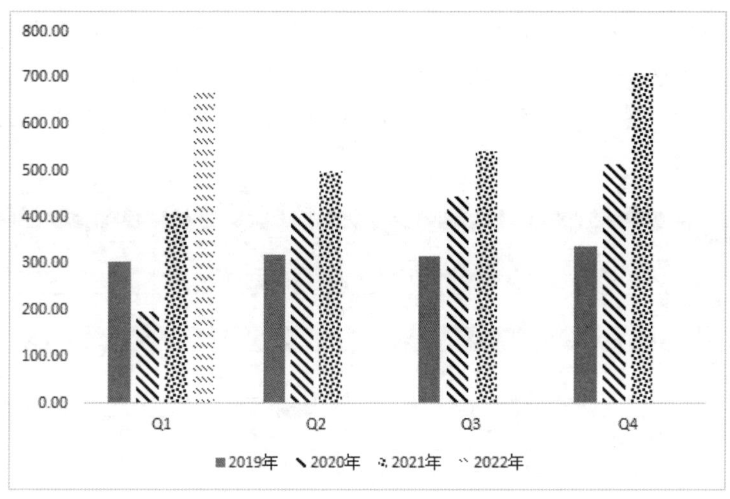

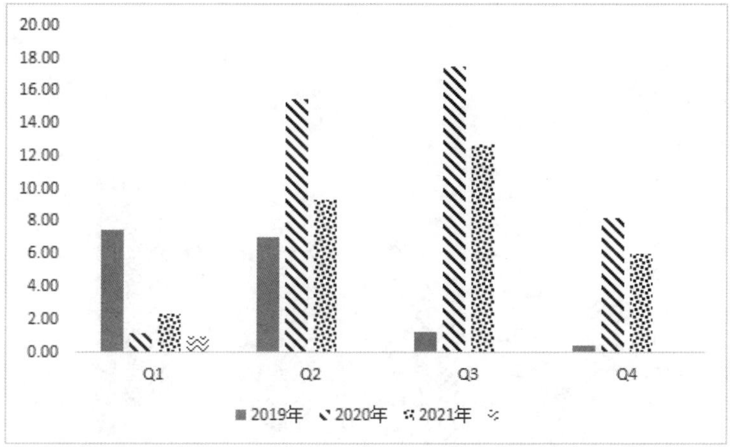

图15：季度收入（上）、归母净利润（下）（单位：亿元）
来源：并购优塾

三、长城汽车——2022年一季报，实现营收336.2亿元，同比增长8.0%，环比减少26.3%；归母净利润为16.3亿元，同比减少0.3%，环比减少8.3%。

从单季度业绩来看，其多款车型销量增速承压导致业绩下滑。2022

年1—4月，长城汽车销售43万辆，同比下降21.67%，五大品牌中除了越野车型仍保持60%以上高速增长外，哈弗、皮卡、欧拉销量增速均累计同比下滑。其中新能源系列欧拉销量36.84万辆，累计同比下降3.45%。

长城汽车	2019年Q4	2020年Q1	2020年Q2	2020年Q3	2020年Q4	2021年Q1	2021年Q2	2021年Q3	2021年Q4	2022年Q1
营业总收入（亿元）	336.32	124.16	235.13	262.14	411.64	311.17	308.11	288.69	456.07	336.19
同比增速（%）	3.21	-45.13	25.41	23.64	22.39	150.62	31.04	10.13	10.79	8.04
环比增速（%）	58.63	-63.08	89.38	11.49	57.03	-24.41	-0.98	-6.3	57.98	-26.29
	2019年Q4	2020年Q1	2020年Q2	2020年Q3	2020年Q4	2021年Q1	2021年Q2	2021年Q3	2021年Q4	2022年Q1
归母净利润（亿元）	15.79	-6.50	17.96	14.41	27.75	16.39	18.89	14.16	17.81	16.34
同比增速（%）	23.32	-184.08	141.47	2.91	75.71	352.17	5.17	-1.72	-35.82	-0.34
环比增速（%）	12.79	-141.17	-376.31	-19.77	92.57	-40.94	15.25	-25.04	25.78	-8.25

表6：单季度收入及归母净利润
来源：并购优塾

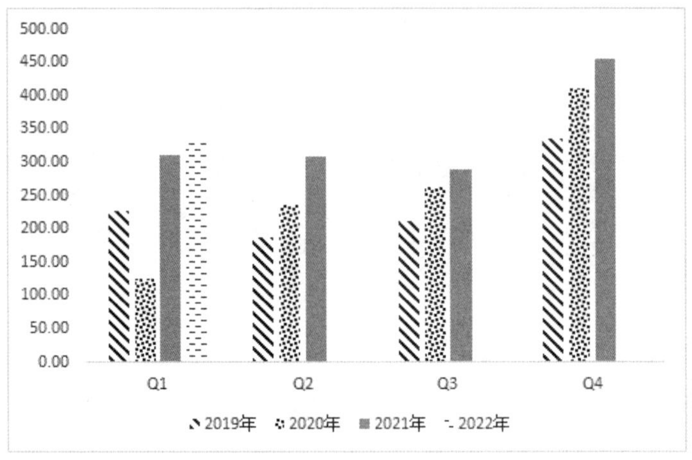

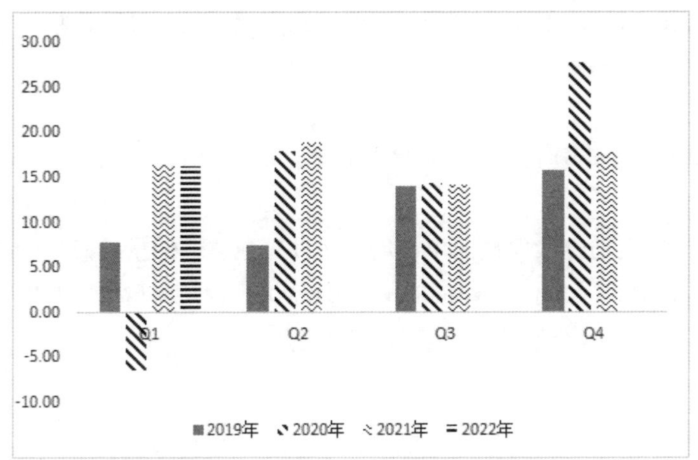

图16：季度收入（上）、归母净利润（下）（单位：亿元）
来源：并购优塾

从2022年前4个月的SUV销量排行来看，长城汽车的核心车型哈弗H6出现明显下滑（同比下降37.2%），同样销量下滑明显的，还有爆款SUV长安CS75（同比下降38%）、本田缤智（同比下降10.8%），而同期增速较快的SUV仅有比亚迪宋DM-i和特斯拉Model Y。

从价位区间来看，扣除补贴及税收优惠，比亚迪宋PLUS DM-i、长安CS75、缤智、广汽传祺几款车同在10—15万元价位区间，属于中低档经济型车型，主要的市场参与者就是自主品牌和日系合资。

此区间消费者对价格和油耗成本敏感度较高，而由于混动车型在油耗方便表现较强的燃油经济性，同等价位下，在油价上涨期间，表现出较高性价比优势。油价的上涨让许多消费者转战混动车型，导致国产自主及日系SUV市场份额下降。

受此压力，各家的竞争焦点集中在混动平台上面。可以说，对国产传统车企来说，是“得混动者得天下”——所以，长城柠檬DHT、吉利GHS2.0、长安蓝鲸DHT、奇瑞鲲鹏DHT等均计划在2022年推出混动车型。

从长城柠檬DHT定价来看，价位在20万元以上，性价比仍低于比亚迪DM-i。

单看2022年Q1业绩，三家车企出现边际变化有以下几方面。

1）比亚迪继续保持国内市场绝对领先地位，销量破万且持续增长的车型有6款，宋DM-i、秦PLUS、元（BEV）、汉、海豚、唐(PHEV)。其中除了汉，基本全是2021年推出的新车型。

2）广汽埃安进入上升通道，AION Y3月度销量接近1万。

3）长城进入下滑通道，哈弗H6销量下降，欧拉2月由于部分车型盈利不佳主动停止接单，销量下滑。越野车型仍保持高速增长。

		车型	车型动力	价格区间	2022/1/2	2022/2/2	2022/3/1	2022/4/1
比亚迪	1	宋DM(PHEV)	混动	15—20万	16,411	19,057	22,381	20,181
	2	秦PLUS	混动	10—15万	25,535	22,507	22,942	20,292
	3	元（BEV）	纯电	＜10万	8,596	8,953	12,881	15,168
	4	汉	纯电	20—25万	12,781	9,291	12,359	13,421
	5	海豚	纯电	＜10万	10,602	8,565	10,501	12,040
	6	唐(PHEV)	混动	20—25万	8,847	10,026	9,056	8,818
		车型	车型动力	价格区间	2022/1/2	2022/2/2	2022/3/1	2022/4/1
长城汽车	1	哈弗H6	燃油	10—15万	35,570	19,620	21,633	16,201
	2	哈弗M6	燃油	＜10万	5,342	4,140	10,244	1,306
	3	坦克300四驱	燃油	15—20万	10,363	6,468	8,922	5,056
	4	欧拉好猫（BEV）	纯电	14—18万	9,020	4,066	6,342	1,547
	5	哈弗神兽	混动	10—15万	10,085	5,009	4,598	1,640
		车型	车型动力	价格区间	2022/1/2	2022/2/2	2022/3/1	2022/4/1
广汽集团	1	Aion Y（BEV）	纯电	10—15万	6,415	2,986	9,501	5,261
	1	Aion S	燃油	10—15万	7,049	3,380	6,798	3,291

表7：畅销车型月度销量（单位：辆）
来源：并购优塾

（四）

对比完增长情况，我们再来看利润率、费用率的变动情况。

一、毛利率——长城汽车整体毛利率有所提升，主要是低价位的哈弗品牌、皮卡品牌占比下降，高价位的越野品牌占比提升，产品结构改善驱动毛利率提升。

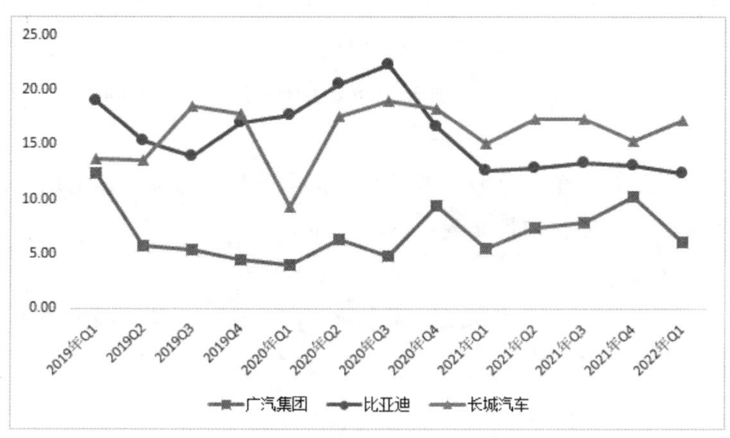

图17：毛利率（单位：%）
来源：并购优塾

2022年Q1哈弗品牌销量166756辆，同比下滑25.13%，欧拉同比增长10%，保持低速增长，但WEY品牌和越野车型同比分别增长22.34%和79.80%，支撑整体利润率上升。新能源品牌欧拉销量增速降档，主要是其主动停止接单导致。欧拉黑猫、白猫单车售价仅在5—7万元之间，但在2022年原材料价格大幅上涨后，黑猫单台亏损较难承受，导致其停止接单。

长城汽车规划，2022年，计划推出4款欧拉车型，包括欧拉好猫、芭蕾猫、闪电猫、朋克猫。售价区间分别在10—15万元、15—20万元和

20万元以上。可见，长城设法通过高溢价的车型，扭转当前成本压力。

比亚迪毛利率明显下滑，主要是整车销售毛利率从25.2%降至17.39%，降幅接近8%。2021年电池、芯片等原材料价格大幅提升，而其2021年全年并未提价，导致整体毛利率下滑。

在高涨成本压力下，想通过高溢价车型提升毛利率的，不仅只有长城欧拉，比亚迪在2022年推出的海洋系列，价位也有所提升。其中，预售关注度较高的海豹，其定位于中型电动轿车，新车定价在22—28万元，车预计将在2022年5月份正式上市，价格对标特斯拉Model3。

很明显，三家车企目前新能源车虽然增速高，但盈利能力均较弱。比亚迪才微利，埃安和长城欧拉仍在亏损。

二、成本结构——整车制造属于重资产制造业，整车成本中主要是原材料和折旧。其中，直接材料占比90%左右，制造费用占比约4%～6%。

三、净利率——从净利润率来看，广汽集团＞长城汽车＞比亚迪。广汽集团净利率高主要是投资收益高所致，如果单看新能源汽车业务，广汽集团、长城汽车的新能源车仍处于亏损，比亚迪微利。

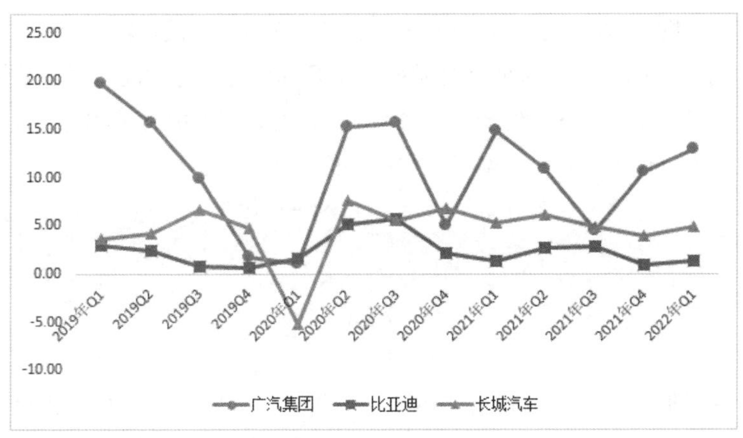

图18：净利率（单位：%）
来源：并购优塾

四、净资产收益率——长城汽车回报较高，主要是其净利润率及总资产周转率均处于较优水平。广汽集团净利率较高，但总资产周转率低，主要是部分车型滞销导致整体周转率低。

	可比公司	2019年	2020年	2021年	PB(MRQ)
ROE（%）	广汽集团	8.45	7.26	8.40	1.58
	比亚迪	2.88	7.45	4.01	8.71
	长城汽车	8.41	9.60	11.26	5.05
净利润率（%）	广汽集团	11.24	9.58	9.77	
	比亚迪	1.66	3.84	1.84	
	长城汽车	4.71	5.19	4.93	
总资产周转率（次）	广汽集团	0.44	0.45	0.51	
	比亚迪	0.65	0.79	0.87	
	长城汽车	0.86	0.77	0.83	
权益乘数（倍）	广汽集团	1.72	1.70	1.70	
	比亚迪	3.49	3.49	3.27	
	长城汽车	2.10	2.39	2.76	
ROIC（%）	广汽集团	6.17	5.31	6.64	
	比亚迪	3.62	6.62	3.94	
	长城汽车	6.74	7.12	7.95	

表8：ROE&ROIC
来源：并购优塾

看完财务数据，我们可以发现，整车产业链已经发生较大的变化：首先，同等价位下，燃油车有明显被新能源汽车尤其是混动车型替代的情况。可见，新能源车已经形成了较强的产品力，已经跨过了相对燃油车的行业拐点。这个拐点，类似于光伏的平价对行业的影响；其次，对于整车厂而言，生意难点有两方面：1）如何持续推出爆款；2）如何盈利。

（五）

中长期，这个行业是得“爆款车”得天下。我们过去曾分析过，从价格区间看来，10—15万元价格区间容易产生爆款（月销量超过一万台），其次是15—20万元之间，原因是该价格区间消费占比高。

燃油车中，价格分布呈现“纺锤形”，0—15万元价格带市占率基本稳定在30%～40%，而新能源车，目前还是两端价格带占比高，10—20万元价格区间内仍有提升空间，目前呈现这样的状态，很可能是缺乏好车型供给。

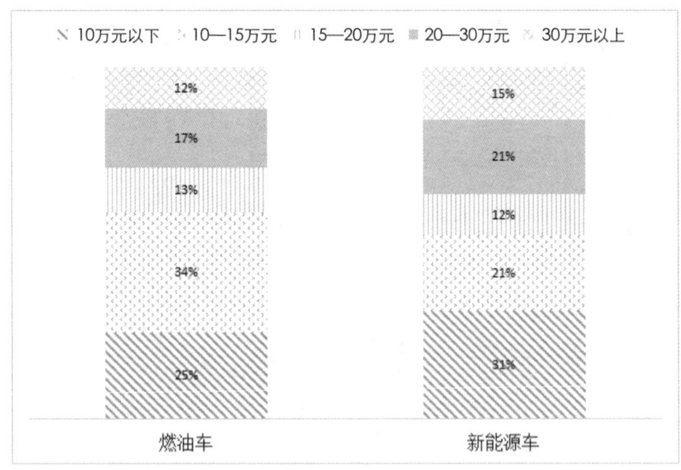

图19：2021年乘用车价格区间（单位：万元）
来源：并购优塾

这里我们先针对不同价格带的燃油、新能源车情况做一个简单梳理：

1)0—5万元：0—5万元价格区间，目前几乎已经被新能源占据，主要的新能源车型为五菱mini、奇瑞QQ EV等A00级车型。

2)5—10万元：主要为哪吒、零跑、欧拉。三家均主打高性价比，其中欧拉定位都市女性，形成差异化竞争。

3)10—15万元：比亚迪、哪吒。该价格带比亚迪海豚、秦、元家族产品较强势。

4)15—20万元：产品较集中，比亚迪宋、唐家族，小鹏P5、G3，零跑C01，埃安S、Y，荣威ER6等均位于此区间。

5)20万元以上：特斯拉、新势力、比亚迪汉等占比较高。

目前来看，今年在15—20万元的竞争相对会更加激烈，但考虑到新能源车的渗透率整体偏低，各家也并不只盯着这块洼地市场，接下来，我们重点来看，2022年各家的新车型都有哪些特点。

(六)

首先，我们来梳理三家2022年即将推出的新车型。

一、比亚迪——全线布局，低、中、高价位段均有新产品，新车型铺全价格带，15—20万元传统优势产品升级。2022年的新车特点主要是，一方面新能源新车型价格区间更全面；另一方面中高端产品明显增多。

1. 高端产品线（30万+）：腾势D9售价在30万元以上，是比亚迪推出的首款豪华车，与奔驰合资打造。

2. 中高端产品线（20万+）：海豹、海狮为e3.0全新纯电平台下的首款车型，为国内首款车身电池一体化（CTC）车型，预计分别对标特斯拉的Model 3和Model Y。

3. 中端产品线（15—20万元）：主要是秦、宋、元等产品改版。

4. 低端产品线（<10万）：海鸥、海豚则主打10万元以下车型，主打年轻+美学，与长城欧拉形成竞争。

二、长城汽车——主要发力高端价位。

2022年，欧拉和越野新产品居多，魏派转型混动。包括：芭蕾猫、欧拉朋克猫、欧拉闪电猫、越野系列、摩卡DHT向混动领域转向布局。2022年新车型特点：产品明显高端化。

1. 欧拉产品线从5—10万元区间，向20—25万元区间转型——欧拉芭蕾猫是长城欧拉推出的首款纯电动车型，预计补贴后售价在20万元左右，瞄准大部分女性消费群体。目前欧拉黑猫、白猫产品主打10万元及以下，如若20万元的芭蕾猫上市成功，说明消费者对欧拉品牌的认可，因此，芭蕾猫是欧拉品牌升级的关键，后续还将推出闪电猫、朋克猫。

2. 越野系列从20万元以内向20—25万元区间上升——2021年爆款车越野车型定价在20万元左右，2022年即将上市的500，以及后续的700/800预计定价25万元以上。

3. WEY摩卡混动定价30万元区间——长城是自主品牌中混动战略较为激进的车企。混动系统将优先搭载魏品牌，主打0焦虑长纯电里程，魏品牌过去高端化突破不及预期，而长城汽车期望借助混动+智能化战略再次实现高端化突破。

从技术路线看，长城柠檬混动DHT与比亚迪DMi系统类似，但相比比亚迪以电为主的技术路线，长城的混动系统更加依赖发动机。两挡DHT混动变速箱使得长城的柠檬混动，比比亚迪混动车有更强的加速性能。（不过，结构也变得更复杂，后续维修保养情况也需要跟踪。）

综上，从定价及品牌策略来看，2022年是长城汽车比较重要的转型高端年份，其新产品均有大幅度的价格提升。

三、广汽集团——新车型价位以10—20万元为主，初步尝试高端市场。

2022年自主板块：传祺推出混动系列，新能源车埃安推出AionS Plus及新车型Aion LX Plus。广汽集团主要打安全牌，以现有传祺混动为基本盘，改款AIONS/V/Y抢占10—20万元中端市场，通过AIONLX/S Plus上探30万元+高端市场。

1. 15—20万元区间：2022年传祺将有四款混动车型，分别为传祺GS8、影酷、影豹M8，但该四款车型并非全是混动，将与传统燃油车共同销售，相比长城较为激进的混动战略，广汽在2022年的混动战略相对保守。

改款AIONS/V/Y，主要在智能化上升级，增加自动泊车入位等配置，达到L2级别辅助驾驶，补贴后售价为10—20万元区间。

2. 30—45万元：Aion LX Plus于2022年1月上市。该车型对标的是特斯拉的Model Y，具备海绵硅负极电池片+防火弹匣电池技术，续航1008km、激光雷达等核心技术。

不过，从Aion LX近期销量来看，表现并不优异。2022年3、4月分别销售439台、323台。Aion LX Plus3月销量439台。但由于品牌认可度还不足，定价过高处于叫好不叫座状态，目前销量并未达到爆款水平。

三家2022年的新车型明确后，各自的发力方向已经明显，比亚迪基于DM-i和刀片电池优势全价格带发力，长城聚焦高端化，广汽继续做稳15—20万元价位，尝试高端价位车型。

那么，接下来我们具体来看各自车型当下的订单量，以及能够为各自带来多少增长增量。

（六）

一、新车型预定量

我们主要从预售订单量来判断该车型是否会成为爆款车。从数量来看，比亚迪＞长城＞广汽集团。

比亚迪：从5月底订单量来看，海豹车型关注度高，订单量在4—5万辆左右，腾势D9截至5月底，大概率预订量超过2万单，唐EV的订单数量也在8500单左右。

长城汽车：欧拉芭蕾猫、越野车型目前关注度较高。

芭蕾猫，据官方公布，新车预售5小时订单破3万。其仍主打女性市场，造型类似大众甲壳虫，采用前轮驱动，搭载磷酸铁锂电池，提供400km和500km两种续航里程。

越野车型，根据市场调研越野车型在手订单约有15万辆。

广汽集团：AION Y

相比起高端系列，其AION Y预计成为2022年爆款车型。从2022年销量来看，3月销量达到9501台，接近爆款车型1万台标准，新款AION Y订单突破1万辆。

埃安Y的售价在10—15万元之间，设计时尚，以年轻人为主打市场，同时搭载了电池容量55.5kWh，续航里程410km，高配版续航600km。

二、爆款车型对业绩的贡献度

我们以估算月销量×平均单价，来计算新车型为车企的拉动效应，目前来看，比亚迪新车型对今年业绩的拉动显著。

	新车型	a	b	c=a×b	d	e=c/d	
车企	车型	乐观情况月均销量（辆）	单价（万元）	收入	2021年总收入（万元）	畅销车占收入比重（%）	备注
广汽集团	Aion S PLUS	500	35	21.00	756.76	2.77	1）仅考虑全新车型，不考虑改款 2）考虑到经销商利润，我们取单价为价格区间中位数打八折 3）长城、比亚迪的车型均假设6月能量产上市 4）长城存在产能不足、芯片供给不足情况，我们假设销量的70%
长城汽车	坦克500	7000	24	100.80	1,364.50	7	
	欧拉芭蕾猫	7000	16	67.20			
比亚迪	海豹	10000	20	120	2161.42	22	
	腾势D9	10000	35	210			
	唐EV	10000	24	144			

表9：畅销车型月度销量
来源：并购优塾

三、合同负债

由于爆款车型产能不足，车企采用先收预订款，再发货的方式。从近期合同负债金额及占比来看，比亚迪>长城汽车>广汽集团。

最新一期(MRQ)	合同负债(亿元)	营业收入(亿元)	合同负债/营业收入(%)
比亚迪	219.22	668.25	32.81
长城汽车	67.54	336.19	20.09
广汽集团	32.81	231.45	14.18
2021年年报	合同负债(亿元)	营业收入(亿元)	合同负债/营业收入(%)
比亚迪	149.33	2,161.42	6.91
长城汽车	73.88	1,364.05	5.42
广汽集团	26.27	751.10	3.5

表10：合同负债
来源：并购优塾

整体来看，对三家车企的特点小结一下。

1. 比亚迪，受益于较早的电动化战略，目前已经基本全面电动化，其目前在10—20万元价位段优势较为明显，20万元以上的产品以比亚迪汉为代表也已经站稳脚跟，目前，在尝试探索更多高价位段的产品。

2. 长城汽车，电动化转型阶段性受阻，系因成本压力，电动车业务亏损较大，其当前阶段的战略为高端化转型，主要在20万元以上产品上发力。

3. 广汽集团，电动化转型较为顺利，目前其电动自主品牌AION销量较好，在10—20万元价位段站稳，下一阶段开始上探20万元以上的高端市场。

（七）

研究至此，小结一下。

1）生意本质——汽车的本质是一种可选消费品；

2）增长驱动力——短期消费刺激政策，长期新能源及智能汽车结构性增长；

3）生意难点——持续推出爆款车型、成本控制；

4）风险点——广汽集团净现比为负，经营活动净收益/利润总额为负，因合资模式导致；长城汽车，高端化、电动化不及预期。

	盈利能力					偿债能力			
证券简称	营业收入(TTM)(亿元)	归属母公司股东的净利润(TTM)(亿元)	经营活动现金净流量(TTM)(亿元)	(投资收益+政府补助)/净利润(%)	经营活动净收益/利润总额(MRQ)(%)	净现比(倍)	流动比率[报告期]最新一期(MRQ)(倍)	净资产负债率(MRQ)(%)	净债务/股权价值(%)
比亚迪	2,419.76	36.16	772.58	55.78	58.80	21.36	0.92	2.21	-1.74
长城汽车	1,389.07	67.21	236.30	32.07	48.92	3.52	1.18	1.70	-4.66
广汽集团	823.66	79.78	-35.41	173.39	-74.48	-0.44	1.26	0.57	-2.22

表11：风险筛查指标
来源：wind、并购优塾

本文发布于2022年6月7日